高等院校智慧物流与供应链系列教材

智慧仓储实务：规划、建设与运营

主　编　操　露
副主编　李冰冰　李　言

机械工业出版社

本书是有关智慧仓储规划、建设与运营管理的教材，以智慧化仓储管理为主线，针对智慧物流人才知识需求，紧贴智慧物流行业发展实际，为仓储管理人员量身打造。全书包括智慧仓储概述、智慧仓储布局规划、智慧仓储硬件系统建设、智慧仓储软件系统建设、智慧仓储作业管理、智慧仓储运营管理、智慧仓储绩效管理、智慧仓储中仓库安全管理、智慧仓储典型应用共9章。内容体系较为完整，基本覆盖了智慧仓储的各个方面。

本书适合物流管理、物流工程、电子商务管理、管理科学与工程等相关专业的本科生或研究生使用，也可供智慧物流相关领域的学者、从业者及科技人员参考。

本书配有免费的教学PPT、教学大纲、电子教案、案例视频、习题库及答案、实验指导书等教学资源，需要的教师可登录机械工业出版社教育服务网（www.cmpedu.com）免费注册，审核通过后下载，或联系编辑索取（微信：13146070618，电话：010-88379739）。

图书在版编目（CIP）数据

智慧仓储实务：规划、建设与运营 / 操露主编. —北京：机械工业出版社，2023.2（2025.2 重印）

高等院校智慧物流与供应链系列教材

ISBN 978-7-111-72451-3

Ⅰ.①智… Ⅱ.①操… Ⅲ.①智能技术-应用-仓库管理-高等学校-教材 Ⅳ.①F253-39

中国版本图书馆 CIP 数据核字（2022）第 256037 号

机械工业出版社（北京市百万庄大街22号　邮政编码100037）
策划编辑：王　斌　　　　责任编辑：王　斌　马新娟
责任校对：张亚楠　李　婷　责任印制：刘　媛
涿州市般润文化传播有限公司印刷
2025年2月第1版·第4次印刷
184mm×260mm·14.75 印张·383 千字
标准书号：ISBN 978-7-111-72451-3
定价：65.00元

电话服务　　　　　　　　　网络服务
客服电话：010-88361066　　机　工　官　网：www.cmpbook.com
　　　　　010-88379833　　机　工　官　博：weibo.com/cmp1952
　　　　　010-68326294　　金　书　网：www.golden-book.com
封底无防伪标均为盗版　　　机工教育服务网：www.cmpedu.com

高等院校智慧物流与供应链系列教材
编委会成员名单

主　　任：李文锋

副 主 任：刘伟华　魏学将（执行）　王　猛（执行）

顾　　问：张金隆　张培林　张庆英　凌大荣　郑朝霞
　　　　　　刘大成　贺可太　刘　军

委　　员：（按姓氏笔画排序）

　　　　　　马向国　王　勇　王坚红　田益峰　代四广

　　　　　　毕　娅　刘元兴　刘伟华　汤中明　杨　晋

　　　　　　汪贻生　周小芬　周志刚　周琼婕　郑少峰

　　　　　　徐海峰　辜　勇　熊文杰　戴小廷

秘 书 长：胡毓坚

副秘书长：时　静　王　斌

出 版 说 明

当前，物联网、云计算、大数据、区块链、人工智能、无人驾驶、自动化与机器人等技术在物流领域的广泛应用，推动传统物流向智慧物流转型，对现代物流与供应链人才的专业知识、管理技能和综合素质提出了更新、更高、更全面的要求。

为了适应创新型、复合型和应用型智慧物流与供应链人才培养的需要，机械工业出版社联合多所高校，汇集国内专家名师，共同成立教材编写委员会，组织出版了这套"高等院校智慧物流与供应链系列教材"，全面助力高校智慧物流与供应链人才培养。

这套教材力求实现物流与供应链管理专业同工科、理科等相关专业的充分结合，突出交叉学科融合特性；以我国智慧物流与供应链人才需求为牵引，在继承经典的物流与供应链理论、方法和技术的基础上，充分吸收国内外智慧物流与供应链发展的新理论、新技术和新方法，突出学科前沿性；以现代高等教育理论为依据，在充分体现智慧物流与供应链相关专业（方向）先进教学理念的基础上，引入优质合作企业的案例、技术、产品及平台，实现产教融合、协同育人，突出实践应用性。同时，系列教材教学配套资源丰富，便于高校开展教学实践；主要参编者皆是身处教学一线、教学实践经验丰富的名师，教材内容贴合教学实际。

我们希望这套教材能够充分满足国内众多高校智慧物流与供应链相关专业的教学需求，为培养优质的智慧物流与供应链人才提供强有力的支撑。并希望有更多的志士仁人加入到我们的行列中来，集智汇力，共同推进系列教材建设！

高等院校智慧物流与供应链系列教材编委会

前　言

近年来，随着智慧物流的快速发展，物流企业对智慧物流相关人才的需求呈快速上升趋势，智慧物流人才供给严重不足。同时，智慧物流行业的发展也对智慧物流人才在知识结构、能力素质等方面提出了新的要求。为了增强从业人员对智慧仓储的认知，构建智慧仓储系统的基本理论框架，培养智慧仓储规划设计和运营管理人才，我们编写了本书。

本书着眼于应用型人才培养，采用了引例、理论知识和实践案例等多种方式以提高学生的应用能力和学习兴趣。全书共9章，重点介绍了智慧仓储概述、智慧仓储布局规划、智慧仓储硬件系统建设、智慧仓储软件系统建设、智慧仓储作业管理、智慧仓储运营管理、智慧仓储绩效管理、智慧仓储中仓库安全管理、智慧仓储典型应用等内容，并辅以案例和实例介绍了智慧仓储的发展与应用情况。

本书的特色主要包括：①注重内容的系统性，基本上覆盖了智慧仓储的各个方面，介绍了智慧仓储的规划建设及运营管理情况；②注重内容的权威性，重视对行业内知名专家的观点、文章和论著的借鉴与参考；③注重理论与实践的结合，在介绍理论知识的基础上，引入了案例和实例。

本书可以使学生了解智慧仓储的基础理论、建设发展及运营管理情况，熟悉智慧仓储作业流程，掌握智慧仓储主要设备的配套选型及运营管理的新方法等，同时培养智慧物流系统思维，增强对智慧仓储行业的认知与认同，具备智慧仓储运营管理的创新意识、合作意识和共享思维。

在高等院校智慧物流与供应链系列教材编委会（以下简称编委会）的大力支持和指导下，本书的编写计划得以立项，同时编委会负责指导本书大纲内容的确定，以及最后的审稿等工作，非常感谢编委会的支持和帮助。本书由武汉工商学院操露、朱荣艳、李言、李冰冰、张磊和北京中物汇智科技有限公司的刘元兴等编写。具体分工如下：操露编写第1～4章和第6章，朱荣艳编写第5章，李冰冰编写第7章，李言编写第8章，张磊和刘元兴编写第9章。全书由操露统稿。

在编写过程中，本书从大纲拟定到完成初稿，再到最终定稿，每个环节无不凝聚着机械工业出版社编辑团队的鼓励和支持，同时参考了业内多名专家的成果，在此一并表示深切的谢意。

由于编者水平及时间有限，加上智慧物流技术发展迅速，相关技术和管理理念不断更新，书中难免有疏漏和不足之处，敬请专家和读者批评指正。

编　者

目　录

出版说明
前言

第1章　智慧仓储概述　1
导入案例　1
1.1　智慧仓储基本概念　1
1.1.1　仓储的定义、功能与角色定位　1
1.1.2　仓储的发展　3
1.1.3　智慧仓储的定义与特点　4
1.1.4　智慧仓储的优劣势　5
1.2　智慧仓储的系统构成　7
1.2.1　智慧仓储的硬件系统构成　7
1.2.2　智慧仓储的软件系统构成　8
1.3　智慧仓储的作业管理　9
1.4　智慧仓储管理概述　11
1.4.1　智慧仓储管理的原则　11
1.4.2　智慧仓储管理的内容　12
1.4.3　智慧仓储管理的主要方法　12
1.5　智慧仓储的发展现状与趋势　15
1.5.1　智慧仓储的发展现状　15
1.5.2　智慧仓储的发展趋势　16
本章小结　17
本章习题　18

第2章　智慧仓储布局规划　19
导入案例　19
2.1　智慧仓储布局规划概述　19
2.1.1　智慧仓储的规划目标　19
2.1.2　智慧仓储布局规划的基本原则　20
2.2　智慧仓储规划步骤　22
2.3　智慧仓储规划内容　24
2.3.1　总体规划　24
2.3.2　功能区域布局规划　27
2.3.3　物流动线规划　31
2.3.4　仓位规划　32

2.3.5　货位编码　33
2.3.6　物品编号　35
本章小结　36
本章习题　36

第3章　智慧仓储硬件系统建设　38
导入案例　38
3.1　仓储硬件系统设备选择的注意事项　38
3.2　自动存取系统　39
3.2.1　自动存取系统的主要设备及设备选型　39
3.2.2　自动存取系统的主要设备的保养　51
3.3　智能拣选系统　53
3.3.1　智能拣选系统的特点及基本组成　54
3.3.2　智能拣选系统的工作原理　56
3.3.3　"货到人"拣选系统与"人到货"拣选系统的区别　59
3.3.4　智能拣选系统的配套设备选型　60
3.4　智能搬运系统　65
3.4.1　智能搬运系统的组成　65
3.4.2　智能搬运系统的特点　67
3.4.3　智能搬运系统的主要设备选型　68
3.5　智能分拣系统　71
3.5.1　智能分拣系统的构成　71
3.5.2　智能分拣系统的适用条件　73
3.5.3　智能分拣系统的主要设备　73
本章小结　77
本章习题　77

第4章　智慧仓储软件系统建设　79
导入案例　79
4.1　订单管理系统　79

4.1.1　订单管理系统的结构 ………… 79
　　4.1.2　订单管理系统的特点 ………… 80
　　4.1.3　订单管理系统的功能模块 …… 81
4.2　仓库管理系统 ……………………… 82
　　4.2.1　仓库管理系统的特点 ………… 82
　　4.2.2　仓库管理系统的功能模块 …… 82
　　4.2.3　仓库管理系统软件的选购 …… 83
4.3　仓库控制系统 ……………………… 84
　　4.3.1　仓库控制系统的特点 ………… 84
　　4.3.2　仓库控制系统的功能模块 …… 85
　　4.3.3　仓库控制系统的运行原理 …… 86
本章小结 ………………………………… 87
本章习题 ………………………………… 87

第5章　智慧仓储作业管理 ………… 89

导入案例 ………………………………… 89
5.1　智慧仓储入库管理 ………………… 89
　　5.1.1　入库的准备工作 ……………… 90
　　5.1.2　接运卸货 ……………………… 92
　　5.1.3　办理交接 ……………………… 93
　　5.1.4　入库验收 ……………………… 94
　　5.1.5　组织入库 ……………………… 97
　　5.1.6　入库作业管理方法 …………… 98
5.2　智慧仓储的在库管理 …………… 100
　　5.2.1　货物的保管与保养 ………… 100
　　5.2.2　盘点 ………………………… 111
　　5.2.3　移库 ………………………… 115
5.3　智慧仓储的出库管理 …………… 116
　　5.3.1　货物出库的基本要求及方式 … 117
　　5.3.2　货物出库的业务流程 ……… 118
　　5.3.3　货物出库 …………………… 121
　　5.3.4　货物出库过程中的问题
　　　　　 与处理方法 …………………… 122
5.4　智慧仓储信息管理系统的
　　　操作——基于WMS
　　　仓库管理系统 …………………… 122
　　5.4.1　入库操作 …………………… 122
　　5.4.2　出库操作 …………………… 124
　　5.4.3　货物盘点 …………………… 125
　　5.4.4　货物补货 …………………… 125

　　5.4.5　仓库环境监控 ……………… 125
本章小结 ………………………………… 126
本章习题 ………………………………… 127

第6章　智慧仓储运营管理 ……… 129

导入案例 ……………………………… 129
6.1　智慧仓储需求分析 ……………… 129
　　6.1.1　智慧仓储市场需求分析 …… 129
　　6.1.2　商品情况分析 ……………… 130
　　6.1.3　库存情况分析 ……………… 132
6.2　订单处理分析 …………………… 134
　　6.2.1　订货单位分析 ……………… 134
　　6.2.2　订货频率分析 ……………… 135
　　6.2.3　订单响应时间分析 ………… 136
　　6.2.4　订单拆零情况分析 ………… 136
6.3　智慧仓储存储策略 ……………… 138
　　6.3.1　存储方法 …………………… 138
　　6.3.2　储位分配 …………………… 139
　　6.3.3　存储策略 …………………… 141
　　6.3.4　储位优化 …………………… 143
6.4　智慧仓储拣选策略 ……………… 143
　　6.4.1　拣选方法 …………………… 143
　　6.4.2　拣选策略 …………………… 145
6.5　智慧仓储补货策略 ……………… 147
　　6.5.1　补货作业目的 ……………… 147
　　6.5.2　补货作业方式 ……………… 147
　　6.5.3　补货作业时机 ……………… 148
　　6.5.4　补货技术 …………………… 148
　　6.5.5　补货作业流程 ……………… 149
6.6　智慧仓储库存控制 ……………… 151
　　6.6.1　库存控制方法 ……………… 151
　　6.6.2　库存需求预测 ……………… 153
6.7　智慧仓储的仓库7S管理 ………… 154
　　6.7.1　整理仓库 …………………… 155
　　6.7.2　整顿仓库 …………………… 157
　　6.7.3　开展清扫活动 ……………… 159
　　6.7.4　开展清洁活动 ……………… 161
　　6.7.5　开展安全活动 ……………… 162
　　6.7.6　开展节约活动 ……………… 163

VII

6.7.7 开展仓库人员素养活动……………166
本章小结………………………………167
本章习题………………………………167

第 7 章 智慧仓储绩效管理 169
导入案例…………………………………169
7.1 智慧仓储绩效管理概述………………169
7.1.1 智慧仓储绩效管理的定义………169
7.1.2 智慧仓储绩效管理的特点………170
7.1.3 智慧仓储绩效管理的步骤………170
7.2 智慧仓储绩效管理的内容……………171
7.2.1 智慧仓储绩效管理的范畴………171
7.2.2 智慧仓储绩效管理的原则………172
7.2.3 智慧仓储绩效管理的目标………172
7.2.4 智慧仓储绩效管理的数据获取…173
7.3 智慧仓储绩效管理的评价与方法……………………174
7.3.1 智慧仓储绩效管理的评价指标…174
7.3.2 智慧仓储绩效管理的方法………179
7.4 智慧仓储绩效管理的策略……………183
7.4.1 加强进出库管理…………………183
7.4.2 提高货物验收效率………………184
7.4.3 提高补给效率……………………184
本章小结………………………………184
本章习题………………………………184

第 8 章 智慧仓储中仓库安全管理 186
导入案例…………………………………186
8.1 智慧仓储中仓库安全管理的概念、基本任务和目标……186
8.1.1 智慧仓储中仓库安全管理的概念…………………………187
8.1.2 智慧仓储中仓库安全管理的基本任务和目标……………187
8.2 传统仓库安全管理的内容……………190
8.2.1 摆脱安全管理的误区……………190
8.2.2 仓库安全管理的关键……………191
8.2.3 仓库安全管理的主要内容………191
8.3 智慧仓库体系构成相关安全管理……………………195
8.3.1 智慧仓库信息系统的安全管理…195
8.3.2 智慧仓库智能设备的安全管理…197
8.4 人工智能技术支撑下的安全管理……………………202
8.4.1 智能安防…………………………203
8.4.2 机房环境监控系统………………208
8.4.3 智能仓库监测系统………………211
8.4.4 信息系统安全管理问题…………212
本章小结………………………………212
本章习题………………………………213

第 9 章 智慧仓储典型应用 215
9.1 无人仓的运营管理……………………215
9.2 智慧云仓的运营管理…………………221
参考文献………………………………227

第 1 章 智慧仓储概述

学习目标
- 了解仓储的定义与功能,理解智慧仓储的概念与特点
- 理解智慧仓储体系的基本构成
- 理解智慧仓储的作业内容,掌握智慧仓储管理的内容及主要方法
- 认识和把握智慧仓储的发展现状与趋势

导入案例

苏宁云仓的高效物流作业系统

强大的存储能力与高效的分拣作业能力是一个顶尖物流中心的最突出表现。本例对国内领先的苏宁智慧物流中心的自动化物流作业系统进行了介绍。扩展视频参见二维码 001。

二维码 001

(资料来源:中国储运网,2017 年 10 月)

1.1 智慧仓储基本概念

1.1.1 仓储的定义、功能与角色定位

1. 仓储的定义

在物流系统中,仓储是一个不可或缺的构成要素。仓储是商品流通的重要环节之一,也是物流活动的重要支柱。在社会分工和专业化生产的条件下,为保证社会化再生产过程的顺利进行,必须存储一定量的物资,以满足一定时期内社会生产和消费的需要。

仓储是指利用仓库及相关设施设备进行物品的入库、储存、出库的活动(根据 GB/T 18354—2021《物流术语》)。"仓"即仓库,为存放、保管、存储物品的建筑物和场地的总称,可以是房屋建筑、洞穴、大型容器或特定的场地等,具有存放和保护物品的功能。"储"即存储、储备,表示收存以备使用,具有收存、保管、交付使用的意思。"仓储"是指利用特定场所对物资进行存储、保管以及相关活动的总称。

现代"仓储"不是传统意义上的"仓库""仓库管理",而是在经济全球化与供应链一体化背景下的仓储,是现代物流系统中的仓储,它表示一项活动或一个过程,在英文中对应的词是"Warehousing"。它是以满足供应链上下游的需求为目的,在特定的有形或无形的场所、运用现代技术对物品的进出库、库存、分拣、包装、配送及其信息进行有效的计划、执行和控制的物流活动。现代仓储有以下六个基本内涵:

1)仓储首先是一项物流活动,或者说物流活动是仓储的本质属性。仓储不是生产、不是交易,而是为生产与交易服务的物流活动中的一项。这表明仓储只是物流活动之一,物流还有其他活动,仓储应该融于整个物流系统之中,应该与其他物流活动相联系、相配合。

2）仓储活动或者说仓储的基本功能包括物品的进出库、库存、分拣、包装及其信息处理等方面。其中，物品的出入库与在库管理可以说是仓储的最基本的活动，也是传统仓储的基本功能，只不过管理手段与管理水平得到了提升；物品的分拣与包装，过去也是有的，只不过现在更普遍、更深入、更精细，甚至已经与物品的出入库及在库管理相结合，共同构成现代仓储的基本功能。

3）仓储与物流配送紧密衔接。现代仓库正在向配送中心发展，有时将"配送"作为仓储活动。作为仓储的基本功能之一，配送是仓储的自然延伸，是仓库发展为配送中心的内在要求，如果没有配送，仓储也就仍然是孤立的仓库活动。至于信息处理，已经是现代经济活动的普遍现象，当然也是仓储活动的内容之一，离开了信息处理，也就不能称其为现代仓储了。

4）仓储的目的是满足供应链上下游的需求。这与过去仅仅满足"客户"的需求在深度与广度方面都有重大区别。谁委托、谁提出需求，谁就是客户；客户可能是上游的生产者、下游的零售业者，也可能是企业内部，但仓储不能仅仅满足直接"客户"的需求，也应满足"间接"客户（即客户的客户）的需求；仓储应该融入供应链上下游之中，根据供应链的整体需求确立仓储的角色定位与服务功能。

5）仓储的条件是特定的有形或无形的场所与现代技术。说"特定"，是因为各个企业的供应链是特定的，仓储的场所当然也是特定的；有形的场所是指仓库、货场或储罐等，现代经济背景下，仓储可以在虚拟的空间进行，需要许多现代技术的支撑，离开了现代仓储设施设备及信息化技术，也就没有现代仓储。

6）仓储的方法与水平体现在有效的计划、执行和控制等方面。计划、执行和控制是现代管理的基本内涵，科学、合理、精细的仓储离不开有效的计划、执行和控制。

2．仓储的功能

（1）基本功能

仓储的基本功能是指为了满足市场的基本存储需求，仓库所具有的基本的操作或行为，包括存储、保管、拼装、分类等基础作业。其中，存储功能和保管功能是仓储的基础功能。现代社会生产的一个重要特征就是专业化和规模化生产，劳动生产率极高，产量巨大，绝大多数产品都不能被及时消费，需要经过仓储手段进行存储。这样才能避免生产过程堵塞，保证生产过程能够继续进行。另外，对于生产过程来说，适当的原材料、半成品的存储，可以防止因缺货造成的生产停顿。在仓储过程中对产品进行保护、管理，防止损坏而丧失价值。例如，水泥受潮易结块，使其使用价值丧失，因此在保管过程中就要选择合适的存储场所，采取合适的养护措施。

（2）增值功能

通过基本功能的实现而获得的利益体现了仓储的基本价值。仓储的增值功能则是指通过仓储高质量的作业和服务，使经营方或供需方获取额外的利益。这是物流中心与传统仓库的重要区别之一。仓储的增值功能的典型表现方式如下：

一是提高客户的满意度。当客户下达订单时，物流中心能够迅速组织货物，并按要求及时送达，提高了客户对服务的满意度，从而增加了潜在的销售量。同时，在保管物被保管期间，保管人根据存货人或客户的要求对保管物的外观、形状、成分构成、尺度等进行加工，使仓储物发生人所期望的变化，提供个性化的服务。

二是信息的传递。在仓库管理的各项事务中，经营方和供需方都需要及时而准确的仓库信息。任何产品的生产都必须满足社会的需要，生产者都需要把握市场需求的动向。社会仓储产品的变化是了解市场需求极为重要的途径。仓储量减少，周转量加大，表明社会需求旺盛；反之，则为需求不足。厂家存货增加，表明其产品需求减少或者竞争力降低，或者生产规模不合适。仓储环节所获得的市场信息虽然比销售信息滞后，但更为准确和集中，且信息成本较低。现代企业生产特别重视仓储环节的信息传递和反馈，将仓储量的变化作为决定生产的依据之一。

（3）社会功能

仓储的基础作业和增值作业会给整个社会物流过程的运转带来不同的影响，良好的仓储作业与管理会带来正面的影响。可以从以下三个方面理解仓储的社会功能：

1）时间调整功能。一般情况下，生产与消费之间会产生时间差，通过存储，可以克服货物产销在时间上的间隔。

2）调节功能。生产和消费之间也会产生价格差，供过于求、供不应求都会对价格产生影响，因此，仓储可以克服货物在产销量上的不平衡，达到调控价格的效果。仓储在物流中起着"一条流动的河"的作用，一方面，存储可以调节生产与消费的关系，使它们在时间和空间上得到协调，保证社会化再生产的顺利进行；另一方面，可以实现对运输的调节，达到控制物流系统流向、流量、流速、流程、流效的目的。

3）衔接商品流通的功能。仓储是商品流通的必要条件，为保证商品流通过程连续进行，就必须有仓储活动。仓储可以防范突发事件，保证商品顺利流通。

3. 仓储的角色定位

随着物流管理向供应链管理的发展，企业越来越强调仓储作为供应链中的一个资源提供者的独特角色，仓储在物流和供应链管理中的角色定位主要体现在以下四个方面：

1）仓储是物流与供应链管理中的库存控制中心。库存成本是主要的供应链管理成本之一。在美国，库存成本约占总物流成本的三分之一。因此，管理库存、减少库存、控制库存成本就成为仓储在供应链框架下降低供应链总成本的主要任务。

2）仓储是物流与供应链管理中的调度中心。仓储直接与供应链的效率和反应速度相关。人们希望现代仓储处理物品的准确率能达到99%以上，并能够对特殊需求做出快速反应。当日配送已经成为许多仓库所采用的一种业务方式。客户和仓库管理人员不断提高仓储活动的精确度、即时性、灵活性和对客户需求的反应程度等方面的目标。

3）仓储是物流与供应链管理中的增值服务中心。现代仓储不仅提供传统的存储服务，还提供与制造业的延迟策略相关的后期组装、包装、打码、贴标签、客户服务等增值服务，提高客户满意度，从而提高供应链上的服务水平。可以说，物流与供应链中的绝大部分增值服务都体现在仓储上。

4）仓储是现代物流设备与技术的主要应用中心。供应链一体化管理是通过现代管理技术和科技手段的应用而实现的，效率促进了供应链的一体化运作，而软件技术、互联网技术、自动分拣技术、光导分拣、RFID（射频识别）、声控技术等先进的科技手段和设备的应用，则为提高仓储效率提供了实现的条件。

1.1.2 仓储的发展

随着现代物流技术的发展和设备的更新应用，仓储向智慧化方向不断发展，从发展过程来看主要经历了四个阶段。

1. 人工仓储阶段

人工仓储阶段是仓储系统发展的原始阶段，在这一阶段，仓库物资的运输、存储、管理和控制主要靠人工来实现，效率很低。但是在当时的背景下，人工仓储技术在相应社会生产力下具有投资少、收益快等优点，也促进了物流的发展。

2. 机械化阶段

机械化阶段，物资的运输、仓储、管理和控制主要是依靠人工及辅助机械来实现的。物品可以通过各种各样的传送带、工业输送车、机械手、起重机、堆垛起重机和升降机来移动和搬运，用货架托盘存储物品，通过人工操作机械存取设备，用限位开关、螺旋机械制动和机械监视器等控制设备来运行。机械化满足了人们对速度、精度、高度、重量、重复存取和搬运等方面的要求，具有实时性和直观性的优点。

3. 自动化阶段

自动化技术对仓储技术和发展起到了重要的促进作用。从 20 世纪 50 年代末开始，相继出现了自动导引车（AGV）、自动货架、自动存取机器人、自动识别和自动分拣等系统。到 20 世纪 70 年代，旋转体式货架、移动式货架、巷道式堆垛起重机和其他搬运设备都加入了自动控制行列，但只是各个设备的局部自动化并各自独立应用，被称为"自动化孤岛"。

随着计算机技术的发展，工作重点转向物资的控制和管理，要求实时、协调和一体化。计算机之间、数据采集点之间、机械设备的控制器之间以及它们与主计算机之间的通信可以及时地汇总信息，仓库计算机及时地记录订货和到货时间，显示库存量，计划人员可以方便地做出供货决策，管理人员随时掌握货源及需求。

信息技术的应用已成为仓储技术的重要支柱。到 20 世纪 70 年代末，自动化技术被越来越多地应用到生产和分配领域。"自动化孤岛"需要集成化，于是便形成了"集成系统"的概念。在集成化系统中，整个系统的有机协作，使总体效益和生产的应变能力大大超过各部分独立效益的总和。集成化仓库技术作为计算机集成制造系统（Computer Integrated Manufacturing System，CIMS）中物资存储的中心受到人们的重视，通过计算机技术把分散在产品设计制造过程中各种孤立的自动化子系统有机地集成起来，形成适用于多品种、小批量生产，实现整体效益的集成化和智能化制造系统

4. 智慧化阶段

随着现代工业生产的发展，柔性制造系统、计算机集成制造系统和工厂自动化对自动化仓储提出了更高要求，搬运仓储技术要具有更可靠、更实时的信息，工厂和仓库中的物流必须伴随着并行的信息流。

人工智能技术的发展必将推动自动化仓库技术向更高阶段即智能自动化方向发展，在智能自动化物流阶段，生产计划做出后，自动生成物流和人力需求，查看存货单和购货单，规划并完成物流。如果库存物品不够，无法满足生产要求，那么系统会自动推荐修改计划以便生产出等值产品。在自动化仓储的基础上继续研究，实现与其他信息决策系统的集成，朝着智能和模糊控制的方向发展，人工智能推动了仓储技术的发展，即智慧仓储。

智慧仓储的应用，保证了货物仓库管理各个环节数据输入的速度和准确性，确保企业及时、准确地掌握库存的真实数据，合理保持和控制企业库存，通过科学的编码，还可方便地对库存货物的批次、保质期等进行管理。射频数据通信、条码技术、扫描技术和数据采集越来越多地应用于仓库堆垛起重机、自动导引车和传送带等运输节点上，移动式机器人也作为柔性物流工具在柔性生产、仓储和产品发送中日益发挥着重要作用。实现系统柔性化，采用灵活的传输节点和物流路线是实现物流和仓储智能化的趋势。

1.1.3 智慧仓储的定义与特点

1. 智慧仓储的定义

智慧仓储是智慧物流的重要节点，是指仓储数据接入互联网系统，通过对数据的提取、运算、分析、优化、统计，再通过物联网、自动化设备、仓库管理系统（WMS）、仓库控制系统（WCS），实现对仓储系统的智慧管理、计划与控制。

智慧仓储是一种仓储管理理念，是通过信息化、物联网和机电一体化共同实现的智慧物流仓储新业态。通过合理运用无线射频识别相关的技术及相关网络技术等，对仓储管理过程实现信

息化，能够对入库、盘点、出库等过程的相关数据进行采集并加以利用，从而降低仓储成本、提高运营效率、提升仓储管理能力，使仓储管理更加智慧化。智慧仓储是对传统的仓库管理系统进行相应的改造，能够在一定程度上提高仓库的相关流程的工作效率，并能够实现在不接触货物的情况下对其进出仓库检查，以及质量检查信息与后台数据库的连接，进而提高库存效率。

因此，智慧仓储是指运用软件技术、互联网技术、自动分拣技术、光导技术、射频识别、声控技术等先进的科技手段和设备对物品的进出库、存储、分拣、包装、配送及其信息进行有效的计划、执行和控制的物流活动。简言之，智慧仓储是指通过智能软硬件、物联网、大数据等智能化技术手段，提高仓储系统智能化分析决策和自动化操作执行能力，提升仓储运作效率的现代化物流环节。

智慧仓储能够有效利用仓储信息，提高仓储任务分配和执行的效率，优化仓储作业的流程，节约人力和物力，为管理者提供辅助决策依据。智慧仓储设备的应用使人与仓储设备之间的交互更加便捷，减少人为操作错误，提高工作人员的操作准确率。智能优化算法和智能控制技术的使用在保证仓储作业效率的基础上，通过对仓储设备和人力、物力的合理调配，能够有效降低能耗，节约成本，合理保持和控制企业库存。仓储信息的流通性加强，与供应链上下游的衔接更加畅通，对企业的发展大有裨益。

2. 智慧仓储的特点

（1）仓储管理信息化

在仓储作业中，会产生大量的货物信息、设备信息、环境信息和人员信息等，如何实现对信息的智能感知、处理和决策，利用信息对仓储作业的执行和流程进行优化，是智慧仓储研究的重点之一。智慧仓储是在仓储管理业务流程再造基础上，利用RFID、网络通信、信息系统应用等信息化技术，以及大数据、人工智能等管理方法，实现入库、出库、盘库、移库管理的信息自动抓取、自动识别、自动预警及智能管理功能，以降低仓储成本、提高仓储效率、提升仓储智慧管理能力。

（2）仓储运行自动化

仓储运行自动化主要是指硬件部分如自动化立体仓库系统、自动分拣设备、分拣机器人以及可穿戴设备［如增强现实（AR）］技术的应用。自动化立体仓库系统包括立体存储系统、穿梭车等，分拣机器人主要包括关节机器人、机械手、蜘蛛手等。智慧仓储设备和智能机器人的使用能够提高作业的效率，提高仓储的自动化水平。智能控制是在无人干预的情况下能自主地驱动智能机器实现控制目标的自动控制技术。对仓储设备和机器人进行智能控制，使其具有像人一样的感知、决策和执行的能力，设备之间能够进行沟通和协调，设备与人之间也能够更好地交互，可以大大减轻人力劳动的强度，提高操作的效率。自动化与智能控制的研究应用是最终实现智慧仓储系统运作的核心。

（3）仓储决策智慧化

仓储决策智慧化主要是互联网技术如大数据、云计算、人工智能（AI）、深度学习、物联网、机器视觉等的广泛应用。利用这些数据和技术进行商品的销售和预测，以及智能库存的调拨和对个人消费习惯的发掘，能够实现根据个人的消费习惯进行精准的推销。目前技术比较成熟的企业如京东、菜鸟等已运用大数据进行预分拣。在仓储管理过程中，各类仓储单据、报表快速生成，问题货物实时预警，特定条件下货物自动提示，通过信息联网与智能管理，形成统一的信息数据库，为供应链整体运作提供可靠依据。

1.1.4 智慧仓储的优劣势

智慧仓储的应用，保证了仓库管理各个环节数据输入的速度和准确性，确保企业及时、准确地掌握库存的真实数据，合理保持和控制企业库存，通过科学的编码，还可方便地对库存货物的批次、保质期等进行管理。与普通的仓储系统和自动化立体仓库相比，智慧仓储有明显的优缺点。

1. 智慧仓储与自动化立体仓库的区别

智慧仓储是一种仓储管理理念，是通过信息化、物联网和机电一体化共同实现的智慧物流，从而降低仓储成本，提高运营效率，提升仓储管理能力。智慧仓储的范围比较大，比如，利用超高频 RFID 系统雷达发射原理的自动识别仓储系统，利用各种类型的 AGV 机器人实现货物自动分拣、堆垛、拣货的仓储系统，具有自动化立体仓库的仓储系统，采用仓库管理系统和仓库控制系统实现仓储业务流程整合的仓储系统，"货到人"的拣选仓储系统等。

可以说，设备类型、拣选方式是区分仓库是否智能、智慧的主要标志之一。

自动化立体仓库，又称高架仓库，一般是指采用高层货架来存储单元货物，用相同的物品搬运设备进行货物入库和出库作业的仓库。其利用立体仓库设备可实现仓库高层合理化、存取自动化、操作简便化。自动化立体仓库的主体构成主要包括高层立体货架、巷道堆垛起重机、出入库输送系统（传输带、自动导引车、叉车等）、周边辅助设备（自动识别系统、自动分拣设备等）、自动控制系统和仓库管理系统。

自动化立体仓库大多采用传统的"货到人"拣选方式，主要以托盘存储为主，搬运设备主要以堆垛起重机和自动导引车为主，由于堆垛起重机的存取能力有限，这种拣选方式主要针对整件拣选，很少用于拆零拣选。

智慧仓储系统是运用软件技术、互联网技术、自动分拣技术、光导技术、射频识别、声控技术等先进的科技手段和设备对物品的进出库、存储、分拣、包装、配送及其信息进行有效的计划、执行和控制的物流活动。它主要包括识别系统、搬运系统、存储系统、分拣系统以及管理系统。

从目前物流企业的应用情况来看，大部分的智慧仓储系统是由高层立体货架、提升机、穿梭车、出入库输送系统（如传输带、穿梭车、各种类型的 AGV 机器人等）、自动化控制系统、计算机仓库管理系统及其周边设备（如自动识别系统、自动分拣设备等）组成，可对集装单元货物实现自动化保管和计算机管理的仓库。很多智慧仓储系统将搬运设备从堆垛起重机转变为穿梭车，由于穿梭车具有体积小、速度快、精度高等优势，极大地提升了系统的空间利用率和运行效率。

智慧仓储系统采用新型智能"货到人"拣选方式，打破原有的货架固定位置模式，提出采用智能搬运机器人配合可搬运移动货架实现"货到人"拣选的动态拣选方式，该方式下货物不受料箱尺寸限制，由于移动货架和智能搬运机器人具有通用性，拣选作业更为灵活可靠。

2. 智慧仓储的优势

智慧仓储系统是智能制造工业 4.0 快速发展的一个重要组成部分，它具有节约用地、减轻劳动强度、避免货物损坏或遗失、消除差错、提高仓储自动化水平和管理水平、提高管理和操作人员素质、降低储运损耗、有效减少对流动资金的挤占、提高物流效率等诸多优点。具体来说，智慧仓储的优势体现在以下几个方面：

1）高架存储，提高利用率。智慧仓储系统可以利用高层货架存储货物，最大限度地利用空间，可大幅降低土地成本。与普通仓库相比，一般可以节省 60%以上的土地面积。

2）无人化作业，节省人力。智慧仓储系统可以实现无人化作业，不仅能大幅节省人力资源，减少人力成本，还能够更好地适应黑暗、低温、有毒等特殊环境的需求，使智慧仓储系统具有更为广阔的应用前景。

3）账实同步，节约资金。智慧仓储系统可以做到账实同步，并可以与企业内部网融合，企业只需建立合理的库存，即可保证生产全过程顺畅，从而大大提高公司的现金流，减少不必要的库存，同时也避免了人为因素造成的错账、漏账、呆账、账实不一致等问题。虽然智慧仓储系统初始投入较大,但一次投入长期受益,总体来说能够实现资金的节约。

4)自动控制,提高效率。智慧仓储系统中物品出入库都是由计算机自动控制的,可迅速、准确地将物品输送到指定位置,减少了车辆待装待卸时间,可大大提高仓库的存储周转效率,降低存储成本。

5)系统管理,提升形象。智慧仓储系统的建立,不仅能提高企业的系统管理水平,还能提升企业的整体形象以及在客户心目中的地位,为企业赢得更大的市场,进而创造更大的财富。

3. 智慧仓储的劣势

智慧仓储系统虽然具有很多优点,但其劣势也不容忽视,主要体现在以下5个方面:

1)投资大,建设周期长。智慧仓储建设是系统工程,货架安装精度要求高,需要配套的设备多,设备间的连接和软件管理系统都非常复杂,安装调试难度大,需要投入资金多,建设周期较长。

2)建设完成后不易更改。智慧仓储系统都是根据各企业的具体需求量身定制的,一旦建设完成,就限定了货架产品或其包装的最大尺寸和重量,超过规定尺寸和重量的货物不能存入货架。相应地,其他配套设备也不能轻易改动,否则很可能会出现牵一发而动全身的被动局面。

3)事故一旦发生,后果严重。由于智慧仓储系统的操作需要由计算机控制多个设备来协调完成,一旦某个关键环节如计算机控制软件系统出现故障,很有可能导致整个仓库都无法正常工作。

4)保养维护依赖度大。智慧仓储系统是一个复杂的系统,为了维持这些设备长期稳定的正常运转,必须定期进行保养和维护,同时也要根据需要对部分软件进行升级。特别是对于技术含量高的设备和软件,如码垛机器人、自动控制系统等,必须由系统供应商的专业人员进行维护和升级。这就需要客户与系统供应商保持长期联系,以便在系统出现问题时,及时让系统供应商了解情况并解决问题。

5)业务培训技术性强。智慧仓储系统实行自动控制与管理,投资大、技术性强,一旦出现较大操作失误将会造成严重后果。因此,所有智慧仓储系统建成后,都需要对相关工作人员进行专门的业务培训,使他们能胜任工作,这也给企业的管理带来一定的难度。

1.2 智慧仓储的系统构成

智慧仓储系统是一种通过计算系统控制,能够对仓库和物资位置进行全面掌握,利用RFID、网络通信、信息系统应用、人工智能等现代化技术及先进的管理方法,实现入库、出库、盘点、移库等业务操作自动化的一种系统。它具有自动抓取、自动识别、自动预警及智能管理等功能,从而能够降低仓储成本,提高仓储效率,提升仓储智能管理的能力。整个工作过程中不需要人工的直接参与,大大提高了工作效率。

在智慧仓储之中,其实现功能的模块主要包括硬件系统、软件系统等。其中,硬件系统指的是仓储基础设施的建设,包括智能拣选系统、自动存取系统、智能搬运系统、智能分拣系统等基础设施的建设;软件系统指的是其相应的管理系统,主要包括订单管理系统、仓库管理系统、仓库控制系统等。

1.2.1 智慧仓储的硬件系统构成

在对仓储布局进行合理规划的前提下,企业可以投入智能化的硬件设施来提高仓储的运作效率,这些新型硬件设备的使用不仅会提高仓储的自动化水平和物流运作效率,还会给企业带来可观的经济效益。智慧仓储的硬件系统主要包括智能拣选系统、自动存取系统、智能搬运系统、智能分拣系统等，如图1-1所示。

图1-1 智慧仓储硬件系统的构成

智慧仓储可根据功能设计范围，进行详细的布置及选型设计，可根据不同的功能实现不同的效果，通常配置所需的硬件系统设备如下：

1）高层货架，又称立体仓库货架，用于存储货物的钢结构，目前主要有焊接式货架和组合式货架两种基本形式。

2）托盘（或物品箱，又称货箱、物料箱），用于承载货物的器具，也称工位器具。

3）巷道堆垛起重机，用于高层货架自动存取货物的设备。其通过运行机构、起升机构和货叉机构的协调工作，完成货物在货架范围内的纵向和横向移动，实现货物的三维立体存取。

4）穿梭车，又称轨道式导引车（Rail Guided Vehicle，RGV），是一种智能装备，是密集仓储系统的核心装备，可以编程实现取货、运送、放置等任务，并可与上位机或WMS进行通信，结合RFID、条码等识别技术，实现自动化识别、存取等功能。

5）提升机，主要包括货物提升机与穿梭车提升机两种设备，主要配置在仓库主巷道两端，实现货物和穿梭车的换层作业。

6）输送机系统，智慧仓储的主要外围设备，负责将货物运送到堆垛起重机、提升机或从堆垛起重机、提升机将货物移走，常见的有轨道输送机、链条输送机、带式输送机等。

7）AGV、IGV（Intelligent Guided Vehicle，即智慧型引导运输车）系统，即各类自动导向小车，根据其导向方式可分为感应式导向小车、激光导向小车和固定导轨式小车。

8）GAS（Gate Assort System）系统全称为"智能闸门开启式分拣系统"或"智能翻盖分拣系统"，是一项以"人总是会出错"为出发点，围绕如何避免错误发生而开发应用的辅助拣选技术，让拣选作业更加直观，有效降低人为误差，极大地提高拣选效率及正确率。

1.2.2 智慧仓储的软件系统构成

仓储管理作为整个仓储系统的核心部分，除了提供基本仓储管理功能外，还需要基于大数据平台建立库存预警、库存策略优化、库存分类分析等统计分析模型，为库存管理、生产运维提供辅助决策。

智慧仓储体系的一个最大的特点就是多功能集成，除了传统的库存管理外，还要实现对流通中的货物进行检验、识别、计量、保管、加工以及集散等功能，这些功能的顺利实现，都依赖于智慧仓储软件系统。智慧仓储的软件系统主要包括订单管理系统（OMS）、仓库管理系统（WMS）、仓库控制系统（WCS）等，如图1-2所示。

图1-2 智慧仓储软件系统的构成

订单管理系统是供应链管理系统（SCM）的一部分，通过对客户下达的订单进行管理及跟踪，动态掌握订单的进展和完成情况，提升物流过程中的作业效率，从而节省运作时间和作业成本，提高物流企业的市场竞争力。订单管理系统的主要功能是通过统一订单提供用户整合的一站式供应链服务，订单管理以及订单跟踪管理能够使用户的物流服务得到全程的满足。订单管理系统是供应链管理链条中不可或缺的部分，通过对订单的管理和分配，使生产管理、采购管理、仓储管理和运输管理有机结合，稳定有效地实现供应链管理中各个环节充分发挥作用，使仓储、运输、订单成为一个有机整体，满足物流系统信息化的需求。订单管理系统具有根据商户下达的各种指令进行管理、查询、修改、打印等功能，同时将业务部门处理信息反馈至商户。订单管理系统一般包括订单处理、订单确认、订单状态管理（包括取消、付款、发货等多种状态，以及订单出库和订单查询）等。

仓库管理系统是通过入库业务、出库业务、仓库调拨、库存调拨和虚仓管理等功能，对批次管理、物品对应、库存盘点、质检管理、虚仓管理和即时库存管理等功能综合运用的管理系统，有效控制并跟踪仓库业务的物流和成本管理全过程，实现和完善企业的仓储信息管理。该系统可以独立执行库存操作，也可与其他系统的单据和凭证等结合使用，可为企业提供更为完整的企业物流管理流程和财务管理信息。

仓库控制系统是介于仓库管理系统和可编程逻辑控制器（Programmable Logic Controller，PLC）之间的一层管理控制系统，可以协调各种物流设备如输送机、堆垛起重机、穿梭车及机器人、自动导引车等物流设备之间的运行，主要通过任务引擎和消息引擎，优化分解任务、分析执行路径，为上层系统的调度指令提供执行保障和优化，实现对各种设备系统接口的集成、统一调度和监控。

由此可见，通过完善的设计，合理的硬件及软件配置，并根据具体的功能要求，智慧仓储完全可实现仓储的智能输送、存储、定位、提醒等功能，从而提高企业仓储的运行效率，自动盘点，降低管理成本。

1.3　智慧仓储的作业管理

由于产品性质不同，各个企业的仓储流程会存在一些差异，但大体的流程主要分为入库、在库以及出库这三块大的作业流程，如图1-3所示。

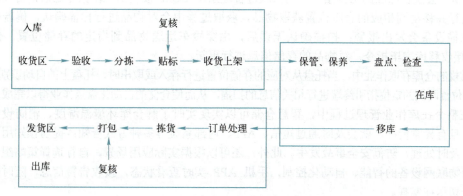

图1-3　智慧仓储的作业流程

1. 智慧仓储入库作业

在日常运作过程中，物品入库是仓储管理的起点。只有从物品入库阶段就做好规范管理，后续管理才能有序进行。因此，仓储管理必须明确物品入库作业及其流程，并确定入库管理制度

9

和常用文件与表格。

物品入库作业是指接到入库通知单后，从提货到办理入库手续等一系列将物品快速、安全地运到仓库中的相关流程。这一过程中，要求仓库准确地调动相关的人力、物力等，严格按照拟定的物品入库流程，并在入库流程的各个环节履行相对应的职责。实际企业运行过程中，不同仓库的入库作业流程，稍微会有所区别，但是大体流程包括入库前准备、货物接运、货物验收、组织入库。以RFID视频识别技术为例的智慧仓储入库作业流程如图1-4所示。

图1-4　智慧仓储入库作业流程

在物品进入仓库之前，接收入库单或采购订单，接收货物，由进料检验完成质量检查，把合格的物品码放到带有自动识别设备的托盘上，由空中输送系统运送到立体仓库，自动识别存放的储位，并由穿梭车送到储位上，然后自动上传数据到企业资源计划（ERP）系统。

2. 智慧仓储在库作业

物品的在库作业是伴随着物品储运全过程的技术性措施，是保证储运物品安全的重要环节，这个活动过程，贯穿于整个物流的各个环节。

智慧仓储在库作业主要包括货物的保管、保养、移库和盘点作业。

货物保管的任务就是在认识和掌握各种库存货物变化规律的基础上，采取相应的措施和手段，为库存货物提供适宜的保管环境和良好的保管条件，以保证库存货物数量正确，质量完好，并充分利用现有仓储设施，为经济、合理地组织货物供应打下良好基础。

在存储过程中对货物所进行的保养和维护工作，称为货物养护。货物养护的目的就是针对货物不同特性积极创造适宜的存储条件，采取适当的措施，以保证货物储运的安全，保证货物质量和品质，减少货物的损耗，节约费用开支，为企业创造经济效益和社会效益。

移库作业是对物品的存储位置进行改动的相关作业管理。一般在移库之前，依据移库任务，WMS会发出相应的工作指令，当供应链管理系统SCM接收到工作指令之后，可以操纵穿梭车运行并移动到相应的仓库位置获取物品，获取过程中会对物品进行扫描确认，倘若确认失败，扫描设备会发出报警；扫描确认无误后，由穿梭车送物品到指定的存储位置。然后，WMS接收移库完毕指令，对物品的存储信息进行更新。

常规的仓库存取作业中，当托盘从对应的存储位置进行存入或取出时，托盘上的自动识别标签会被存储位置两侧的定位指引终端进行相关信息的扫描，从而使仓储的自动化盘点作业得以完成。

在整个在库作业管理过程中，智慧仓储可以实现实时了解仓库环境温湿度、消防设施异常等，一旦有异常情况，就会及时通过短信、APP、内部系统等多种方式告知；提前预知用电安全隐患，及时处理，防范安全事故发生。此外，还可以根据实际应用场景，自行选择策略组合，实现所有物联网设备的智能、自动化控制，手机APP实时查看状态，接收告警信息，随时随地运维，一切尽在掌握。

3. 智慧仓储出库作业

物品出库是仓储管理的终点，涉及订单处理、分拣、发放等多个环节。如果发生多发、漏发、错发等事件，就会影响企业利益和客户满意度。在物品出库环节，企业要制定物品出库、退还、调拨等作业流程，确保物品快速、准确地出库。

不同仓库的出库作业流程稍微会有所区别，但是大体流程包括订单处理、分拣货物、货物核查、拣选打包、装车出库。以穿梭车智慧仓储为例，其出库作业流程如图1-5所示。

图1-5 穿梭车智慧仓储的出库作业流程

依照出库明细清单，WMS会自动将明细清单转化成拣货明细清单，并将其传送至穿梭车等设备终端，穿梭车按照接收到的拣货单指令开始工作。随后出库的物品经由AGV运输到空中输送线，转接地面输送线，然后通过AGV送到物品所需的车间，WMS在接收到相关的出库信息之后对信息进行确认，确认后更新物品的仓储信息并打印出库明细报表。

1.4 智慧仓储管理概述

智慧仓储管理，是将仓储数据接入互联网系统，通过对数据的提取、运算、分析、优化、统计，再通过物联网、自动化设备、仓库管理系统、仓库控制系统，实现对仓储系统运作全过程的智慧管理、计划、组织、协调与控制。

1.4.1 智慧仓储管理的原则

智慧仓储的运营管理以效率管理为核心，实现最少劳动投入，获得最大的产品产出。劳动的投入包括劳动力的数目、设施设备以及人力和设备资源的作业时间和使用时间。因此，智慧仓储管理应遵循以下原则：

1. 效率原则

效率是指在一定的劳动要素投入量时的产品产出量。高效率是指投入较小的劳动要素，产出较多产品。高效率意味着劳动产出大，劳动要素应用率高。高效率的实现是管理艺术的体现，通过准确核算、科学组织、妥善安排场所，以及空间、机械设备与员工合理配合，部门、人员、设备之间配合默契，使作业过程有条不紊地进行。

仓储的效率表现在仓容利用率、货物周转率、进出库时间、装卸车时间等指标上。仓储高效率就是要做到多存储、保管好、快进快出。

2. 服务原则

仓储活动自身就是为社会提供仓储服务的，服务是贯穿仓储的一条主线。仓储的定位、仓储的具体操作、对存储货物的控制都是以服务为中心而展开的。仓储管理就是要围绕服务定位、如何提供服务、改善服务、提高服务质量而展开管理，包括直接的服务管理和以服务为原则的管理。

仓储的服务水平与仓储的经营成本两者之间有着密切的相关性，即仓储的服务水平与仓储的经营成本存在着效益悖反现象。服务好，成本高，收费也高，仓储服务管理就是在降低成本和提高服务水平之间保持平衡，因而，仓储管理应正确定位服务范围。

3. 经济效益原则

企业运营以获得最大利润为目的，这是经济学的基本假设条件。利润是经济效益的表现形式。实现利润最大化则需要实现经营收入最大化和经营成本最小化。

11

仓储企业应围绕着取得最大经济效益的目的组织和运营，并能在获取最大经济效益的同时承担部分社会义务，如保护环境、维护社会稳定、满足人们不断增长的需求等，即在获得企业最佳经济效益的同时统筹社会效益。

1.4.2 智慧仓储管理的内容

从定义可知，智慧仓储管理的对象是仓库、库存物资、设施设备、信息技术等，具体管理内容包括以下几个方面：

1. 智慧仓储布局规划

智慧仓储布局规划需要明确智慧仓储规划的目标、基本原则；智慧仓储规划布局的类型；智慧仓储规划的注意事项、主要规划步骤；智慧仓储具体规划的内容，包括总体规划、功能区域布局规划、物流动线规划、仓位规划等。

2. 智慧仓储硬件设备的选择与配置问题

根据实际智慧仓储类型选择合适的硬件设备，包括智能拣选设备、自动存取设备、智能搬运设备、智能分拣设备，主要配套设备的选型问题等。

3. 智慧仓储软件系统的建设问题

明确订单管理系统的组成、特点、功能模块，仓库管理系统的特点、功能模块，仓库控制系统的工作原理、特点、功能模块，以及各软件系统的选购等。

4. 智慧仓储的作业管理

智慧仓储的作业管理是仓储管理的基本内容，包括如何组织物资的入库验收、如何存放物资、如何对在库物资进行保管保养、如何发放出库等。明确智慧仓储的作业流程，并能进行流程优化。

5. 智慧仓储运营管理

智慧仓储运营管理主要包括智慧仓储的需求分析、订单处理分析，智慧仓储的存储策略、拣选策略、补货策略，智慧仓储的库存控制方法，智慧仓储的 7S 管理。

6. 智慧仓储的绩效管理

智慧仓储的绩效管理需要明确如何进行智慧仓储运营的绩效管理，原则是什么，具体的管理内容包括哪些；智慧仓储绩效管理体系的架构等。

7. 智慧仓储的仓库安全管理

智慧仓储的仓库安全管理需要明确管理的基本任务和目标、具体内容、主要技术等。

1.4.3 智慧仓储管理的主要方法

1. 大数据分析

大数据分析（Big Data Analysis，BDA）是在数据密集型环境下，对数据科学的重新思考和进行新模式探索的产物，是结合了大数据理念与方法，对类型多样、增长快速、内容真实的数据进行分析，从中找出有利于决策的模型或有用信息的过程。

目前针对大数据分析的研究主要集中于五个方面，分别是可视化分析、数据挖掘、预测分析、语义分析以及数据管理。

（1）可视化分析

可视化分析是展示分析过程以及分析结果的有效技术，旨在借助图形化手段，清晰、有效地传达与沟通信息，用户得以通过人机交互界面直观地了解和掌握数据中隐含的规律，明确所需的分析结果。

随着大数据的兴起与发展，物联网、地理信息系统、商业智能（BI）等主流应用领域逐渐催生了几类特征鲜明的信息类型，主要包括文本、网络（图）、时空以及多维数据等，这些与大数据密切相关的数据类型交叉融合，形成了以文本可视化、网络（图）可视化、时空数据可视化以及多维数据可视化等为主要研究领域的大数据可视化分析技术。

（2）数据挖掘

数据挖掘（Data Mining）是指借助数学模型、机器学习算法、专家系统、模式识别等诸多工具和算法从大量数据中搜索出隐藏的信息，实现数据有效提取的过程。

（3）预测分析

通过数据挖掘技术获取了数据所隐含的规律，根据可视化分析以及数据挖掘结果可以进一步做出预测分析，对生产过程中可能出现的故障风险进行预防，或者对企业生产业绩进行合理预测。

（4）语义分析

大数据中存在着大量的半结构化数据以及非结构化数据，这些多样性的数据给分析带来了新的挑战，需要一系列的工具去解析、提取、分析数据。为了从文本、图片、音频、视频、地理位置信息中解析出所需的数据，语义分析技术被提出用以从这些多样性的数据中智能地提取信息。

（5）数据管理

数据管理是一些管理方面的最佳实践，通过标准化的流程和工具对数据进行处理可以保证一个预先定义好的高质量的分析结果。数据管理技术历经人工管理、文件管理、数据库管理等时代，直至大数据技术的出现使得该领域进入了一个崭新的发展阶段。

2. 人工智能控制

人工智能（Artificial Intelligence，AI）是研究、开发用于模拟、延伸和扩展人的智能的理论、方法、技术及应用系统的一门新的技术科学。人工智能是计算机科学的一个分支，它企图了解智能的实质，并生产出一种新的能以与人类智能相似的方式做出反应的智能机器，该领域的研究包括机器人、语言识别、图像识别、自然语言处理和专家系统等。人工智能从诞生以来，理论和技术日益成熟，应用领域也不断扩大，可以设想，未来人工智能带来的科技产品，将会是人类智慧的"容器"。人工智能可以对人的意识、思维过程进行模拟。

人工智能控制是具有智能信息处理、智能信息反馈和智能控制决策的控制方式，由智能机器自主地实现其目标的过程，是一类无须人的干预就能够自主地驱动智能机器实现其目标的自动控制，也是用计算机模拟人类智能的一个重要领域。

（1）人工智能控制的基本特点

1）人工智能控制的核心是高层控制，能对复杂系统（如非线性、快时变、复杂多变量、环境扰动等）进行有效的全局控制，实现广义问题求解，并具有较强的容错能力。

2）人工智能控制系统能以知识表示的非数学广义模型和以数学表示的混合控制过程，采用开闭环控制和定性决策及定量控制结合的多模态控制方式。

3）人工智能控制的基本目的是从系统的功能和整体优化的角度来分析系统，以实现预定的目标。人工智能控制系统具有变结构特点，能总体自寻优，具有自适应、自组织、自学习和自协调能力。

4）人工智能控制系统具有足够的关于人的控制策略、被控对象及环境的有关知识，以及运用这些知识的能力。

5）人工智能控制系统具有补偿及自修复能力和判断决策能力。

（2）技术基础

人工智能控制以控制理论、计算机科学、人工智能、运筹学等学科为基础，扩展了相关的理论和技术，其中应用较多的有专家系统、模糊逻辑、遗传算法、神经网络等理论，以及自适应控制、自组织控制和自学习控制等技术。

1）专家系统是利用专家知识对专门的或困难的问题进行描述的控制系统。专家系统在解决复杂的高级推理中获得了较为成功的应用，但是实际应用相对还是比较少的。

2）模糊逻辑用模糊语言描述系统，既可以描述应用系统的定量模型，也可以描述其定性模型。模糊逻辑可适用于任意复杂的对象控制。

3）遗传算法作为一种非确定的拟自然随机优化工具，具有并行计算、快速寻找全局最优解等特点，它可以和其他技术混合使用，用于智能控制的参数、结构或环境的最优控制。

4）神经网络是利用大量的神经元，按一定的拓扑结构进行学习和调整的自适应控制方法。它能表示出丰富的特性，具体包括并行计算、分布存储、可变结构、高度容错、非线性运算、自我组织、学习或自学习。这些特性是人们长期追求和期望的系统特性。神经网络在智能控制的参数、结构或环境的自适应、自组织、自学习等控制方面具有独特的能力。

5）智能控制的相关技术与控制方式结合或综合交叉结合，构成风格和功能各异的智能控制系统和智能控制器，这也是智能控制技术方法的一个主要特点。

3. 云仓储管理

"云仓"是一种全新的仓库体系模式，在这一模式下，快件可直接由仓储到同城快递物流公司的公共分拨点实现就近配送，极大地减少配送时间，提升用户体验，这就给那些对物流水平需求极高的企业带来了新的机遇。"云仓"的概念是利用云技术和现代管理方式，依托仓储设施实现在线交易、交割、融资、支付、结算等一体化的服务。

（1）特点

云仓储管理与传统仓、电商仓相比，主要区别在于仓内作业的高时效以及精细化的管理，还有自动化装备和信息化系统。先进的技术及管理的使用，导致云仓的建设成本比较高。但是，云仓的作业流程中入库与出库速度非常快，而且准确率很高，可达100%，因此备受青睐。

1）管理种类及配送范围方面的变革。云仓储管理由于其一体化的信息管理系统将全国各区的分仓进行集中管理，理论上仓库可以无限扩大，因此其所存储管理的货物种类较传统仓储多，且由于信息化的资源整合和设施设备配套，实现订单的智能化拣选和配送，大大提升了仓储管理及配送的规模和效率。

2）管理模式方面的变革。云仓储管理在满足传统仓储管理的同时，对仓储作业的时效性和准确性有较高要求。云仓储通过其扁平化的供应链管理，实现近距离快速交接的作业模式，如京东自营商品，系统从距离客户最近的仓库进行发货，并且每一步都通过系统进行实时监控，同时将物流信息反馈给客户，这样不仅速度快而且准确率高，同时极大地提升了消费者的购物体验。

3）设施设备方面的变革。云仓储特别是电商仓储，对多批次小批量的处理要求较高，因此为了保证仓储作业的整体效率，除了实现仓储的信息化管理之外，还需要通过仓储设施设备的智能化来辅助仓储信息化管理，如仓库管理系统、WCS等信息系统，以及扫码设备、自动分拣机、巷道堆垛起重机等自动化设备。

（2）实施思路

云仓储管理的理念是在全国区域中心建立分仓，形成公共仓储平台，可以使商家就近安排仓储，从而可以就近配送，信息流和物流重新结合，这种模式的实施思路如下：

1）建立实体分仓，实现就近配送。主体由区域大仓、城市中仓、中小仓以及微仓四级结构构成。区域大仓可以设置在目前已经建成的区域性大型物流园区内，建设大型仓库，存储供应区域的大库存产品，并且完成对初级产品的流通加工，其辐射半径在200km以内；城市中仓可以设置在目前已经建成的中小型城市物流配送中心内，存储满足城市供应的产品，其辐射半径为40km左右；中小仓根据城市大小可以灵活取舍，对于大型城市可以在行政区一级范围内设置比城市中仓体量更小的配送单元，其辐射半径为 5km 左右；微仓设置在居民社区，可以利用普通连锁超市，也可以独立建设连锁超市门店，还可以采用众包模式设置在加盟个体的居民住宅楼内，其辐射半径为 1km 左右，通过与区域中小仓的高频次、小批量流转，以确保产品品质与及时上门配送。

2）完善社会化信息系统，实现货物信息共享。实体分仓是由电商企业联合打造的，接着便是资源整合的问题，把全国的区域城市通过物流信息系统串联，实现各种物流资源的完全共享，尽可能地降低信息失灵所带来的成本增加或者其他的损失。通过这样的公共信息平台和公共分仓，实现全社会的货畅其流。

3）云仓储中的技术处理。云仓储的基本问题和一般的仓库体系是一样的，主要包括仓库选址、仓库数量及规模、库存决策这些问题。首先，通过"云物流"平台，掌握各个需求点之间的需求流量，确定各个需求点的需求量。其次，依据这些需求点建设一定数量的配送中心，建立新的仓储配送体系，可以采用启发式算法进行求解，如模拟退火算法、遗传算法等。最后，根据以往的交易信息和消费者的需求分布特征，确定仓库的最佳规模，并进行合理的库存决策，从而有效降低物流成本，获得较好的利益，达到较高的服务水平。

1.5 智慧仓储的发展现状与趋势

1.5.1 智慧仓储的发展现状

在国内，随着我国促进智慧物流、智慧仓储、物联网技术发展相关政策、规划及方案的相继出台及实施，智慧仓储基础设施的投资不断加大，各种与智慧仓储相关的示范项目不断引进，物联网技术在物流仓储领域的采用不断深化，物流企业对发展智慧仓储的经验不断丰富，认识不断提高，这些都为发展智慧仓储提供了良好的基础条件。目前，我国的物流和仓储业务很大一部分是由生产企业自身运营的，这些企业的规模相对较小。相关资料统计显示，我国仓储空仓率接近 35%，远远高于发达国家。由此可以看出，我国的第三方物流市场仍有很大的发展空间。第三方物流迫切需要建立一个合理、方便、高效、先进的技术服务体系，真正实现智慧仓储的概念，实现自动分拣智能操作，使企业在第三方物流市场实现空间、利润的翻倍。

智慧仓储技术层面应用主要集中体现在四个方面：一是传统仓储设施的智能化与网络化，这是实现仓储设施互联的基础；二是仓储设备的自动化和标准化，这是实现仓储作业智能化的基础；三是系统平台对接的应用，这是仓储系统与其他上下游系统互通互联的基础；四是物流大数据推动仓储资源整合与共享，这是实现集团公司内部优化配置仓储资源的基础。

经过调查分析，我国智慧仓储技术与设备发展速度处于快速发展阶段。近些年，在仓储设施互联网方面，仓储设施资源联网应用仍处于快速发展阶段，年增长速度超过 28%；仓库库区视频联网监控技术发展较快，增长速度在 18% 左右，仓储设备物联网的增长速度 25% 左右；仓储信息化技术应用最广泛，以云计算模式为主的智慧仓储信息系统的应用增长在 26% 以上。

仓储系统自动与智能的作业方面技术发展最快，主要体现在自动化立体仓库、WCS 自动控制系统、智能穿梭车、透明感知设备、巷道堆垛起重机、分拣技术设备、AGV 机器人搬运、输送机系统等方面。在自动化立体仓库建设领域，调查发现，市场需求增长超过了 18%；智能穿梭车与密集型货架系统前几年处于爆发增长阶段，目前增长速度有所下降，但其增长速度仍超过了 30%；物流机器人是机器人的七大应用领域之一，机器人搬运、机器人堆码等技术装备近两年都进入快速发展阶段，市场增长速度保持在 30% 以上；机器人分拣发展速度最快，由于发展基数较低，其增长速度在 50% 以上。

在智能追溯领域，应用最普遍的物联网感知技术是 RFID 技术和 GPS 移动追踪定位技术。根据调研，我国仓储行业手持终端扫描设备增长超过 15%。在手持终端扫描设备领域，目前的创新方向之一是小型化，向可穿戴智能技术方向发展。国内市场规模庞大，相关智能技术和设备居于世界领先水平，形成了一个基本完好的产业链，智慧仓储已变成物流仓储行业前进的重要动力，降低了物流仓储成本，促进了整个产业的升级。

当前，我国智慧仓储在互联网+战略的带动下快速发展，与大数据、云计算等新一代互联网技术深度融合，整个行业向着运行高效、流通快速的方向迈进。具体表现如下：

（1）仓储行业转型升级取得初步成果

从经营模式来看，仓储企业正逐步完善相关服务配套设施，转变企业经营模式，努力实现仓库空间利用率最大化，并向各种类型配送中心发展。从发展方向来看，企业通过并购重组、延伸产业服务链条等方式，实现仓储领域向网络化与一体化服务发展。

（2）新兴仓储领域快速发展

在电商、快递仓储方面，电商企业将竞争力放在提高用户体验、提升配送效率上，一方面加快自建物流设施，另一方面对外开放仓储资源；同时在快递公司上市潮的资本市场推动下，仓储领域的技术和服务水平得到快速提高。

（3）仓储机械化与信息化水平有所提高

从机械化来看，以货架、穿梭车、AGV、"货到人"机器人等为代表的仓储装备和仓储信息系统在大中型仓储企业的应用状况良好。从信息化水平来看，我国仓储业的信息化正在向深度（智慧仓储）与广度（互联网平台）发展，条码、智能标签、无线射频识别等自动识别标识技术、可视化及货物跟踪系统、自动或快速分拣技术，在一些大型电商企业、医药、烟草、电子等专业仓储企业的应用比例不断提高。

1.5.2 智慧仓储的发展趋势

在工业 4.0 时代，客户要求高度个性化，产品创新周期缩短，生产节拍不断加速。一方面，随着信息技术向制造业的全面深入，生产要素高度灵活配置，大规模定制生产得以实现，传统的生产流程、生产模式及管理方式不断被打破。另一方面，新兴自动化和智能技术促进了现有硬件设备的扩容与升级，改善了仓储物流运作流程，提高了仓储技术装备的柔性化应用水平，降低了物流成本。信息技术、自动化技术与智能技术使得仓储装备的技术集成程度进一步提高。技术集成能力成为国外仓储装备研发与制造能力的优势所在，成为仓储装备行业重要的核心竞争力所在。

随着物联网、大数据、人工智能等信息技术进一步发展，以及资本市场对智能仓储科技应用场景的关注，智能仓储物联网等行业标准法规将逐步完善，机器人和认知技术、3D 打印技术等科技将在仓储物流领域得以深度应用，预测性维护和按需仓储将得到更多关注。

随着政府相继出台各种政策来鼓励和支持"物流行业高质量发展"，同时新一代信息技术与制造业深度融合的智能制造作为大的国家发展战略，智能仓储行业已经迎来了发展的黄金期，未来行业将朝国际化、智慧化、绿色化、龙头化或集群化和服务化方向发展。

（1）物流的国际化

无论是借壳上市，还是去美股敲钟，已然在资本市场得到初步认同的物流企业，借着"一带一路"的政策利好，陆续抢占海外市场。圆通收购先在东南亚、"一带一路"沿线及华人华企聚集的区域建立多式联运转运集散枢纽，布局海外仓储、转运、集散业务，服务进口与出口。顺丰与 UPS 成立合资公司已获监管审批。阿里巴巴海外试验区马来西亚数字自由贸易区在吉隆坡各方面启用运营，菜鸟智能仓库跟随落地。当物流企业在国内市场的格局逐渐成形时，拓展海外市场以配合急速发展的跨境电商就成为物流企业新的筹划。

（2）仓储的智慧化

随着工业 4.0 时代加速到来，资本市场及物流企业对智慧物流科技应用场景的落地拥有较高期待。下游客户的需求也从自动化升级为智能化，5G、物联网、人工智能、大数据分析等智能技术将在仓储物流领域得以深度应用。

面对需要用较短的时间对千万件的快递进行运输、分拣和派送，无论是电商企业还是物流企业均对智慧化设备寄予了厚望，借此分解庞大订单量的压力。京东已经建成全流程无人仓，实现从入库、存储，到包装、分拣等环节全流程、全系统的智能化和无人化。智能化将逐渐渗透到物流的各个环节，技术新红利正在重塑物流价值，成为物流行业转型的新动能。全自动分拣设备、无人机、无人车送货的热度不断攀升，智能化的物流配送正在成为发展的趋势。物流企业的电子面单背后都串联着发货商、快递公司、收货人各个环节的数据信息，通过系统支撑确保快件在各个运转环节的可视化。

（3）智慧仓储的绿色化

面对高企的物流成本，绿色化已经被视为减少成本的关键。"清流计划""漂流瓶""绿色物流"等词汇围绕着减少物流包装成本这一目标不断升温和发酵，尤其在快递纸箱所用的瓦楞纸成本接连攀升后，循环使用快递箱或研发可替代的产品已然成为行业热议的焦点。无论是为缓解原纸涨价带来的成本压力，还是响应环保政策承担社会责任，苏宁、京东、菜鸟网络等众多电商企业以及快递企业，纷纷在快递纸箱上做起了文章，为减少物流中的包装成本提供可能性。循环包装袋与纸箱、快递袋也将逐渐被众多物流企业和电商企业使用。

（4）智慧仓储的龙头化或集群化

随着经济增速的放缓和供给侧改革的深入，行业洗牌开始加速，龙头企业的技术、资金、规模、成本等优势逐步显现，市场将逐步向龙头企业集中。随着市场竞争的加剧，产业集群是一种新的发展模式。物流产业集群是一种经济社会现象，它是物流专业化分工与协作水平不断提高的产物，是一种遵循经济原则的组织形式和经济现象。物流产业集群是一种介于市场和企业之间的产业组织形式，并且按照一定规则运行和自我发展。

（5）智慧仓储的服务化

仓储智能化的需求不仅是设备的需求，还需要厂商能够提供一整套完善的软硬件方案，做到搜集数据、分析数据、做出决策，指导优化生产过程，并且迭代升级。因此，未来传统的仓储物流设备厂商将向服务商转型。

案例 1-1 华为的智慧供应链物流中心

华为松山湖供应链物流中心是华为重要的样板基地之一，具备很强的示范性。本例对该物流中心建设的项目背景、项目概况、项目成果进行了介绍，通过该案例可对智慧供应链物流中心的建设与运营有更直观的了解。扩展视频参见二维码002。

二维码002

（资料来源：智能仓储管理实战手册，2020 年 1 月）

本章小结

智慧仓储是智慧物流的重要节点，是仓储数据接入互联网系统，通过对数据的提取、运算、分析、优化、统计，再通过物联网、自动化设备、仓库管理系统（WMS）、仓库控制系统（WCS），实现对仓储系统的智慧协调、计划、组织与控制。

本章介绍了智慧仓储的概念与特点，阐述了智慧仓储的体系构成。智慧仓储作业管理以物品的出入库管理、在库管理作业为主，重点介绍了智慧仓储管理的原则、内容和方法，并简要介绍了智慧仓储的发展现状与趋势。

本章习题

一、思考题

1．如何理解智慧仓储的概念和特点？
2．智慧仓储的体系构成是怎样的？
3．智慧仓储的系统功能主要包括哪些？
4．智慧仓储管理的原则是什么？管理的内容及主要方法有哪些？
5．简述智慧仓储的发展现状与趋势。
6．试分析智慧仓储与自动化立体仓库的区别和联系。

二、设计与实训

　　通过实训，理解智慧仓储的体系构成，了解物流企业智慧仓储硬件系统和软件系统的应用现状，体会智慧仓储发展的重要意义。

　　要求：

　　1）以某一物流企业为调查对象，调查了解该企业智慧仓储管理基本情况。

　　2）调查了解该企业在仓储管理中应用了哪些智慧仓储硬件系统和软件系统，调查分析其主要功能、应用场景及技术参数等情况。

　　3）分析思考该企业智慧仓储管理的不足之处。

第 2 章　智慧仓储布局规划

学习目标
- 了解和熟悉智慧仓储规划的目标
- 理解智慧仓储规划的基本原则
- 掌握智慧仓储规划的步骤
- 掌握智慧仓储规划的内容
- 理解和掌握智慧仓储规划的注意事项

导入案例

中韩石化智能立体仓库的规划建设

中韩石化大力推进智能工厂建设，在数字化升级和智能化改造方面走在了行业前列，在近期落地的乙烯脱瓶颈改造项目中，采用智能化立体仓库替代原有平库这一举措颇受业界关注。本例主要对该项目背景、项目需求、整体方案设计、建设与实施、应用效果进行介绍，对了解智慧仓储的规划布局有一定的借鉴意义。扩展视频参见二维码003。

二维码 003

（资料来源：物流技术与应用，2021 年 11 月）

针对传统仓库在存储货物、业务数据反馈、仓储作业操作、商品管理方式等方面的不足，智慧仓储能提升仓储作业安全性，规范仓储作业流程；减少人员依赖性，降低作业人员劳动强度；降低商品库存，提升仓库货位利用率；改善仓库的作业效率；提高订单完成度和订单准确性。

2.1　智慧仓储布局规划概述

仓储规划是物流规划中的一个重要模块。在决定作业效率的高低、能否实现便利性和数据准确性等方面起到了基础性的作用。智慧仓储规划是指在一定区域或库区内，对智慧仓储的平面布局、仓库内设施设备等各种要素进行科学规划和整体设计。

作为智能制造的后端环节，在产品多样化、个性化的趋势下，智慧仓储物流承担着提升效率、提升客户体验、提升企业核心竞争力的重任，随着大数据、物联网、机器人、传感器等技术的不断进步，智慧仓储作为以上技术的载体，有望迎来高速发展。随着土地使用成本以及人工成本的增加，仓储费用也有明显的增加，降本增效是我国仓储行业未来发展的核心。合理规划设计智能仓储，减少人工及土地的使用，降低物流费用是我国仓储行业发展的必经之路。智能仓库的成功建设，可以帮助传统制造企业更加精准、高效地处理仓库日常业务，以及零件、半成品和成品的流通；有效提升作业效率，降低物流成本，合理控制库存，在激烈的竞争中保持领先地位。

2.1.1　智慧仓储的规划目标

从仓储物流行业的发展历程来看，我国物流仓储主要可分为人工仓储物流、机器化仓储物流、自动化仓储物流、集成自动化仓储物流以及智能自动化仓储物流阶段。目前，我国仓储物流行业正处于仓库管理升级的阶段（自动化和集成自动化向智能化不断升级）。随着信息技术的发展，仓储物流行业将联合工业互联网技术不断向智能化升级。因此，智慧物流大势所趋，也成为诸多企业和资本的布局重点。

基于各个企业的情况，企业推进智慧仓储升级的手段各有不同。但究其本质，智慧仓储的规划目标有以下五个方面，如图2-1所示：

1. 高度智能化

智能化是大数据时代下智慧仓储的显著特征。智慧仓储不只是自动化，更不局限于存储、输送、分拣等作业环节，而是仓储全流程的智能化，包括应用大量的机器人（AGV）、RFID 标签、MES、WMS 等智能化设备与软件，以及物联网、人工智能、云计算等技术。

图 2-1　智慧仓储的规划目标

2. 完全数字化

智慧物流时代的一个突出特征是海量的个性化需求，想要对这些需求进行快速响应，就需要实现完全的数字化管理，将仓储与采购、制造、销售等供应链环节结合，在智慧供应链的框架体系下，实现仓储网络全透明的实时控制。

3. 仓储信息化

无论智能化还是数字化，其基础都是仓储信息化的实现，而这也离不开强大的信息系统的支持。

1）互联互通。想要信息系统有效运作，就要将它与更多的物流设备、系统互联互通，以实现各环节信息的无缝对接，尤其是 WMS、WCS 等，从而确保供应链的流畅运作。

2）安全准确。在网络全透明和实时控制的仓储环节中，想要推动仓储信息化的发展，就要依托信息物理系统（CPS）、大数据等技术，解决数据的安全性和准确性问题。

4. 布局网络化

在仓储信息化与智能化的过程中，任何设备或系统都不再孤立地运行，而是通过物联网、互联网技术智能地连接在一起，在全方位、全局化的连接下，形成一个覆盖整个仓储环境的网络，并能够与外部网络无缝对接。

基于这样的网络化布局，仓储系统可以与整个供应链快速地进行信息交换，并实现自主决策，从而确保整个系统的高效率运转。

5. 仓储柔性化

在"大规模定制"的新零售时代，柔性化构成了制造企业的核心竞争力。只有依靠更强的柔性能力，企业才能应对高度个性化的需求，并缩短产品创新周期、加快生产制造节奏。企业想要将这一竞争力传导至市场终端，同样需要仓储环节的柔性能力作为支撑。仓储管理必须根据上下游的个性化需求进行灵活调整，扮演好"商品配送服务中心"的角色。

2.1.2　智慧仓储布局规划的基本原则

智慧仓储规划必须遵循一定的原则，通过具体的需求分析，实现能力与成本的合理规划，使系统既能满足库存量和输送能力的需求，又能够降低设计成本。仓储规划应当视具体情况而定，为了做出更加完善合理的设计，仓储规划应当遵循以下8个原则：

1. 总体规划原则

在进行布局规划时，要对整个系统的所有方面进行统筹考虑。对该系统进行物流、信息流、商流的分析，合理地对它们进行集成与分流，从而更加高效、准确地实现物资流通与资金周转。

2. 最小移动距离原则

物资移动的距离越短，所需要的时间和费用也就越少。为此，在进行仓储规划时，应当妥善考虑物资移动的路线，避免路线交叉，保持物流畅通。保持仓库内各项操作之间的距离最短，物资和人员流动距离能省则省，尽量缩短，以此来节省物流时间，降低物流费用。

要求设备安排、操作流程应能使物流搬运和存储按自然顺序逐步进行，避免迂回、倒流的现象出现。

3. 物资处理次数最少原则

仓储管理涉及大量物资处理作业，而每一次物资处理都需要耗费时间和费用，也可能形成安全隐患。在进行仓储规划时应当遵循物资处理次数最少原则，减少不必要的移动，或引入可以同时进行多个操作的设备。

4. 充分利用空间、场地原则

充分利用空间，包括垂直与水平方向，在安排设备、人员、物品时应予以适当的配合，最大限度地利用平面与空间，节省建设投资，但也应保持设备的适当空间以免影响工作。

5. 成本和效益原则

更多的投资，必然意味着更先进的仓储管理，但也代表更高的成本。成本与效益原则，就是要考虑投资成本和系统效益，在满足仓储管理需求的前提下，尽量减少投资成本。

例如，根据周转箱尺寸大小选择合适的货架设计；根据存储物品的大小尺寸、品种、重量和数量等选择相应材质的货架；考虑仓储管理的需求，选择采购新型货架，优化布局等。

6. 柔性化原则

智能时代的仓储环境存在复杂多变的特点，仓储物的品种、规格和数量都可能发生改变。因此，在进行仓储规划时应当遵循柔性化的原则，采购更具柔性的机械和机械化系统，并确保仓库可以扩大规模，能够保持一定的空间以利于设备的技术改造和工艺的重新布置，以及一定的维护空间。

7. 能力匹配原则

设备的存储和输送能力要与系统的需求及频率相协调，从而避免设备能力的浪费。例如，货架位置摆放应根据物资尺寸的要求，基于周转箱灵活性强的特点，确保物资出入库方便快捷，先进先出，同时也要满足智慧仓储自动化存取作业的需求等。

8. 安全性原则

设计时要考虑智能设备的运行安全、物品存储的安全性、操作人员的安全和方便。确保货架强度、刚度满足载重需求，堆垛层数应该根据物资货箱承重能力以及物资本身的重量综合考虑。对于特殊物品（易燃易爆品等），应严格遵守国家相关法律法规，同时加强仓库管理员职业培训，提升道德修养。

仓储空间利用率不高在很大程度上是因为货架类型不合适、货架位置不合理、仓储设备选择不当、作业流程不合理等。因此，为了最大限度地提高仓储空间利用率，就要完善仓储布局规划。企业在做智慧仓储规划时，除了考虑以上8条基本原则，还应注意以下事项：

1) 设备技术选成熟且先进的，不选过时的；选择效率适当高的，不选最高的。
2) 方案尽量柔性，可扩展。
3) 规模的产能设计不要超前太多或预估太紧。
4) 尽可能降低人力投入，降低人的劳动强度，尽量降低人的操作技能难度，尽量减少差错率。
5) 化繁为简，化难为易。
6) 能向空间的，尽量少向平面。
7) 工艺方案中进出货物流量要平衡，切忌出现瓶颈。

电子商务高速发展推动网络经济的繁荣，客户的需求也越来越多样化，企业可以通过在已有仓库内或者周边自建小仓库，满足客户短期需求，例如季节性产品，周期短，周转快。

2.2 智慧仓储规划步骤

不同企业的仓储可以有很多种呈现方式，再根据不同的行业环境、设施环境等，又会有不同规划结果。企业在仓储规划中既要关注细节，又要注意顶层设计。仓储是物流的一个重要战略节点，仓储规划的局限性会影响整个物流系统的全局性。图 2-2 所示的五个步骤可以对仓储进行系统性的规划。

图 2-2 智慧仓储规划的步骤

1. 认识——从供应链全局看仓储

对仓储进行规划，从专业的规划角度出发，首先还是要从供应链的角度看，不用生硬地套上一些专业术语。可以把供应链的结构当作一个工具来理解，了解我们要规划的仓储所处的环境。从这样的视角去规划可以带来以下好处：

1）更具有前瞻性。纵观全局，有助于更加清晰地理解当前所规划的节点在当前应该解决什么问题，可能出现什么风险，在未来可能会发生什么样的演变，帮助客户从专业和更为宏观的角度审视和理解后面将要陈述的方案。

2）定位清晰。不同的仓储节点功能下的规划，所规划的要素参数不同，简单来说，原材料仓库和成品仓库中，流程要素大多一样，但是作业方式和效果可能完全不同，所以要从全局的角度把仓储定位弄清楚，规避可能出现的偏差。

3）架构清晰。物流活动是由供应链（企业运营）而触发，那么在对当前活动规划时，必然需要了解触发的原因，用技术化的语言来说，就是要做好接口，将仓储模块化。当上游发生变化的时候，仓储这个模块，或者仓储里面的子模块可以很好地调整内部结构和过程。

所以，第一步需要认识你所需要规划的对象，从上往下看会更加清晰。

2. 理解——存储对象的特征分析

深刻理解仓储中的对象，核心对象主要是以存储的物资为主，仓库中的物资很多，有的会有数万种 SKU（库存量单位），那么就要进行科学合理的分类。分类方式有很多，可以按照体积分，也可以按照品类分，或者按照管理方式来分。总之，具体问题具体分析，最终在于只有理解仓储中的对象特征，才能进行合理的规划。

理解存储对象可以参考图 2-3 所示的几个方面。

1）从物品物理属性分析。分析物品的物理属性是对存储对象的基础性认识，分析所要规划对象的外形特征，长、宽、高，便于容器和货位尺寸的规划，梳理存储对象所需要的存放条件的要求，比如温度要求、通风要求、消防要求、摆放要求等。从不同的行业看，零售、化工、汽车零部件、医药、装备零部件等，无穷无尽的物品在某个仓库里存储和分拣，因此对于物品物理属性的分析是首要的，也是必不可少的。这个过程也可以看作对一个静态环境的分析。

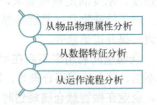

图 2-3 理解存储对象的参考点

2）从数据特征分析。对仓储对象进行数据分析是另一个重要的分析环节，通用的分析方式是 EIQ（E 是指 Entry，I 是指 Item，Q 是指 Quantity，即从客户订单的订货次数、品项、数量等方面出发，进行配送特性和出货特性的分析），基于前面的物品分类，对其按订单、物品等多维度进行分析，找出分类对象在一个动态环境中的特征。物品的进出作业可能存在季节性，存在高频次和低频次,每天也存在多个批次。

数据特征的分析方法,根据仓储规划的需要,可以分为图2-4所示的两种类型。

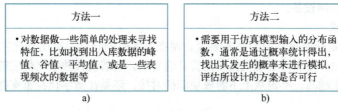

图2-4 数据特征的分析方法

3)从运作流程分析。在仓储规划中,对流程分析或配置是串联整个仓储活动最重要的步骤之一,为了对仓储流程分析得更清晰,可以构造一个流程的模型,分为多层级。第一层级是主要的几个活动,比如入库、理货、上架、分拣等;第二层级就可以按对象进行细分,不同的物品对象分类下可能会用到不同的流程或活动,比如有的物品只用一次分拣,有的需要二次分拣,有的甚至是越库操作,所以要按具体活动分清楚。越是精细的操作生产力评估,就越要进行细分,因为每个活动都会用到"资源",产生成本。

3. 改造——核心设计仓储布局

前面的分析最终都会在仓储布局上进行直观体现,仓储布局实际是对仓储内的所有对象进行重组,这需要看精细程度。

1)如果只是规划到大的功能区,那么可以将功能区作为对象进行拆分,通常主要功能区和次要功能区加在一起会有10~20个功能区(同类功能区可能会有多个分区),将这些功能区按照一定的逻辑进行布置就可以完成简单的仓储布局。

2)如果需要做精细化的仓储布局,甚至要进行货位详细设计,那么相对会更复杂,随着技术的发展,更多的仓储会通过智能化的调度来实现仓储作业,这样的仓储布局会更加灵活,完全颠覆之前的布局。

3)如果仓储布局中对象拆分得很细,要求的效率很高,那么随机存储、"货到人"拣选这样的智能化方式会广泛应用,这样布局的方法会更多地使用启发式的算法来寻找最优解决方案。

4. 评估——系统评价

系统评价是仓储规划的一个非常重要的步骤,这里需要从系统论的角度来看待仓储规划,也只有把仓储作为一个"系统",才能最好地解释仓储规划的所有逻辑。

从作业流程的角度,把流程作业中人、设备、功能区等看作服务台,仓储中需要处理的货物形成队列,将服务台串联,上一个流程完成的作业量,到下一个流程又形成了新的队列,那么这就是系统,有输入也有输出。通过仿真模拟作业过程中人、设备、设施的资源利用率,就可以从仿真的角度对所规划的操作系统进行生产力评估。

5. 实施——运作支持

仓储规划最终是要落地实施的,所以还需要考虑操作中所需要的设备配置和信息化需求,以及对于该仓库需要用什么样的建筑条件来匹配。我们在规划中将流程进行细分,设备和信息化都按照流程中的操作需求进行匹配,并在系统评估的时候选出最佳方案。

(1)设备配置

按照仓储规划的模型将仓储流程进行细分后,每一步操作都会按照流程活动进行,从系统模型的角度看,设备的操作无非是在处理"数据",这个数据可以是"托盘",也可以是"立方"或其他的物流单元。设备的配置根据规划的需求,如果规划有明确的预算,就可以把预算作为约束条件,来进行最后的配置。如果仓储追求示范效应,那么可以参考智能化的标准在合理范围内进行配置。总之,根据作业要求、高效的运作、合理的成本来对设备的配置进行约束,追求用科学的方式配置相关仓储设备。

（2）信息化需求

信息化需求也是仓储规划中的必备要素。现在大多数的仓储都有信息化工具,区别在于工具的功能是不是更加方便和符合现代化物流管理的要求。随着现代数字化供应链的推广,对仓储的信息化要求也越来越高,不论从上下游模块间的对接,还是在数字化决策支持以及可视化管理方面都在不断迭代。

因此,以仓储流程中的实际需求为出发点,考虑整个仓储的功能定位。首先要对信息化要求做一个完整的架构,覆盖哪些模块,交付哪些数据,达到什么样的管理要求。然后再对功能进行配置,与业务场景结合,这样才能实现一个既实用又具有扩展性和战略性考虑的信息化建设。

（3）建筑设计

有的仓储规划是先有了仓库再进行规划,有的是先考虑物流需求再进行仓库建设。这里作者建议按照后者的方式进行,因为从建筑的角度看,在一定的参数范围内进行设计和实施都是可以的,但是最后选择的参数对于仓储作业来说不一定是最合理的。越是复杂的仓储环境越需要优先考虑物流作业要求。在通过充分的仓储规划后,出具仓储功能区与设备的布局图纸,然后建筑设计院在此基础上进行建筑设计,如果有冲突的地方再协商调整。

2.3 智慧仓储规划内容

智慧仓储规划是在对各种仓储行为进行整体的规划,对仓储模式、仓储设施、储存空间、信息管理系统等进行决策及设计。通过合理的仓储规划可以有效地提高仓储的工作效率,减轻仓储工作人员的作业难度,更可直观地对仓储作业活动进行调控。

2.3.1 总体规划

智慧仓储规划对合理利用仓库和发挥仓库在物流中的作用有着重要意义。

1. 仓库规划的总体要求

在组建、规划仓库时,应本着方便、科学的原则,应符合表 2-1 的要求。

表 2-1　仓库规划的总体要求

序号	要求	具体说明
1	符合工艺要求	1）在地理位置上仓库须满足产品加工工序的要求 2）相关仓区应尽可能地与加工现场相连,减少物品和产品的迂回搬运 3）各仓区最好有相应的规范作业程序说明
2	符合进出顺利的要求	1）在规划仓库时,要考虑到物品的运输问题 2）要尽可能地将进出仓门与电梯相连,并规划出相应的运输通道,同时充分考虑运输路线等问题
3	安全	仓库是企业主要物资的集散地,在规划时要特别考虑以下两点安全因素: 1）仓库要有充足的光、气、水、电、风、消防器材等 2）需要防火通道、安全门、应急装置和一批经过培训合格的消防人员
4	分类存放	对所有物资进行分析、归纳分类,然后再进行分类存储: 1）常用物资仓可分为原材料仓、半成品仓和成品仓 2）工具仓主要用于存放各种工具 3）办公用品主要用于为仓库的日常管理提供各种常用办公用品 4）特殊物品仓主要是针对有毒、易燃易爆品等进行专门存放处理

仓库规划主要包括：仓库的合理布局、仓库的发展战略和规模，如仓库的扩建、改造任务等；仓库的机械化发展水平和技术改造方向，如仓库的机械化、自动化水平等；仓库的主要经济指标，如仓库主要设备利用率、劳动生产率、仓库吞吐存储能力、存储能力利用率、储运品质指标、储运成本的降低率等。因此，仓库规划是在仓库合理布局和正确选择库址的基础上，对库区的总体设计、仓库建设规模以及仓库存储保管技术水平的确定。

2. 仓库位置的确定

在进行仓库选址时，首先考虑自然环境、经营环境、基础设施和其他因素，见表2-2。

表2-2 仓库选址的考虑因素

考虑因素	具体因素	说明
自然环境	气象条件	年降水量、空气温度与湿度、风力、无霜期长短、冻土厚度等
	地质条件	土壤的承载能力，避免淤泥层、流沙层、松土层等不良地质环境
	水文条件	远离容易泛滥的大河流域和易上溢的地下水区域，地下水位不能过高
	地形条件	选择地势高、地形平坦的地方，尽量避开山区及陡坡地区
经营环境	政策环境	是否有优惠的物流产业政策对物流产业进行扶持，当地的劳动力素质的高低
	商品特性	与产业结构、产品结构、工业布局紧密结合
	物流费用	选址尽量接近物流服务需求低的地方，如大型工业区、商业区
	服务水平	是否能及时将货物送到目的地，满足客户需求
	竞争对手	竞争对手的竞争策略，与竞争对手的实力对比，与竞争对手的差异
基础设施	交通条件	交通便利，最好靠近交通枢纽，如港口、车站、交通主干道
	公共设施	城市的道路畅通，通信发达，有完善的基础设施，如水电供应能力、垃圾处理能力
其他因素	国土资源利用	充分利用土地，节约用地，充分考虑地价的影响
	环境保护要求	保护自然与人文环境，尽可能减少对城市生活的干扰
	地区周边状况	周边不能有火源，不能靠近住宅区，周边地区的经济发展情况

其次，要确定货仓的位置。货仓的位置因厂而异，它取决于各工厂实际需要。在确定货仓的位置时，应该考虑图2-5所示的因素。

3. 仓库总平面布置

仓库总平面布置是指对一个仓库的各个组成部分，如库房、货棚、货场、辅助建筑物、铁路专用线、库内道路、附属固定设备等在规定的范围内进行平面和立体的全面合理安排。

仓库的总平面布置是一项复杂而又细致的工作，要求周密地考虑各方面的因素。

（1）仓库的专业化程度

仓库存储商品的种类越少，则仓库的专业化程度越高；相反，仓库存储商品的种类越多、越杂，则仓库的专业化程度越低。各种商品性质不同，装卸搬运方式和存储方法也会有所区别。在仓库总平面布置设计前和布置时，应考虑各种不同商品的作业需要，按专业分工原则，确定商品种类、主要存储商品的要求和作业特点。

（2）仓库规模

仓库总平面布置、库房规模、专用线的布置形式、水电供应等都取决于仓库规模的大小。一般仓库规模越大，库房、设备越多，辅助设施也越多。设计时要从生产和安全两个方面考虑。

（3）环境设施、地质地形条件

考虑土壤的承载能力，仓库是大宗商品集结地，货物会对地面形成较大的压力，如果地下存在着淤泥层、流沙层、松土层等不良地质环境，则不适宜建设仓库。同时，仓库应建在地势高、地形平坦的地方，尽量避开山区及陡坡地区，最好选长方形地形。

（4）仓库总平面布置要求

仓库总平面布置应该满足图2-6所示的要求。

图2-5　确定货仓位置应考虑的因素　　　图2-6　仓库总平面布置应该满足的要求

1）适应仓储生产的作业流程。库房、货棚、货场等储放场所的数量和比例要与存储物资的数量和保管要求相适应，要保证库内物资流动方向合理，运输距离最短，作业环节和次数最少，仓库面积利用率最高，并做到运输通畅，方便保管。

2）有利于提高仓库的经济性。总体布置时要考虑地形、工程地质条件等，因地制宜，使之既能满足物资运输和存放的要求，又能避免大挖大掘，减少土方工程量。平面布置应该与竖向布置相适应，既满足仓储生产的要求，有利于排水，又要充分利用原有地形。

3）符合安全、卫生要求。库内各区域间、各建筑物间应该留有一定的防火间距，同时要设有各种防火、防盗等安全保护措施。此外，库内布置要符合卫生要求，考虑通风、照明、绿化等情况。

（5）功能分区

仓库总平面布置时首先进行功能分区，即根据仓库各种建筑物的性质、使用要求、运输和安全要求等，将性质相同、功能相近、联系密切、对环境要求一致的建筑物分成若干组，再结合仓库用地内外的具体条件，合理地进行功能分区，在各个区中布置相应的建筑物。大型仓库一般包含生产作业区、辅助生产区、行政生活区三大部分，仓库总体构成如图2-7所示。

图2-7　仓库总体构成

生产作业区是仓储作业的主要场所，是库区的主体部分，主要包括库房、露天货场、道路、装卸站台等。库区道路要通畅、简洁，要有足够的宽度。装卸站台是装卸货物的建筑平台，站台高度与车厢底面高度应相等，便于叉车等作业，站台的宽度和长度要根据作业方式与作业量大小而定。

辅助生产区包括维修车间、车库、包装间、配电室等，虽然不直接参与仓储作业，但它是完成仓储作业所必需的，所以辅助生产区的布置应尽量减少占地面积，保证仓库安全。

行政生活区是仓库行政管理机构和生活区域，一般设置在仓库出入口附近，便于业务接洽和管理，并且行政生活区与生产作业区应隔开，并保持一定距离，以保证仓库的安全及行政办公和生活的安静。行政生活区主要包括办公楼、食堂、宿舍、健身房等。

在规划各个区域时，必须注意使不同区域所占面积与仓库总面积保持合适的比例。其中，商品存储的规模决定了主要作业场所规模的大小，同时仓库主要作业的规模又决定了各种辅助设施和行政生活场所的大小。各区域的比例必须与仓库的基本职能相适应，保证货物接收、发运和存储保管场所尽可能占最大的比例，提高仓库的利用率。

实际上，在物流企业的大中型仓库内设有库区和行政生活区，两区之间应有 2m 以上的实体围墙，围墙与库区建筑的距离不宜小于 5m，并应满足围墙两侧建筑物间的防火距离要求。

将仓库内各个区域的相对位置反映在一张平面图上，即为仓库总平面图。仓库整体布局示意图如图 2-8 所示。

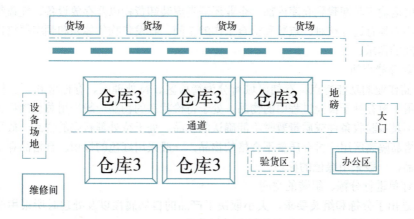

图 2-8 仓库整体布局示意图

2.3.2 功能区域布局规划

仓储的规划布局应满足仓库管理的各种功能需求，一般体现在以下 5 个方面：

1）仓库位置应便于物资入库、装卸和提取。
2）明确划分库内区域，并配置必要的安全、消防设施。
3）应根据需求分类进行仓储规划布局。不同类型的仓库应分开设置，如集装箱货物仓库和零担仓库；库内应对不同物资进行分区存放，如发送、中转、到达物资。
4）尽量减少物资在仓库内的搬运距离，避免迂回运输；库内布局也需满足先进装卸工艺和设备的作业需求。
5）仓库货门的设置应考虑物资集中到达时的装卸作业需求，也要考虑增设货门造成的堆存面积的损失。

1. 仓库空间需求分析

在规划仓库布局时，首先要考虑仓库空间有哪些需求。仓库功能区域平面布局如图 2-9 所示。

计算所需仓库空间，首先应对企业产品的需求进行预测，即根据产品种类估计在一定的销售时期内（通常为 30 天）产品的销售量，然后估计各类产品安全储备的数量，接下来是计算各部分所占的空间。此时，企业对所需的基本存储空间就有了大致的估计。同时，还需为过

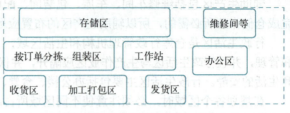

图 2-9 仓库功能区域平面布局

道以及诸如电梯、会议室之类设施留出所需空间。仓库总空间的 1/3 通常无存储功能，可以通过计算机模拟来对这些空间进行决策。一般情况下，库房各组成部分的构成比例为合格品存储区面积占总面积的 40%~50%；通道占总面积的 8%~12%；待检区及出入库收发作业区占总面积的 20%~30%；集结区占总面积的 10%~15%；待处理区和不合格品隔离区占总面积的 5%~10%。

（1）收货区与发货区

此空间需求为物流系统中的运输部分提供一个收货与发货接口，通常把它设在两个不同的位置以保证较高的效率。考虑到这些空间需求，企业必须决定是将接货点设在仓库外部，还是将货物直接利用运输工具卸载到仓库内部。企业还需考虑装卸货物以及存放设备、托盘等所需的空间。此外，还必须有进行核对、点数和检查工作的空间。收发货物的体积和频率严格决定了对接货与发货空间的需求。

（2）实际存储空间

按照仓储作业的功能特点，存储区域可分为待检区、待处理区、存储区和不合格品隔离区等。待检区用于暂存处于检验过程中的物品。处于待检状态的物品一般采用黄色的标识。待处理区用于暂存不具备验收条件或质量暂时不能确认的物品。处于待处理状态的物品一般采用白色的标识。不合格品隔离区用于暂存质量不合格的物品，一般采用红色的标识。合格品存储区用于存储合格的物品，一般采用绿色的标识。

（3）按订单进行分拣、组装的空间

此空间是出于分拣和组装要求，大小取决于产品的自然属性以及处理时所采用的设备。这一场所的布局对高效运作和为客户服务起着关键作用。

（4）工作站空间

工作站是拣选人员进行拣选、扫描的操作区域，拣选区域需设计拣选人员的操作空间、AGV 机器人在拣选台的排队区域和拣选区域。一般每个拣选台安装一个显示屏、货架以及扫描装置，拣选人员根据显示屏提示的拣选信息进行拣选作业，将拣选出来的货品进行扫描，系统提示拣选完成。

（5）其他空间需求

流通加工区、拆零拣选区、包装作业区空间；管理人员和工作人员日常所需的办公空间；休息室、职工食堂、公共场所及更衣室等空间。

2. 仓库作业区规划设计

对于仓库的内部空间布局，主要考虑仓库作业区的规划设计。

（1）接货区

在这个区域里完成接货及入库前的工作，也称进货作业，如接货、卸货、清点、检验、分类、入库准备等。由于货物在接货区停留的时间不太长，并且处于流动状态，因此接货区的面积相对来说都不算太大。接货区的设施主要有装卸货站台、暂存验收检查区域等。

（2）立库存储区

在这个区域里存储或分类存储所进的物资，主要任务在于妥善保存货物，并对在库物品进

行检核，善用空间，对存货进行科学管理。和不断进出的接货区比较，这个区域所占的面积较大。在许多智慧仓储中，这个区域往往占总面积的一半左右。从位置来看，存储区多设在紧靠接货站台的地方，也有的设在加工区的后面。

存储区应考虑最大限度地利用空间，最有效地利用设备，最安全和最经济地搬运货物，最良好地保护和管理货物。在选择存储区位置时应考虑的问题是：根据货物的特性选择，大批量选大存储区，小批量选小存储区，笨重体大的货物存储于坚固的货架及接近发货区，轻量货物存储于货架上层，相同和相似货物尽可能靠近存储区，小而轻并且易于处理的货物存储于远储区，周转率低的货物存储于远离进货、发货区及仓库较高区，周转率高的货物存储于接近发货区及低储位。

立库存储区规划是否合理的主要存储保管的指标有以下 7 个：

1) 储位面积率

$$储位面积率 = \frac{储区面积}{仓库建筑面积}$$

利用这个公式可以比较空间利用率是否合理。

2) 保管面积率

为了判断储位通道规划是否合理，采用保管面积率公式来评定，即

$$保管面积率 = \frac{可保管面积}{储区面积}$$

3) 储位容积使用率

$$储位容积使用率 = \frac{存货总体积}{储位总体积}$$

或

$$单位面积保管量 = \frac{平均库存量}{可保管面积}$$

利用以下两个公式可判断储位规划及货架是否合理，有效利用储位空间。

4) 平均每品项所占储位数

$$平均每品项所占储位数 = \frac{货架储位数}{总品项数}$$

利用此公式可以计算每储位保管品项的多少，从而判断储位管理是否得当。

5) 库存周转率

$$库存周转率 = \frac{发货量}{平均库存量} \quad 或 \quad \frac{营业额}{平均库存金额}$$

利用此公式目的在于利用库存周转率来检查企业运营成绩，并可衡量现货存量是否得当。

6) 库存掌握程度

$$库存掌握程度 = \frac{实际库存量}{标准库存量}$$

这是一个衡量货物库存率的公式，可供存货管理参考。

7) 呆废料率

$$呆废料率 = \frac{呆废料件数}{平均库存量} \quad 或 \quad \frac{呆废料金额}{平均库存金额}$$

利用此公式可以评判物流耗损影响资金积压的情况。

（3）理货、备货区

在这个区域里进行分货、拣货、配货作业，为送货做准备，主要有 AGV 拣选区、拆零拣选区等。对于用户的多品种、少批量、多批次配送（如中、小件杂货）的智慧仓储，需进行复杂的分货拣货、配货工作。大部分情况下，理货、备货区占仓库很大一部分面积，根据储存物品的特

点，也有占仓库面积不大的。

（4）包装作业区

有许多类型的智慧仓储还设置配送加工区域，在这个区域进行分装、包装、切裁、下料、混配等各种类型的流通加工。加工区在仓库所占面积较大，但设施装置随加工种类的不同而有所区别。

（5）分放、配装区

在这个区域里，按用户需要，将配好的货暂放暂存等待外运，或根据每个用户货堆状况决定配车方式、配装方式，然后直接装车或运到发货站台装车。这个区域是暂存货物的，仓储时间短、暂存周转快，所以面积相对较小。

（6）装载发货区

在这个区域将准备好的货装入外运车辆发出。外运发货区结构和接货区类似，有站台、外运路线等设施。有时候，装载发货区和分放配装区是一体的，所有分好的货物直接通过传送装置进入装货场地。

（7）管理指挥区（办公室）

这个区域可以集中设置于仓库某一位置，有时也分散设置于其他区域中。它的主要内涵是营业事务处理场所、内部指挥管理场所、信息场所等。

3．布局规划举例

不同存储对象的智慧仓储进行布局规划时，存储区货架、存储设备、搬运设备的配套选择也会不同，规划的布局图会有差异，达到的实际效果也大相径庭。

以"四向"穿梭车为对象的智慧仓储系统为例，其布局规划如下：

"四向"穿梭车系统是仓库自动化拣选系统的一种，该系统主要由货架、"四向"穿梭车、提升机、拣选站台和输送缓存构成。

（1）存储区

货架用于货物在仓库的存储，对物流系统非常重要。随着物流行业的发展，对货架的存储能力提出了更高要求，而且货物存取策略的选择也至关重要。密集式货架因为其极高的空间利用率和存储能力成为大多数自动化立体仓库的首选。为了提升自动化立体仓库的拣选效率和空间利用率，在"四向"穿梭车系统中使用了密集式货架。

"四向"穿梭车负责仓库内货物的运输和存取工作，并可与上位机进行通信，将货物存放到系统分配的指定货位。"四向"穿梭车可以在巷道内和巷道间运动，完成货物的水平方向的四向运输。"四向"穿梭车通过与提升机配合完成竖直方向的运动，可以在不同层之间进行运输工作。"四向"穿梭车系统中的每一台车都能够抵达货架中的任何一个货位，从理论上讲，如果对出入库能力没有要求，一个仓库仅需要设置一台穿梭车就能够完成整个仓库的出入库作业，这对于降低仓库的设备成本具有极大的优势。

提升机负责穿梭车和货物垂直方向运输。换层提升机包括立体支撑框架和用于承载"四向"穿梭车的载车装置。"四向"穿梭车可以通过提升机内部的穿梭车导轨进入提升机中，与货物一起换层，或者在空载状态下通过提升机到达目标层取得货物，从而以更小的成本满足仓储系统的出入库需求。

（2）分拣区

拣选站台负责货物的分拣工作，包括计算机、拣选台和输送缓存。拣选台与输送缓存相连，货物通过输送缓存运送到拣选台处，拣选完成后将货箱放入另一方向输送缓存回库。拣选目标货物发送到拣选站台计算机并显示，拣选人员根据指示拣选指定物品。拣选站台的设计一般不会过大，使得拣选人员的操作均在双手能触碰到的范围内，减少拣选人员的工作量，提高拣选效率。

（3）输送区

在"四向"穿梭车系统的各个运输单位之间设置有输送缓存，负责各个运输单位之间的运送和货物的暂时存放。出入库过程中，如果下一设备空闲，则可以直接进入设备内进行操作；如果设备没有空闲，就需要在输送缓存处等待。合理设计输送缓存的容量能够降低运输设备的等待时间，提高设备利用率，降低仓库建造成本。

以"四向"穿梭车为对象的智慧仓储系统的平面布局如图 2-10 所示。

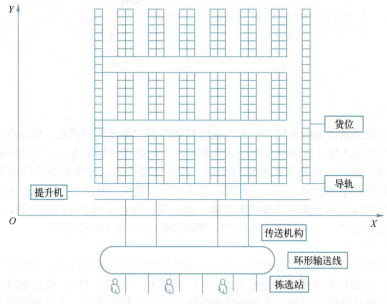

图 2-10　穿梭车智慧仓储系统平面布局

每排巷道的两侧各摆放一排货架。在巷道中有"四向"穿梭车导轨，"四向"穿梭车在巷道中能够沿导轨进行移动；在巷道间也设置有"四向"穿梭车导轨，"四向"穿梭车在巷道间能够沿导轨完成换巷道工作。在巷道前端设置有提升机，提升机内设置有穿梭车导轨，使穿梭车能够沿导轨进入提升机内完成换层工作。"四向"穿梭车经过提升机把货物运输到输送缓存处，由输送缓存把货物运送到拣选站台处完成最后的分拣工作。

初始状态时，穿梭车在货架的最底层。穿梭车沿着巷道上的导轨到达货位前进行出库或者入库作业（Y 方向）；系统中每层货架都有 3 个垂直于 Y 方向的巷道，穿梭车可以在这几个巷道上实现跨 Y 方向的巷道作业（X 方向）；穿梭车与货物提升机相互配合作业实现跨层作业。穿梭车通过巷道上的导轨运行到货位前完成作业任务。对于出库作业任务，穿梭车在货物提升机位置卸载出库货物，出库货物通过传送机构到达环形输送线，再通过环形输送线到达对应任务的拣选站。执行入库作业任务的流程与执行出库任务的流程相反。

2.3.3　物流动线规划

仓库内的物流动线模式主要分为 U 形模式、L 形模式、I 形模式和 S 形模式，其作业区域间物流动线形式示意图如图 2-11 所示。

1. U 形物流动线

U 形物流动线是指仓库的出口与入口位于同一个方向的物流流动模式。货物的入库与出库在 U 形路径上完成且入库与出库位于同一侧。U 形物流动线具有以下特点：仓库长宽差相对较小，建设地块应尽量保证方正；各个功能区之间交互距离较短；货物的进出在同侧可以使安全性得到保证；对出入库区和人员管理较便捷，可在较少设施与人员投入的基础上高效利用仓库资源。

图 2-11 仓库物流动线形式示意图

a) U 形 b) L 形 c) I 形 d) S 形

2. L 形物流动线

L 形物流动线是指货物的入库与出库在仓库相邻两侧的物流流动模式。依靠仓库相邻两侧的位置分别进行出库与入库,货物从出库至入库在仓库中的路径呈现 L 形。L 形物流动线将货物进出仓库的路线进行缩减,此模式在仓储时间短、流转速度快的仓库中有更广泛应用,原因在于 L 形物流动线具有两个相对独立的出入库区,交叉碰撞点较少,从而不会造成出入库的混乱。这种模式的局限性是仅适用于流转速度快的仓库,而且其占据仓库两个方向的空间,与 U 形物流动线相比更不便于管理,人员管理成本增加,同时降低了外围空间利用率。

3. I 形物流动线

I 形物流动线又称直线形物流动线,由于仓库的出库区与入库区位于仓库相对应的两侧,同一直线上进出,货物自入库至出库经过的路线为一条直线,此模式与 L 模式相似,都具有独立的出入库区,但流动路线为直线,各个动线平行进行。在这种模式下,人员与货物不会发生相互交叉或碰撞的情况,可以最大限度地降低人员与货物在运动过程中相互碰撞,不易造成混乱。另外,直线形模式的作业流程比较简单,操作人员工作难度较低。

4. S 形物流动线

S 形物流动线是指入库作业和出库作业在仓库相对的两侧进行,运用仓库相对两侧的空间分别进行出库和入库,货物从入库到出库在仓库所走路径呈 S 形。一般需要经过多步骤处理的货品采取此种动线,S 形物流动线的特点为可以满足多种流通加工等处理工序的需要,且在宽度不足的仓库中作业并可与 I 形物流动线结合使用。

2.3.4 仓位规划

1. 仓位规划设计

不同行业对功能区域设计要求不同,例如,快消品行业对于电商仓会有不同的功能区域要求。同时,相同行业不同的仓库类型,区域功能又会不同,例如中央分销中心和区域分销中心。仓库功能区域的规划,需要明确功能设计的原则,功能区域变量的定义和属性,结合二者进行功能区域进行设计。根据仓储需求,每个仓库的货位位置和形态各异,但仓位的规划设计一般应满足图 2-12 所示的要求。

通常物品的最高存量、最低存量与正常存量会决定仓位的大小。①仓位大小若取决于最低存量,则显然仓位太小,常出现为腾出仓位而辗转搬运物品或无仓位的现象。②仓位大小若取决于最高存量,常会造成仓位过大的现象。因此,通常以正常存量来决定仓位的大小。

企业在具体规划仓位时,要根据物品的进出库规律及时调整货区和货位。

1)预留机动货区。预留机动货区的目的是巩固分区分类和暂时存放而单据未到或待拣收、待整理、待分类、待商检等场地之用。通常在整个仓库划分货区时,应预先留出一定面积作为机动货区,其大小可视仓库业务性质、物品存储量及品种的多少、物品性质和进出频繁程度以及仓储设备条件而定。

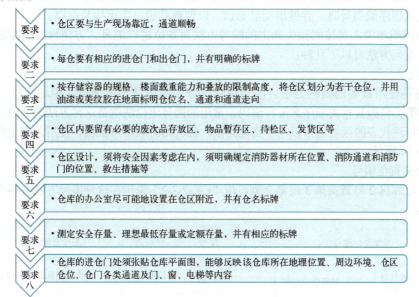

图 2-12 仓位规划设计应满足的要求

2）收料区域的设置。仓库要设有特定的收料区用于暂放所购进的物品。此收料区可划分为三个区域，具体的分区及各自的用途如图 2-13 所示。

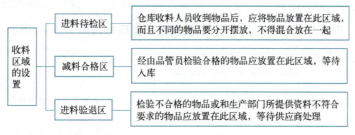

图 2-13 收料区域的设置

2. 货位规格化

货位，即货物存储的位置。企业应做好货位布置，以便合理地存放各种物品。货位规格化就是运用科学的方法，通过周密的规划设计，进行合理分类、排列（库房号、货架号、层次号和货位号），使仓库内物品的货位排列系统化、规范化。

实行货位规格化的主要依据是物品分类目录、物品储备定额及物品本身的自然属性。

1）物品分类目录。为满足仓库管理适应计划管理、业务管理和统计报表的需要，并与采购环节相衔接，采用按供应渠道的物品分类目录分类较为合适。

2）物品储备定额。要按储备定额中的规定规划货位。如果无储备定额，可根据常备物品目录进行安排，并在货架上留有适当空位。

3）物品本身的自然属性。如果不同物品本身的物理、化学性质相抵触，温湿度要求不同，以及灭火方法相抵触等，则这些不同物品不能安排在一起存放。

2.3.5 货位编码

货位编码就是对货物存放场所按照位置的排列，采用统一标记编上顺序号码，并做出明显标识。具体来说，货位编码是指将仓库范围的房、棚、场及库房的楼层、仓间、货架、走支道等按地点、位置顺序编列号码，并做出明显标识，以便商品进出库可按号存取。

企业应组织相关人员按照预先确定的编号方法对货位进行编号，方便物品的存放和取用。常见的货位编码方法有以下几种：

1. 地址法

地址法是使用最多的编码方法，利用保管区域中的现成参考单位，库场楼栋、区、排、行、层、格等，依照其相关顺序来进行编码。常用的四号定位法就是这种方法的体现，这种编码方法由于所标注代表的区域通常以一个货位为限，且有相对顺序可依循，使用起来便捷明了。地址法如图 2-14 所示。

（1）货架货位编号

例如，C 库区 2 号货架第 3 层第 2 列可用"CK-2-3-2"表示，这种编号方法有四个要点，如图 2-15 所示。

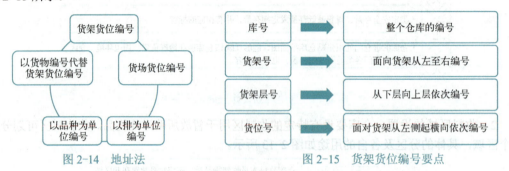

图 2-14　地址法　　　　　　图 2-15　货架货位编号要点

四号定位法，即库号-货架号-货架层号-货位号，编码规则如图 2-16 所示。

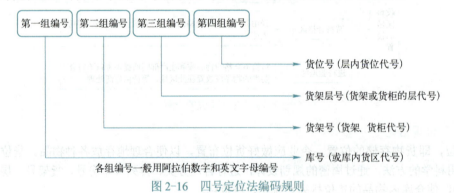

图 2-16　四号定位法编码规则

（2）货场货位编号

货场货位编号一般有以下两种方法：

1）先按照货位的排列顺序编号，再在排号内顺序编号。

2）不编排号，采用自左至右和自前至后的方法顺序编号。

比如，B 库房 3 号位 5 排 2 位可用"BK-3-5-2"表示。

（3）以排为单位编号

1）将库房内所有的货架按进入库门的方向，自左至右的顺序编号。

2）对每排货架的夹层或格眼，在排的范围内以自上至下、自前至后的顺序编号。

（4）以品种为单位编号

1）库房内的货架按物品的品种划分存储区域。

2）以品种占用存储区域的大小，在分区编号的基础上进行格眼编号。

（5）以货物编号代替货架货位编号

1）适用于进出频繁的零星散装货物。

2）在编号时，货架格眼应与存放货物的数量、体积相适应。

2. 区段法

将保管区域分割成几个区段再对每个区段进行编码。这种编码方法以区段为单位，每个号码所标注代表的货位区域将会很大。货物以物流量大小来决定其所占的区段大小，以进出货频率来决定其配置顺序。区段法适用于容易单位化的货物，以及大量或保管周期短的货物。在 ABC 分类法[⊖]中，A、B 类货物也很适合这种编码方法。

3. 品类群法

这种编码方法的关键是要对商品进行分类，把一些相关性货物经过集合以后，区分成好几个品类群，再对每个品类群进行编码。这种编码方法适用于比较容易进行商品群类别保管及品牌差距大的货物，例如服装类、五金类货物。

4. 坐标法

利用空间概念来编排货位，这种编排方法对每个货位定位切割细小。在管理上比较复杂，对于流通率很小、需要长时间存放的货物，即一些生命周期较长的货物比较适用。

2.3.6 物品编号

物品管理是仓库管理的重点，物品的编号也是仓库规划的重要任务，企业必须采用合适的编号方法。

1. 物品编号的要求

企业在组织仓管员进行物品编号时，一定要注意表 2-3 所列的几点要求。

表 2-3 物品编号的要求

序号	要求	操作要点
1	简单	物品编号使用各种文字、符号、字母、数字表示时应尽量简单明了，不必编得太过复杂
2	分类延展	对于复杂的物品，进行大分类后还需要进行细分类；编号时所选择的数字或字母要具有延展性
3	完整	所有的物品都应有对应的物品编号，新的物品应赋予新的编号
4	一一对应	一个物品编号只能代表一项物品，不能用一个物品编号代表数项物品，或用数个物品编号代表一项物品
5	统一标准	物品编号要统一，分类要有规律
6	具有伸缩性	物品编号要考虑到未来新产品、新材料存在发展扩充的情形，要预留出一定的余地，应用的新材料应有对应的唯一编号
7	合理有序	物品编号应有组织、有顺序，以便根据物品编号查询某项物品的资料
8	有足够的数量	物品编号所采用的文字、符号、字母、数字必须有足够的数量，以便所组成的物品编号足以代表所有已出现和未出现的物品
9	便于记忆	物品编号应选择容易记忆、有规律的方法，有暗示和联想的作用，使人不必强制性地记忆
10	能适应计算机管理	对各种物品的编号应结合各种计算机管理系统进行，要能方便在系统中查询、输入和检索

⊖ ABC 分类法是将库存物品按照设定的分类标准和要求分为特别重要的库存（A 类）、一般重要的库存（B 类）和不重要的库存（C 类）三个等级，然后针对不同等级分别进行控制的管理方法。

2. 物品编号的方法

在对物品进行编号时,常采用数字、字母、混合等编号方法。企业应根据仓库物品种类的实际情况,选择简单、合理的编号方法。

1)数字法。数字法是以阿拉伯数字为编号工具,按照属性方式、流水方式或阶层方式等进行编号的一种方法,见表 2-4。

2)字母法。字母法是以英文字母为编号工具,按照各种方式进行编号的一种编号方法,见表 2-5。

3)暗示法。暗示法是以字母或数字作为编号工具,进行物品编号的一种方法。字母或数字与物品能产生一定规律的联想,看到物品编号能联想到相应的物品,见表 2-6。

表 2-4 数字法编号

类别	分配号码
塑胶类	01~15
五金类	16~30
电子类	31~45
包材类	46~60
化工类	61~75
其他类	76~90

表 2-5 字母法编号

采购金额	物品种类	物品颜色
A:高价材料	A:五金	A:红色
B:中价材料	B:塑胶	B:橙色
C:低价材料	C:电子	C:黄色
	D:包材	D:绿色
	E:化工	E:青色
		F:蓝色
		G:紫色

表 2-6 暗示法编号

编号	螺钉规格/mm×mm
03008	3×8
04010	4×10
08015	8×15
15045	15×45
12035	12×35
20100	20×100

4)混合法。混合法是综合运用数字、字母、暗示等各种方法,是工厂最常用的一种编号方法。

比如,电风扇塑胶底座(10)、中价(B)、ABS 材料(A)、蓝色(F)、顺序号(002),其编号为"10-BAF-002"。

案例 2-1 海澜之家量身定制的智能化物流系统

海澜之家物流园的智能仓储系统涵盖了自动仓储、批次拣选、自动分拣、发货、退货处理等功能,为海澜之家的快速发展提供了强大支撑。本例从海澜之家集成物流系统、物流作业流程、智慧仓储系统应用效果进行了介绍,通过该案例可对智慧仓储系统的规划设计内容有更直观的了解。扩展视频参见二维码004。

二维码 004

(资料来源:畅享网,2018 年 4 月)

本章小结

科学合理地进行智慧仓储布局规划,能提升仓储作业安全性、规范仓储作业流程,减少人员依赖性,降低作业人员劳动强度,降低商品库存,提升仓库货位利用率,改善仓库的作业效率,提高订单完成度和订单准确性。

本章重点介绍了智慧仓储规划的 5 个目标、8 项基本原则、5 个功能要求,以及智慧仓储规划的 5 个主要步骤和具体规划内容。

本章习题

一、思考题

1. 智慧仓储规划的目标有哪些?

2. 智慧仓储规划应遵循的原则包括哪些?
3. 智慧仓储规划应满足哪些功能要求?
4. 简述智慧仓储规划的注意事项。
5. 简述智慧仓储规划的主要步骤。
6. 智慧仓储规划的具体内容包括哪些?

二、讨论题

1. 某传统大型物流企业拥有大量仓储设施,但基本上以传统仓储形式存在,机械化、自动化程度还不够高,随着智慧物流时代的到来,该企业打算向智慧仓储转型发展,请讨论并思考其转型发展的战略规划及实现步骤。

2. 以巷道堆垛机智慧仓储系统为例,试讨论分析该智慧仓储如何进行布局规划。

三、设计与实训

自动化立体仓库的规划设计

自动化立体仓库由于具有节约占地、提高储存效率、提高仓库管理的及时性和准确性等诸多优点,因此得到越来越广泛的应用。在规划设计自动化立体仓库时,需要遵循一些设计原则、主要性能参数、规划设计的步骤以及一些注意事项。本实训项目将根据自动化立体仓库规划设计的步骤,对北领物流黄陂仓的小电仓进行优化设计,提高该仓的作业效率,降低物流运作成本。

具体内容请参见本书电子版实训指导书。

第 3 章　智慧仓储硬件系统建设

学习目标
- 了解智慧仓储硬件系统的种类
- 理解和掌握自动存取系统、智能拣选系统、智能搬运系统、智能分拣系统的组成及特点
- 掌握智慧仓储硬件系统的配套设备选型
- 能就企业实际仓库进行简单的硬件系统优化配置

导入案例

智能仓储在制药企业中的应用

从目前制药行业制造水平升级的发展趋势来看,升级物流能力成为制药企业的必然选择。本例对北京起重运输机械设计研究院有限公司为制药企业提供的物流方案进行分析,为制药型企业的物流存储模式开拓了思路。扩展视频参见二维码005。

二维码005

(资料来源:搜狐网案例分享,2019 年 12 月)

智慧仓储系统建设是在仓储标准化、信息化建设基础上开展的管理提升,是仓储管理发展的必经之路,是物联网发展的内在要求。

3.1　仓储硬件系统设备选择的注意事项

智慧仓储系统在选择硬件系统仓储设备时,应注意以下事项:

(1)仓储设备的型号应与仓库的日吞吐量、出入库作业频率相适应

仓储设备的型号和数量应与仓库的日吞吐量相对应。仓库的日吞吐量与仓储设备的额定起重量、水平运行速度、起升和下降速度及设备的数量有关。应根据具体的情况进行选择。同时,仓储设备的型号应与仓库的出入库作业频率相适应。

比如,对于综合性仓库,其日吞吐量不大,但是其收发作业频繁,作业量和作业时间很不均衡,应考虑选用起重载荷相对较小、工作繁忙程度较高的设备,如分拣机器人等。对于专业性仓库,其日吞吐量大,但是收发作业并不频繁,作业量和作业时间均衡,应考虑选用起重载荷相对较大、工作繁忙程度较小的设备,如巷道堆垛起重机等。

(2)计量和搬运作业同时完成

有些仓库需要大量的计量作业,如果搬运作业和计量作业不同时进行,势必增加装卸搬运次数,降低生产效率。因此,为了提高作业效率,可使搬运和计量作业同时完成。比如,在输送机上安装计量感应装置,在输送的过程中,同时完成计量工作。

(3)选用智能化、自动化程度高的设备

要提高仓库的作业效率,应从物品和设备两个方面着手。物品方面,要选择合适的货架和托盘(或物料箱)。单元化容器的运用大大提高了出入库作业的效率,选择合适的货架同样使出入库作业的效率提高。设备方面,应提高设备的智能化、自动化程度,以提高仓储作业的效率。

（4）注意仓储设备的经济性

选择仓储设备时，企业应该根据仓库作业的特点，运用系统的思想，在坚持技术先进、经济合理、操作方便的原则下，根据自身的条件和特点，对设备进行经济性评估，选择经济合理的设备。

3.2 自动存取系统

自动存取系统（Automatic Storage and Retrieval System，AS/RS），一般是指密集型智能仓储系统，简称智仓，以自动化立体仓库为核心，一般采用高层货架来存储单元货物，用相同的物品搬运设备进行货物入库和出库作业的仓库系统。它利用立体仓库设备可实现仓库高层合理化、存取自动化、操作简便化。

自动存取系统是综合利用计算机、云计算、互联网和物联网等先进技术，将高位立体货架、巷道堆垛起重机、升降设备、自动出入库输送装备、自动分拣系统装备、室内搬运车、机器人等设备进行系统集成，形成具有一定感知能力、自行推理判断能力、自动操作能力的智慧系统。典型的自动存取系统包括自动化立体仓库系统和穿梭车式密集型仓储系统。自动化立体仓库系统如图 3-1 所示。

图 3-1　自动化立体仓库系统效果图

自动存取系统的优点包括以下 5 点：

1）密集存储。采用高密度货架存储货物，穿梭车密集型仓储系统取消了叉车或堆垛起重机作业通道，大大提高了空间利用率。

2）快速存取。可实现多维度、多层、多小车同步运作，大大缩短了作业时间。同时，穿梭车具有高度的灵活性，可实现"货到人"拣货，提高工作效率。对比发现，基于堆垛起重机的 Mini-load 自动化系统，每个巷道配置 1 台堆垛起重机，作业效率一般为 80~150 箱/h（进+出）；而穿梭车货架系统，每个巷道每层配置 1 台穿梭车，单车效率为 60~120 箱/h，受提升机能力影响，每个巷道效率可达 600~1000 箱/h（进+出）。

3）系统柔性。可根据订单任务量大小，灵活增减小车数量，适应性强，特别适用于订单波动性较大的仓储环境。同时，当穿梭车发生故障时，可快速更换故障小车，保证仓库运行不受影响。

4）实现物品先进先出。传统仓库由于空间限制，将货物码放堆砌，常常是先进后出，导致货物积压浪费。自动存取系统能够自动绑定每一票货物的入库时间，自动实现货物先进先出。

5）节省人力资源成本。立体仓库内，各类自动化设备代替了大量的人工作业，大大降低人力资源成本。

自动存取系统的劣势体现在投资建设成本高、周期长；设备维修费用较高；存储货物有严格要求；管理维护要求较高。

3.2.1　自动存取系统的主要设备及设备选型

自动存取系统，包括自动化立体仓库和穿梭车密集型仓储系统，是由密集高层立体货架、堆垛起重机或提升机+穿梭车、出入库输送系统、中央调度系统（自动化控制系统、计算机仓库管理系统）及其周边设备组成，可对货物实现快速存取的自动化、智能化仓储系统。

下面以穿梭车式密集智慧仓储的存储系统为例，介绍主要设备的特点、参数及设备的选型问题。

1. 高层立体货架

仓库的存储方式自平面存储向高层化立体存储发展以来，货架即成为立体仓库的主体。由满足不同功能要求的各种不同形式的货架所组成的多种多样的自动化、机械化仓库，已成为仓储系统甚至整个物流系统或生产工艺流程中的重要环节。

高层立体货架是智慧仓储中自动存取系统的重要组成部分，主要功能为存放物资，按照形式的不同分为钢制结构货架和钢筋混凝土结构货架。企业仓库使用中，多用钢货架。

高层货架一般都在 10m 以上，从设备折旧和工作效率的角度考虑，一般情况下立体仓库货架的最佳高度在 15～21m。

高层立体货架按承载能力大致分为重量型货架、中量型货架及轻量型货架三种形式。轻量型货架每个单元层能够承载重量为 100～150kg，货架主要适合中小单元、零部件等轻型货物的存储。中量型货架每个单元层能够承载重量为 200～500kg，适用于中小型仓库存放货物。轻量型与中量型货架结构简单，由立柱、横梁、层板组装而成。重量型货架承载重量为 800kg 以上，结构强度和刚度较大，不易发生变形或破坏，多应用于大型或超大型仓库中。

高层立体货架按照货格配套使用的容器单元来划分，有托盘式立体仓库货架和料箱式高层立体货架两种。托盘式立体仓库货架系统，一般配套选择巷道堆垛起重机、托盘、AGV 小车、输送机来进行货物的存取作业。料箱式高层立体货架系统则一般选择穿梭车、提升机、工作站、物品箱、自动输送系统配套使用，完成货物存货和取货作业。不同货架系统，在进行规划设计时，货架的尺寸规格都是不同的。具体的尺寸规格选择都是根据仓库的大小与高度，以及所需存储的货物尺寸与重量来决定的。

在智慧仓储中，较常用的是托盘式立体仓库货架和料箱式高层立体货架。其中，料箱式高层立体货架可用于多品种货物的存储，应用较广。

一般情况下，每个料箱的最大承载能力为 50kg，配套穿梭车、提升机一起使用，效率高、噪声小，货架之间不用设置通道，减少空间浪费。以应用较广的 T-50 型料箱式立体仓库货架为例，用户可根据货物吞吐量选择货位数。T-50 型料箱式立体仓库货架已经标准化了，一旦选型确定，可达到节约投资、建库快、交货期短的效果。T-50 型料箱式立体仓库货架模式如图 3-2 所示。

图 3-2　T-50 型料箱式立体仓库货架模式

（1）货架相关尺寸参数

高层立体货架各技术参数见表 3-1～表 3-4。

表 3-1 料箱尺寸

长/mm	300～500
宽/mm	450～675
高/mm	50～360

表 3-2 立体仓库主要参数

货态	长/mm	300～500
	宽/mm	450～675
	高/mm	50～360
载货		30kg/50kg（含料箱自重）
行走速度/（m/min）		4～200
升降速度/（m/min）		4～100
货叉速度/（m/min）		4～40
电源		AC 三相，200V（50Hz）/220V（60Hz）、10kVA

表 3-3 货架高度 （单位：mm）

料箱高度	10 层	12 层	14 层	16 层	18 层	20 层	22 层	24 层
50～100	2375	2775	3125	3475	3825	4175	4525	4875
50～120	2605	2995	3385	3775	4165	4555	4945	5385
50～140	2785	3215	3645	4075	4505	4935	5415	5845
50～160	2965	3435	3905	4375	4845	5365	5835	
50～180	3145	3655	4165	4675	5235	5745		
50～200	3325	3875	4425	4975	5575			
50～220	3505	4095	4685	5325	5745			
50～240	3685	4315	4945	5625				
50～260	3865	4535	5255	5925				
50～280	4045	4755	5515					
50～300	4225	4975	5775					
50～320	4425	5265						
50～340	4625	5505						
50～360	4825	5745						

货架载重（包括料箱重量）一般情况下都是最大 50kg，货架长度：L=（料箱宽度+75mm）×列数（货架）+26mm。

货架的最大长度与一台堆垛起重机在一条通道中所服务的货位数有关，需要考虑堆垛起重机的纵向和横向服务能力的均衡。设 L 为货架长度，H 为货架高度，v_x 为堆垛起重机沿长度方向的移动速度，v_y 为堆垛起重机沿高度方向的移动速度，则存在：$H/L \approx v_y/v_x$。一般来说，为保持均衡，使堆垛起重机的载货台垂直和水平移动平稳，推荐采用货架高度 H 和长度 L 的比值为：$H/L = 1/6～1/4$。

（2）货格

货格是用于存放货物托盘或货箱的，是货架的基本组成单元。货格尺寸由托盘或货箱的尺寸决定，如图 3-3 所示。

表 3-4 货架宽度 （单位：mm）

料箱长度	货架宽度
450～475	1850
450～500	1900
450～525	1950
450～550	2000
450～575	2050
450～600	2100
450～625	2150
450～650	2200
450～675	2250

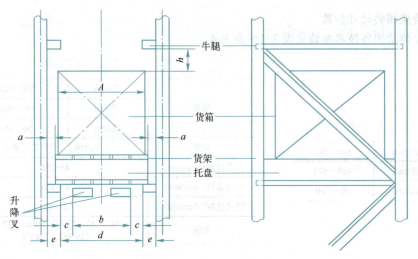

图 3-3 货格尺寸示意图

一般来说,货物单元与货格单元存在以下关系:

A 为货箱宽度;托盘立柱间距 $a=25\sim60$mm(大货箱取大值);升降叉宽度 $b=0.7A$;升降叉与牛腿间距 $c=0.075A\sim0.1A$(大货箱取大值);牛腿间距 $d=0.85A\sim0.9A$;牛腿宽度 $e=60\sim125$mm(大货箱取大值);牛腿货箱高度差 h 应大于升降叉厚度+升降叉浮动行程+各种误差,一般取值为 $70\sim150$mm(大货箱取大值)。

若每个货格存放 2 个货物单元,则货物单元间距一般取值 $25\sim60$mm(大货箱取大值)。

据此,可以计算每个货格单元的长、宽、高,结合货架层、排、列数量,可进一步计算货架长、宽、高。

在进行智慧仓储规划设计时,可以根据实际情况在参数范围内选择,参考表 3-1~表 3-4 中的主要参数来确定货架的选型问题。

若给出多种不同型号的货架,可依据商品或货架的物理属性及投入成本等相关要素进行综合选择。

例如:A 型号的货架,可以承载 X 件商品,单个货架成本为 y_1,满足仓库存储量需投入 n 个货架,投入成本为 c_1;B 型号的货架,可承载 Q 件商品,单个货架成本为 y_2,满足仓库存储量需投入 m 个货架,投入成本为 c_2。若 $c_1>c_2$,则可选取 B 型号的货架为仓库使用的货架;反之,可选取 A 型号的货架为仓库使用的货架。

(3)货架选择的注意事项

1)电子系统配套,若资金投入充足,可以考虑一些技术含量相对较高的货架设备。
2)根据货架承装物品的品类和承装物品的容器来确定。
3)按照存储量要求、进出库频率要求和管理系统要求来选择。
4)仓库平面图,单元(包装)货物的规格、特性、重量。
5)单元托盘或物品箱的规格、堆高机载重量。
6)存取方式和存取设备。

(4)货架选择考虑因素

1)库房结构:有效高度、柱间距、地面条件。
2)库房管理:货位存货方式和密度、货物进出库方式、货架成本。
3)货物特点:性质、库存量、单元装载、包装形式。

4) 装卸搬运设备：型号规格、作业特征。

（5）货架数量计算的流程

货架数量计算的流程，如图 3-4 所示。

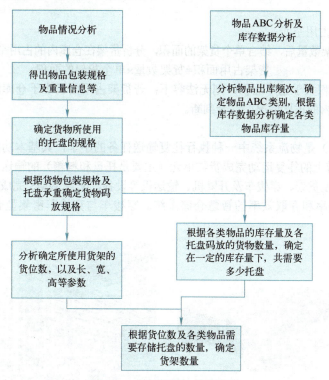

图 3-4　货架数量计算的流程

（6）货架数量的计算方法

货架数量的配置，根据企业不同的条件，可以采用不同的计算方式。

1）货架数量与存储货品的量以及单位货架的存储能力有关，计算公式如下：

$$N = \frac{Q}{2PL}$$

式中，N 为重型货架需求组数；Q 为货物存放总量；P 为单位托盘存放货物的量；L 为规划货架的层数。注意：系数 2 是因为每组货架的每层一般有 2 个托盘位。

一般情况下，货物存储量随着季节性变化有一定的波动，因此，规划时还需要考虑高峰库存的需求。另外，随着业务量的增长，库存量会不断增大，也需要考虑。

一般货架层数为 5～8 层。货架层数太少将难以体现其充分利用空间和提升存储容量的优势，而层数太多则会增加搬运设备取货的难度，使货物坠落的风险增大。

2）在给出货架规格、目标存储量及物品体积、重量等既定条件下，通常会按照以下公式来计算货架数量：

$$货架数量 = \frac{目标存储量}{货架容量}$$

在所有货物的规格列表中，以货架货格的规格为标准，筛选体积过大的商品信息，并对剩余商品进行平均单件体积的计算。根据货架总体积，计算货架容量：

$$货架容量 = \frac{货架总体积 \times 货架存储空间系数}{平均单件体积}$$

注意：在进行货架数量的计算时，目标存储量需要考虑商品在仓内的周转期，以确保周转期内商品的库存。

（7）分析货架占用空间

确定仓库内货架数量后，结合单个货架的面积，分析货架在仓库内的占用空间：

$$货架占用面积 = 货架数量 \times 单个货架的面积$$

若货架占用面积大于仓库面积，则无法容下；若货架占用面积小于仓库面积，则需考虑货架占用面积在仓库内的占比情况，综合判断。

2. 穿梭车

穿梭车（RGV）是物流系统中一种执行往复输送任务的小车，其基本功能是在物流系统中（平面内）通过轨道上的往复运动完成货物单元（主要是托盘和料箱）的输送。穿梭车密集型仓储系统是基于高密度货架、穿梭车及升降机、输送机等设备，配合 WMS 完成货物出入库作业，具有较高空间利用率和存取效率的智慧仓储系统。穿梭车与穿梭车密集型仓储系统如图 3-5 所示。

图 3-5 穿梭车与穿梭车密集型仓储系统
a) 穿梭车　b) 穿梭车密集型仓储系统

穿梭车密集型仓储系统由瑞典 EAB 公司所发明，是物流装备技术的一次重大创新。穿梭车密集型仓储系统是自动化程度较高的密集仓储形式，作为一种独特的自动化物流系统，主要解决了货物密集存储与快速存取难题，空间利用率可达 80%～85%，成为应用广泛的新型物流仓储系统。穿梭车具有动态移载的特点，能使物品在不同工位之间的输送布局更加紧凑、简捷，从而提高物品的输送效率。在电控系统控制下，穿梭车通过编码器、激光测距等认址方式精确定位各个输入、输出工位，接收物品后进行往复运输，主要应用于自动化物流系统中单元物品高速、高效的平面自动输送，具有高度的自动化和灵活性。特别是随着穿梭车电池、通信和网络等关键技术的发展，穿梭车密集型仓储系统将得到进一步广泛应用。

穿梭车有两向穿梭车、子母穿梭车、四向穿梭车等类型。有别于提升机（垂直输送）、AGV（自动导向、无轨道）及堆垛起重机（托盘式 AS/RS 与箱式 Mini-load），穿梭车具有较好的灵活性，能够广泛应用于物流配送中心和生产物流系统。

（1）穿梭车的主要技术参数

1）适用托盘。适用托盘的尺寸包括 1200mm×1000mm、1200mm×800mm、1100mm×1100mm 等，料箱尺寸根据不同的货物类型选择，一般为宽度 200～600mm、深度 200～800mm、高度 100～400 mm。

2）最大载重量。托盘式重型穿梭车最大载重量一般为 500～1500kg，料箱式轻型穿梭车载重量一般不超过 100kg。

3）行走方式。根据行走方式，穿梭车一般可分为：双轨型、单轨型；直线轨、环形轨；无轨型（AGV）；空中悬挂小车（EMS）。

4）行走参数。

空载速度：60～180m/min。

满载速度：30～60m/min。

行走加速度：0.3～0.5m/s^2。

行走马达功率：根据载重量及运行速度要求确定。

5）顶升参数。

顶升高度：20～40mm。

顶升时间：1～2s。

顶升马达功率：根据载重量及运行速度要求确定。

6）设备尺寸与重量。它主要包括设备尺寸、设备自重、托盘托板尺寸、托叉内宽、单托叉宽度等。

7）行走轮。

数量：4个、6个、8个。

材质：塑料、金属。

方向：两向、四向。

8）供电参数。

供电方式：滑触线供电、电池供电。

与电池相关参数包括电池容量、电池重量、充放电次数（电池寿命）、充电时间。

9）定位方式。

行走定位，主要方式包括：行走电机编码器与单个定位检测孔，条码定位方式，激光测距方式+定位片，定位检测点+RFID 定位方式，上位机调度系统控制定位。图 3-6a 所示为穿梭车条码定位方式，图 3-6b 所示为激光测距方式+定位片。

托盘定位：一般为激光定位。

顶升定位：一般依靠接近开关进行定位。

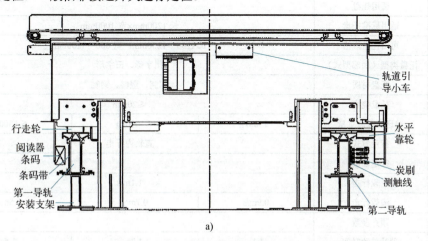

图 3-6 穿梭车行走定位方式

a）穿梭车条码定位方式

b)

图3-6 穿梭车行走定位方式(续)

b) 激光测距方式+定位片

10)控制方式。

程序控制器:可编程逻辑控制器(PLC)。

遥控方式:红外、射频(RF)。

遥控器:手持。

控制模式:自动、半自动、手动。

速度控制方式:伺服控制,低速恒转矩方式。

除此之外,还包括通信方式(无线网、光通信、总线通信等)、环境温度要求、运行噪声等参数。

一般标准型穿梭车系统的主要技术参数见表3-5。

表3-5 一般标准型穿梭车系统的主要技术参数

编号	参数规格	设备型号		
		RGV-500	RGV-1000	RGV-1500
1	适用托盘			
1.1	适用标准托盘	长1200mm×宽1000mm		
1.2	可用托盘规格	长1100~1250mm,宽800~1100mm		
1.3	托盘类型(底部型式)	川字形、田字形		
1.4	托盘材质	木制、塑料、钢制		
1.5	托盘挠度	≤20mm		
2	输送负载总重量	≤500kg	≤1000kg	≤1500kg
3	行走方式	直轨内行走		
4	行走参数			
4.1	空载行走	1.1m/s		
4.2	满载行走	0.9m/s	0.7m/s	0.5m/s
5	顶升参数			
5.1	顶升单动时间	1.1s	1.3s	1.5s
5.2	顶升行程	22mm		

（续）

编号	参数规格	设备型号		
		RGV-500	RGV-1000	RGV-1500
5.3	顶升后托盘与轨道间隙	13mm		
6	设备尺寸			
6.1	设备外寸	长1100mm×宽977mm×高198mm		
6.2	设备自重	242kg	248kg	260kg
6.3	托盘托板尺寸	长960mm×宽85mm×厚3mm，2件		
6.4	托叉内宽	230mm		
6.5	单托叉宽度	236mm		
7	行走驱动电机	24V 200W		
8	行走轮	ϕ120mm 高性能聚氨酯轮		
9	顶升电机	24V 370W		
10	电池容量	2套×24V 30A·h		
11	电池重量	2套×11kg		
12	充放电次数	900次		
13	充电时间	约5h		
14	遥控方式	射频 433MHz，3.7V 1500mA·h		
15	遥控器	手持遥控器控制		
16	控制模式	手动/自动模式		
17	使用环境温度	-18~40℃（普通）/-30~-18℃（低温）		
18	程序控制器	PLC		
19	控制回路电压	DC 24V		
20	运转噪声值	<70dB		

（2）穿梭车的选择

在进行智慧仓储规划时，应考虑企业的实际需求、货架设计形式等指标来选择配套功能的穿梭车。

以四向穿梭车智慧仓储系统为例。智慧四向多层穿梭车系统中的四向穿梭车可以通过跨巷道和跨层作业到达任意存储货位完成存取任务。因此，四向多层穿梭车系统具有较强的柔性，可以根据需求调整系统配置的四向穿梭车数量。同时，系统的控制调度更为复杂，四向穿梭车单次作业难度和时间也相应增加。四向穿梭车通过八轮驱动实现水平面的前后左右运动，通过驱动其中的四轮实现前后运动，驱动另外的四轮实现左右运动。四向穿梭车在系统的导轨上运行，能够到达任意货位实现货物的出入库作业任务。四向穿梭车按照上位机下达的指令，完成相应的出入库作业任务。四向穿梭车执行任务时，先由当前所在位置沿着导轨运行到作业任务所在位置，然后进行取货物或者放置货物操作。以红蟹I号四向穿梭车（见图3-7）为

图3-7 红蟹I号四向穿梭车

例，其主要技术参数见表 3-6。

表 3-6　红蟹Ⅰ号四向穿梭车的主要技术参数

参数	单位	单伸位	双伸位
直行速度	m/s	4	4
横行速度	m/s	2	2
加速度	m/s^2	2	2
最大装载重量	kg	50	50
最大装载尺寸	mm×mm	600×400	600×400
最小装载尺寸	mm×mm	300×290	300×290
电源	V	直流 48	直流 48
货架内沿直行方向箱间距离	mm	100	140
直行方向巷道宽度	mm	约 766	约 766
横行方向巷道宽度	mm	约 1192	约 1192
穿梭车尺寸（宽×长×高顶升状态）	mm×mm×mm	740×960×330	740×960×330
穿梭车重量（无装载）	kg	约 110	约 110
电池待机时间（无充电及无能量回充）	h	4	4

3. 提升机

提升机主要包括货物提升机和穿梭车提升机两种，主要配置在仓库主巷道两端，实现货物和穿梭车的换层作业。货物提升机如图 3-8 所示。

提升机主要由提升机构（由提升机主体、伺服驱动电机与齿轮齿条组成）、载货台和电气控制系统等部分组成，通过操作载货台的升降将货物提升到相应高度（或立体货架指定架层，部分输送段考虑链条输送机及穿梭车轨道兼容），再由穿梭车实现货物的进出库搬运与存储，实现货物的存取作业。

伺服驱动电机安装在提升机载货台上，通过电机配置的一体式减速机构带动啮合齿轮同步运动，通过齿轮在齿条上直线运动，实现提升机载货台的升降与精准定位，依靠载货台自身的结构刚度及齿轮齿条的无间隙啮合刚度，从而实现载货台或穿梭车运动轨道与周边设备或结构的精准对接，实现货物的存取作业或穿梭车的换层作业。

图 3-8　货物提升机

提升机可同时满足货物和穿梭车上下换层输送需求，可与仓库控制软件 WCS 进行无障碍通信，实现作业流程协同一致。为保证货物转运效率和系统稳定运行，提升机应具有一定的运载能力和运行速率。合理配置穿梭车及提升机可极大提高密集库的仓储空间利用率和出入库效率，尤其适合货品数量大、货物较重、出入库量大、货物体积规格标准的自动化密集型仓库等应用场景。

提升机主要性能指标参数见表 3-7。

48

表 3-7 提升机主要性能指标参数

项　目		单位	参数
适用托盘		mm×mm	1200×1000
载货单元尺寸		mm×mm×mm	1200×1000×2200
额定载荷		kg	2000
升降速度范围		m/min	满载最大速度 45 空载最大速度 54
升降加速度		m/s²	0.3
定位方式/精度	提升定位精度	mm	±1
	提升机下沉量	mm	≤3
	串行编码器定位		23bit
	上下限位		行程开关
	探测货物		P+F 或 LEUZE 光电开关
提升主电机	功率	kW	12
	额定/最大转速	r/min	2000～3000
	额定/最大转矩	N·m	14.3～43
输送机	速度	m/min	16
	电机形式		AC380V 三相异步交流电机
	电机功率	kW	0.55
供电方式			动力电缆，AC380V，50Hz
提升机控制方式			手动/单机自动/联机自动
主要传动形式			伺服驱动+齿轮齿条传动

4. 输送机

输送机有多种分类形式：按照输送介质，可分为带式输送机、链式输送机、辊子输送机等；按照输送机所处位置，可分为地面输送机、空中输送机和地下输送机；按照结构特点，可分为具有挠性牵引构件的输送机和无挠性牵引构件的输送机；按照安装方式，可分为固定式输送机和移动式输送机；按照输送的货物种类，可分为输送件货输送机和输送散货输送机；按照输送货物的动力形式，可分为机械式、惯性式、气力式、液力式等。其中，比较典型的输送机如下：

1）带式输送机。带式输送机是以输送带作为牵引和承载构件，通过承载物品的输送带的运动进行物品输送的连续输送设备。带式输送机是连续输送机中效率最高、使用最普遍的一种机型，广泛适用于采矿、冶金、家电、电子、电器、机械、烟草、注塑、邮电、印刷、食品及物件的组装、检测、调试、包装、运输等行业，主要用于在水平和倾斜（倾角不大）方向输送大量散粒物品或中小型成件物品。

2）链式输送机。链式输送机是利用链条牵引、承载，或由链条上安装的板条、金属网带、辊道等承载物品的输送机。链式输送机的主要功能元件是输送链，输送链既有传递动力的功能，又有承载能力。由于输送链链条的结构可以千变万化，因此链式输送机能适用于众多的工作环境和众多的使用要求。

3）辊子输送机。辊子输送机是由一系列以一定的间距排列的辊子组成的用于输送成件货物或托盘货物的连续输送设备。辊子输送机是一种用途十分广泛的连续输送设备。特别是由辊子输送机组成的生产线和装配线越来越广泛地应用在机械加工、冶金、建材、军事工业、化工、医药、轻工、食品、邮电及仓库和物资分配中心等各个行业。辊子输送机是各个行业提高生产率、减轻劳动强度和组成自动化生产线的必备设备。

4）垂直输送机。垂直输送机是连续地垂直输送物品，使不同高度上的连续输送机保持不间断的物品输送。可以理解为，垂直输送机是把不同楼层间的输送机系统连接成一个更大的连续的输送机系统的重要设备。垂直输送机广泛适用于冶金、煤炭、建材、粮食、机械、医药、食品等行业，能够用于粉状、颗粒状物品的垂直提升作业，也可用于托盘或包装货品在不同楼层的换层作业。

由于不同输送机适用对象不同，在进行选择时，需要根据实际仓储来定。下面以辊子输送机为例，介绍其主要选型参数。

辊子输送机（见图 3-9）可以沿水平或较小的倾斜角输送具有平直底部的成件物品，如板、棒、管、型材、托盘、箱类容器及各种工件。非平底物品及柔性物品可借助托盘实现输送。辊子输送机具有结构简单、运转可靠、维护方便、经济、节能等特点，最突出的是它与生产工艺过程能较好地衔接和配套，并具有功能的多样性。

图 3-9　辊子输送机

（1）辊子输送机的主要特点

1）方向易变，可灵活改变输送方向，最大时可达到 180°。

2）输送机每个单元由 8 支辊筒组成，每个单元都可独立使用，也可多个单元连接使用，安装方便。

3）输送机伸缩自如，一个单元最长与最短状态之比可达到 3∶1。

（2）辊子输送机相关参数

一般根据物品搬运系统的要求、物品装卸地点的各种条件、有关的生产工艺过程和物品的特性等来确定各主要参数，见表 3-8。

表 3-8　辊子输送机主要参数

辊筒速度	700m/min
搬运速度	20m/min
电机容量	0.2kW
压缩空气	可选择应用

1）输送能力。输送能力是指单位时间内输送的物品量。在输送散状物品时，以每小时输送物品的重量或体积计算；在输送成件物品时，以每小时输送的件数计算。

2）输送速度。提高输送速度可以提高输送能力。在以输送带作为牵引件且输送长度较大时，输送速度日趋增大。但高速运转的带式输送机需注意振动、噪声和启动、制动等问题。对于以链条作为牵引件的输送机，输送速度不宜过大，以防止增大动力载荷。同时进行工艺操作的输送机，输送速度应按生产工艺要求确定。

3）构件尺寸。输送机的构件尺寸包括输送辊子宽度、板条宽度、料斗容积、管道直径和容器大小等。这些构件尺寸都直接影响输送机的输送能力。

4）输送长度和倾角。输送线路长度和倾角大小直接影响输送机的总阻力和所需要的功率。

（3）辊筒的选择

1）辊筒的长度选择。不同宽度的货物应选适合宽度的辊筒，一般情况下采用"输送物宽度+50mm"。

2）辊筒的壁厚及轴径选择。按照输送物的重量平均分配到接触的辊筒上，计算出每支辊筒的所需承重，从而确定辊筒的壁厚及轴径。

3）辊筒材料及表面处理。根据输送环境的不同，确定辊筒所采用的材质和表面处理（碳钢镀锌、不锈钢、发黑还是包胶)。

4) 选择辊筒的安装方式。根据整体输送机的具体要求,辊筒的安装方式有弹簧压入式、内牙轴式、全扁榫式、通轴销孔式等。

对于弯道机的锥形辊筒,其滚面宽度及锥度视货物尺寸和转弯半径而定。

3.2.2　自动存取系统的主要设备的保养

自动存取设备在使用期间要注意使用规范,以及适时进行检查、养护,确保设备使用安全,延长设备的使用寿命。

1. 货架的养护

对立体仓库货架进行维护保养时,要达到整齐、清洁、坚固、润滑良好、安全等作业要求,要制定相关操作规程,比如日常检查维护及定期检查的部位、方法和标准,要检查和评定操作人员维护设备程度的内容和方法等。

(1) 定期对货架进行检查

货架的使用一般情况都是大型的,每一个螺钉都要检查到位,看看是否有架位出现变形或者松动现象,只有及时检查才会避免危险的发生。

(2) 禁止货架超载

货架超载很容易出现危险,在检查的时候一定要确定每个货架的承载能力,以免不知道而出现问题。

(3) 摆放时要注意重物在下的原则

在摆放的时候一定要把较重的物品放在低处的货架上,不仅使工作人员移动方便,还要保证人员安全,无论什么行业,安全第一。

(4) 货架的位置一定要注意防潮

货架通常是铁制的,潮湿的环境会使货架生锈,轻微的会使表面的漆起皮,从而影响货架的使用寿命。所以,货架的位置一定要注意防潮。

(5) 做一些货架的保护措施

有些货架经常会使用叉车来运输,在作业过程中难免受到撞击,为了避免撞击引起变形,我们需要在某些经常或习惯性撞到的地方添加一些防撞保护,减少对货架的伤害。

2. 提升机的养护

提升机在使用过程中,要注意定期检查和保养,主要包括以下内容:

1) 操作者须经培训合格后方可上岗,各项安全保护装置及安全防护措施应作为培训的重点内容之一。

2) 要定期检查各安全保护装置及连接螺栓、阀门位置及连锁装置等,以免失效。

3) 提升机在调绳操作过程中,提升容器内必须空载,不得有人或物品等,调绳完毕必须检查连锁阀位置的正确性。

4) 每个作业班必须检查安全制动是否可靠,各项安全保护系统是否有效,各连锁装置、连接螺栓、阀门位置等是否正确可靠。

5) 定期检查减速器的运行情况,如有异常,应立即停机查明原因,及时处理,并做好检修记录。

6) 对提升机电机或减速机定期加油,保证油位合适。

3. 穿梭车的养护

穿梭车在巷道中的位置并不能随时随地确定,且横向轨道限制了维护保养人员进到货架内部,所以一旦出现问题,维修难度也相应提升。穿梭车的使用与维护应由受过培训的专业人员来承担,链条机须防备电源被无意接通。在手动操作运行时,必须确保没有人处于链条机的危险区域。穿梭车主要检查与维修部件见表3-9。

表3-9 穿梭车主要检查与维修部件

部件	维护工作	系统状态
链条	链条涂少许油脂	断开电源
	检查链条顺畅运行和一般状态	手动模式
	检查链条是否张紧,如需要再进行张紧	断开电源
链轮	检查链轮是否磨损,如需要就更换	断开电源
改向轮	检查改向轮是否顺畅运行和磨损	断开电源
	检查改向轮是否有污垢堆积,如有则清洁	断开电源
链条导轨	检查导轨是否顺畅运行和磨损	手动模式
	检查导轨座和导轨是否有污垢堆积,如有则清洁	断开电源
连接螺栓	检查有无松动并紧固,更换有缺陷和缺少的螺栓	断开电源
光电开关	检查镜头和反射板灰尘堆积,并用软布擦干净	断开电源
行走轮	检查行走轮是否顺畅运行和磨损	断开电源
导向轮	检查导向轮是否顺畅运行和磨损	断开电源

穿梭车的日常操作与维护如下:
(1) 使用前准备
要求每天在使用穿梭车前,需要做以下检查:
1) 检查外壳等,是否有明显异常。
2) 打开电池盖板,检查内部电池是否摆放整齐,电池盖板关闭后是否齐平、无变形、翘曲。
3) 将穿梭车从入库端放入巷道时,请先确认叉车司机看到的是穿梭车的 A 面(正面),以保证穿梭车在被放进巷道后,A 面朝着巷道 A 端(入库端)。
4) 按下穿梭车开机按钮"ON"后,指示灯亮起。
5) 检查各指示灯、电池电量灯等显示是否正常。
6) 打开遥控器电源按钮,按照上述操作方式配好车后,切换到手动模式,检验穿梭车行走与举升是否正常。
(2) 使用后操作
在每天设备使用完毕后,建议按照以下方式操作:
1) 建议将穿梭车放置在专用的搁置架上,搁置架最好与充电柜等在一个专用区域。
2) 尽量不要把穿梭车任其放置在货架内,特别是货架中间位置,需要把穿梭车取出。
3) 若不能给穿梭车一个专用的位置,建议将穿梭车放置在入库或出库端头的底层位置。
4) 每日下班后,按下 A 面或 B 面(背面)上"OFF"按钮,切断电池电源。
5) 每日下班后,尽量取出电池,放置在充电柜上充电。
(3) 日常检查
穿梭车使用过程中的例行检查,包含对穿梭车的检查及使用的货架、轨道检查。
1) 检查穿梭车外观,看是否有明显撞击、变形、开裂等异常。
2) 检查各传感器,打开穿梭车电源"ON"按钮,各外部传感器都会有指示灯亮起,逐一检查各传感器(其中,前后检测端板的传感器接收不可见光)。
3) 检查各部分螺钉是否有松动,各防撞块等是否已经松动。

4）检查行走轮，看其磨损情况，当行走轮的材质聚氨酯被轨道刮去较多坑口时，需要进行更换。

（4）故障处理

穿梭车货架系统主要包含穿梭车本体部分、遥控器、电池、充电柜、货架部分、托盘部分等。当任何故障发生时，应按由易到难的原则进行判定：

1）判定托盘。是否存有不合规定的托盘，包含严重变形、异物、缺料等，导致穿梭车无法判定。

2）检查轨道。是否有产生变形、轨道内夹杂异物、缠绕物，轨道上有油、脂、水等，造成穿梭车无法行走、打滑，轨道严重弯曲，导致穿梭车在斜坡上无法停位、爬坡等。

3）检查电池。检查电池是否有电，若电池没有电，则穿梭车、遥控器等都无法使用；若电池有电，仍无法启动，如果条件允许，则更换一块已充电电池，检查是否可以使用。

4）检查遥控器。当穿梭车发生预定的故障时，其故障代码会通过PLC发送到车载显示屏、遥控器显示屏上，通过比对故障代码可以判定穿梭车的故障原因。当遥控器手持端、车载接收端或其相互之间通信产生故障时，无法通过故障代码显示其故障，通过切换遥控器的选车功能键，比对其他车或比对遥控器，来判定是否是手持端遥控器或车载端遥控器发生故障。

5）检查穿梭车本体部分。在穿梭车本体发生故障时，基本可以分为电气故障、软件故障、硬件故障。电气故障是指电气硬件出现故障，包括各传感器、编码器、PLC、接触器、继电器等，当某个电气硬件出现故障时，会造成穿梭车无法使用。软件故障是指PLC程序软件或判定逻辑部分产生故障，当穿梭车使用过程中出现了原先没有判定的逻辑，或其程序本身产生逻辑错误时，会导致其无法判定而出现故障。硬件故障是指机械传动部分产生故障，如无法行走、无法举升等。

在经过简单的故障归属判定后，可尝试自行排除故障，或以电话、邮件，配合照片发送故障信息给经销商或产品制造商，由制造商派出人员到现场进行检修和故障排除。

4. 辊子输送机的养护

辊子输送机的布局间隔要满足合理、疏密得当、方便操作、适于维修、便于管理的条件。辊子输送机的价格要比一般的输送机械设备贵许多，辊子输送机是多功能的，也就意味着辊子输送机的保养非常重要，企业可以根据不同状况针对辊子输送机进行不同程度的保养。

首先，辊子输送机机头减速箱的维修和保养。一般情况下，在使用三个月之后把减速箱里的机油放净，然用柴油或汽油清理减速箱内部，放净后将新的润滑油加至观察窗的中间即可。以后每年换一次润滑油。需要注意的是，润滑油太多很有可能会引发减速箱发热，电机负荷过大导致电机保护开关跳开；而润滑油太少则会引起减速箱发热，噪声增大及减速箱报废。

其次，辊子输送机机头电机的维修和保养。禁止电机内进水，电机上加柴油或液体等有机化合物会导致电机的绝缘损坏而出现设备故障。辊子输送机配件的维修和保养也非常重要，链条在长期运转后会使原来的润滑油发热挥发，从而导致链条在运行过程中不平衡、噪声大等故障。对于这种问题，可以打开机尾的封板，向链条上加黄油或浓一点的润滑油等。

最后，辊子输送机的操作人员要进行相关的正规操作，非操作人员不得随意触碰机械设备。硬件保养是一方面，人为操作也是一方面，二者相结合进行全面保养才能使辊子输送机的运行寿命更加长久，为企业带来更好的经济效益。

3.3 智能拣选系统

智能拣选系统，即"货到人"拣选系统（Goods to Person 或 Goods to Man，GTP 或

GTM），是指在物流拣选过程中，系统通过自动搬运设备或自动输送设备将货物输送到分拣人员面前，再通过人或设备完成拣选作业的拣选方式。简单来说，它就是在物流中心的拣选作业过程中，由自动化物流系统将货物搬运至固定站点以供拣选，即"货动人不动"，是在机器人智能仓内主要采取的一种拣选方式。

"货到人"拣选是物流配送中心一种重要的拣选方式，采用这种方式，能够大幅减少拣选作业人员的行走距离，实现高于传统"人到货"模式数倍的拣选效率，工作面积紧凑，补货简单，也可减少拣错率，降低人工作业劳动强度。"货到人"拣选的主要目的是追求效率、降低成本，形成专业性强的物流配送中心，也是现代电商物流仓储的重点技术和发展方向，如图3-10所示。

图3-10 "货到人"拣选

"货到人"拣选系统根据存储和搬运设备形态，主要分为 AS/RS、Mini-load、多层穿梭车系统、密集存储系统、智能搬运机器人系统等，见表3-10。

表3-10 "货到人"拣选系统分类

设备形态	特点
自动存取系统 AS/RS（Automatic Storage and Retrieval System）	自动存取系统是最传统的"货到人"拣选方式，主要以托盘存储为主，搬运设备主要以堆垛起重机为主，由于堆垛起重机的存取能力有限，该种拣选方式主要针对整件拣选，很少用于拆零拣选
箱式自动化立体仓库 Mini-load	Mini-load 是在 AS/RS 的基础上发展而来的以料箱为存储单元的自动化立体仓库，是"货到人"拆零拣选的重要存取形式，主要以货叉和载货台车的形式出现
多层穿梭车系统	多层穿梭车系统是在 Mini-load 的基础上发展而来的，将搬运设备从堆垛起重机转变为穿梭车，穿梭车具有体积小、速度快、精度高等优势，极大地提升了系统的空间利用率和运行效率
密集存储系统	密集存储系统是集 Mini-load、穿梭车、提升机等多种系统于一体的新型存储系统，可分为托盘和料箱
智能搬运机器人系统	智能搬运机器人系统是由亚马逊提出的一种新型"货到人"拣选方式，打破原有的货架固定位置模式，提出采用智能搬运机器人配合可搬运移动货架实现"货到人"拣选的动态拣选方式，该方式下货物不受料箱尺寸限制，由于移动货架和智能搬运机器人具有通用性，拣选作业更为灵活可靠，是"货到人"拣选历史上的一大革新

3.3.1 智能拣选系统的特点及基本组成

1. "货到人"拣选系统的特点

"货到人"拣选系统通过与输送机控制系统、自动存取系统协同工作，将货物自动输送到拣选人面前，降低拣选作业强度的同时实现高效拣选，其主要特点如下：

1）提升拣选效率。单套"货到人"拣选站每小时完成 350 个订单，其效率约为人工拣选的 7 倍。

2）提升拣选准确率。通过清晰明了的订单提示系统，作业人员更加准确地进行拣选，拣选差错率可控制在 0.05%，而常规人工拣选差错率可达到 0.5%左右。

3）提高存储利用率。"货到人"拣选系统消除人员拣选通道，货物存储可采用密集型存储方式，使仓库空间利用率得到极大提升。

4）减少员工作业强度。减少拣选人员移动作业的同时，也降低了大量的补货搬运、容器回收等工作。

5）存储的商品为少量多类的小件商品。

补充小知识

"货到人"拣选系统作业的应用场景包括：

1）商品种类众多，分散在仓库的货架中，寻找难度大，出错率高的场景。

2）拣选人员需要在仓库中大量行走寻找商品的场景。

3）订单的批次包含的订单数量较少，批次中的商品复拣率较低的场景。

4）人工成本、仓库成本较高的场景。

案例 3-1　百世云仓的"货到人"拣选系统

百世云仓依靠以仓储机器人为核心的智能化手段，将传统仓库的"人找货"变为"货找人""货架找人"。当百世云仓的仓储机器人收到订单信息之后，会在智慧系统的安排下，选取最优路线驶向存放货品的货架，并将其搬运至员工配货区。配货员只需等待货架被搬至面前，即可从平板计算机提示的货位上取下所需物品，并将之送上传送带，无须走动一步。扩展视频参见二维码006。

二维码 006

（资料来源：亿豹网，2017 年 3 月）

2．"货到人"拣选系统的基本组成

"货到人"拣选系统主要由三部分组成，即存储系统、输送系统和拣选工作站。

（1）存储系统

从过去比较单一的立体库存储，发展到目前的多种存储方式，包括平面存储、立体存储、密集存储等，存储形式也由过去主要以托盘存储转变为主要以料箱（或纸箱）存储。无论哪种存储方式，存储作业的自动化是实现"货到人"的基础，如何实现快速存取是考虑的重点问题。

在智慧仓储中，存储系统以自动化立体仓库和穿梭车密集型仓储系统为主。除此之外，根据企业的实际需求和应用情况，还包含其他一些存储系统，如旋转式货柜，它是一种更加"迷你"的"货到人"拣选存储系统，其形式有数十种之多，但仍然受限于其存取能力和存储能力，在工厂的应用最为广泛；2D 和 3D 密集存储系统，它是一个集 Mini-load、穿梭车、提升机等多种系统于一体的全新一代存储系统，分为托盘和料箱两种方式。它的存储效率是传统立体库存储的 1.5～3 倍，被称为存储系统的里程碑成果。

（2）输送系统

"货到人"拣选系统的关键技术之一是如何解决快速存储与快速输送之间的匹配问题。例如，采用多层输送系统和并行子输送系统的方式，可完成多达每小时 3000 次以上的输送任务，具有更高的效率，能够满足（甚至远远超过）"货到人"快速拣选输送的要求，关键是要将输送系统置于整个"货到人"拣选系统中进行综合考量，实现存取、输送与拣选系统的良好衔接。同时，由于"货到人"拣选系统输送流量较大，会导致设备成本大幅增加，从而导致物流系统整体成本大幅增加，需要综合考虑输送成本与输送效率的平衡。

在智能拣选系统中，输送系统以 AGV 拣选机器人和可移动式货架为主。

（3）拣选工作站

拣选工作站的设计非常重要。一个工作站要完成每小时多达 1000 次的拣选任务，依靠传统的方法是无法想象的。通过采用电子标签、照相、RFID、称重、快速输送等一系列技术，能够使得拣选工作站满足实际作业需求。许多物流装备和系统集成企业都把拣选工作站作为研究"货到人"拣选系统的重要内容，不断提升拣选工作站的效率。

拣选工作站主要包括进货装置、提示装置和周转装置三个部分。需要拣选的货品通过输送系统到达拣选工作站进货装置；提示装置，通过中央显示屏、数码显示器等形式提示需要拣选货品所在位置、拣货数量及需要放置的货位；周转装置，用于放置拣选出的货品，一般包括多个货位或槽口。拣选人员在利用拣选工作站进行拣选时，只需根据提示装置进行拣选，可以多订单同时拣选，能够大幅提高拣货效率，降低拣选人员的疲劳程度。

基于无人化的拣选工作站，用机器人代替拣选人员作业，依靠多轴机器人控制系统、视觉系统、末端触觉系统、多功能夹持器等先进技术及优化算法，实现拣选作业的高度智能化、无人化运作。

3.3.2 智能拣选系统的工作原理

"货到人"作业模式替代传统仓"人找货"的作业模式，由仓储机器人或多层穿梭车根据订单任务将需要拣选的货品或货架主动搬运到工作站，拣货人员在工作站完成拣货，机器人或多层穿梭车再将货品或货架搬回库存区。

"货到人"拣选系统的作业流程如图 3-11 所示。

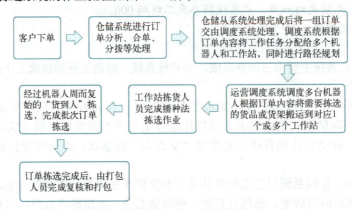

图 3-11 "货到人"拣选系统的作业流程

智慧仓货物的拣选，先利用先进设备将货物移动至工作站，再由人或者设备拣选出所需货物，这种"货到人"拣选系统是在以机器人为主的智慧仓内主要采取的一种拣选方式。

1. 仓储区域功能划分

按照仓储区域功能划分来看，"货到人"拣选系统中与订单拣选作业相关的区域主要包括货架存储区域、拣选站点、AGV 停车区域和 AGV 充电区域。货架存储区域占整个仓库面积的绝大部分，设置在仓库的中心位置。一般补货站点和拣选站点分别位于仓储区域中巷道所对的两端，拣选站点周围往往还设置了用于暂存所拣选商品的料箱及用于在仓库中传送货物的传送带。AGV 停车区域位于拣选站点与仓库边缘之间，而 AGV 充电区域则位于仓库的边缘区域。具体的仓储区域布局情况如图 3-12 所示。

由图 3-12 可以看出，仓储区域中的货架按照每两列为一组的方式排列，每一组货架按照横纵对齐的方式放置在存储区域中，每组货架之间留有可供 AGV 正常行驶的巷道。另外，在该系统中货架与货架之间的距离很小，在保证货架之间不发生碰撞的基础上能够实现大量货架在存储区域中的密集存储。在实际的仓库环境中，在仓储区域的一侧还会有补货站点。

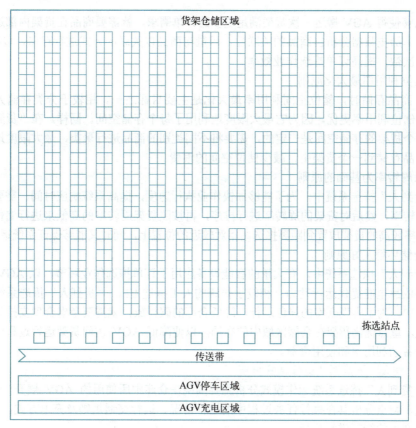

图 3-12 仓储区域布局

2. 商品存储特征分析

在"货到人"拣选系统中，仓储区域中所存储的商品一般为小件商品，具有体积较小、重量较轻的特点。货架是可移动的且分为多层，每一层又分了多个货格，可以实现在每一层存放不同类别的商品。当货架上的某类商品数量不足时，系统会安排 AGV 搬运货架到补货站点进行补货操作。但是在这样的仓储环境下，为了满足众多 SKU 的存储要求，每个种类的商品在货架上的存储数量一般不多。由于消费者的需求呈现出"小批量、多频次"的特点，商品的存储特点也呈现出少量多类的特点。

3. "货到人"拣选系统储位分配原则

在"货到人"拣选系统中，商品的存储区域基本上是无人化的操作空间，商品的存储就要遵循一定的规则，一方面便于机器人搬运货架；另一方面便于拣选站的工作人员进行订单拣选操作。因此，在商品储位分配环节，主要遵循的分配原则有以下几点：

（1）货架稳定性原则

货架稳定性原则主要是在货架内部存储商品时，考虑商品的体积和重量等因素，在码放商品时将重量较大的商品存储在货架的下层，以保证货架"上轻下重"的稳定结构。这样不但能够保障货架在搬运过程中的稳定性，同时保证了拣选人员在拣货作业过程中的便捷性，因为往往重量较大的商品存储高度在人的腰部以下位置更便于搬运操作。

（2）商品关联性原则

不同于传统的人工拣选作业系统，"货到人"拣选系统在进行商品拣选时主要采用 AGV 来搬运货架，这就对每个货架上存储商品的种类和特点有更高层次的要求。

为了能够使得 AGV 搬运一次货架满足更多的订单需求,就需要商品在货架内部进行关联存储,通过订单历史数据分析出商品的关联性,尽量将商品以关联的方式进行存储,以减少 AGV 访问货架的次数,提高订单拣选作业效率。

(3) 储位利用率最大化原则

在进行商品存储时,储位空间利用率最大化是主要目标之一。相较于分类存储方式,随机存储方式的储位利用率更优,因为它最大限度地利用了每个存储空间。同样,在"货到人"拣选系统中,每个货架的存储空间是一定的,需要将不同类别的商品进行聚类,最大限度地将具有关联关系的商品存储到一个货架中,减少储位空间的浪费。

(4) 以周转率为基础的原则

在"货到人"拣选系统中,为了能够加快作业执行速度,提高系统响应时间,需要计算商品和货架的周转率,然后对货架的周转率进行排序,再按照货架周转率的高低来进行储位分配,目标是将周转率较高的货架放置到距离拣选站相对较近的位置上,同时又能够保证系统运行通畅。

(5) 仓储环境友好原则

在"货到人"拣选系统中,有大量的智能设备应用于订单拣选作业环节,以 AGV 为主的智能设备主要依靠电能提供运行动力。相较于传统的人工拣选方式,"货到人"拣选系统的电能消耗量有所增加。为了实现仓库的绿色运行,降低仓库的碳排放,就需要考虑合理安排商品及货架的存储位置,重点优化货架在仓储区域中的布局,以便降低 AGV 访问货架运行过程中的能耗,提高机器设备的利用率和使用寿命。

4. "货到人"拣选系统运作模式分析

关于"货到人"拣选系统运作模式分析主要围绕在仓库中所使用的 AGV 展开,结合 AGV 的作业方式及特点分析其在执行任务过程中的运行情况、运行交通规则及充电方式,并对 AGV 运行过程中产生的能耗进行分析。

(1) AGV 搬运货架操作过程

与传统的"人到货"系统作业模式不同,在"货到人"拣选系统中,系统会指派一定数量的 AGV 进行货架搬运操作,拣选人员只需要在拣选站点等待 AGV 搬运目标货架到拣选台即可。在仓储区域中,AGV 的使用使得仓库体现了无人化的特点。当接到系统指派的任务后,AGV 从停车区域启动,由仓储区域的一侧进入存储区域中进行操作,AGV 在仓储区域中一般以一定的速度行驶,通过加速和减速实现启动和停止。AGV 可以进行原地转向,并且能够顶起一定重量的货架。AGV 在行驶过程中,会通过扫描每个货位点的二维码进行定位并找到目标货架,利用导航和避障系统的辅助完成巷道内和拣选台之间的行驶。AGV 沿着所规划的行驶路径将目标货架搬运到拣选站点,等待拣选人员完成订单拣选任务后,AGV 会将货架放回到指定位置。AGV 搬运货架的作业模式如图 3-13 所示。

(2) AGV 运行交通规则

在"货到人"拣选系统中,为保证 AGV 在巷道中行驶通畅,需要给其设定一定的交通规则。AGV 在存储区域中的巷道内沿水平和垂直方向行驶,在交叉路口需要转弯时,AGV 可通过转向装置实现原地转向。目前根据企业的实际情况,AGV 的行驶路径依靠一套复杂的调度算法进行控制,AGV 在作业过程中如果发生异常拥堵情况,那么拥有拣选任务的 AGV 具有优先行驶权。

(3) AGV 充电方式

在作业过程中,AGV 的运行能耗由其搭载的蓄电池组提供,为了能够延长电池的使用寿命并保证 AGV 连续时间正常运行,一般自动化仓库中的 AGV 实行"浅充浅放"的充电策略。"浅充浅放"即电池的充电和放电过程不完全达到电池的最大容量。一般来讲,在自动化仓库中,当 AGV 没有拣选任务时,会安排其进行充电,而在执行任务时如果电量低于一定的额度,AGV 会行驶到充电区域进行充电,等电量达到作业要求后再次执行新的任务。需要说明的是,一般仓库中都会配备足够数量的 AGV 进行作业,当某一台 AGV 需要充电,则系统会将任务分配给其他的 AGV 执行,几乎不影响仓库的整体拣选效率。

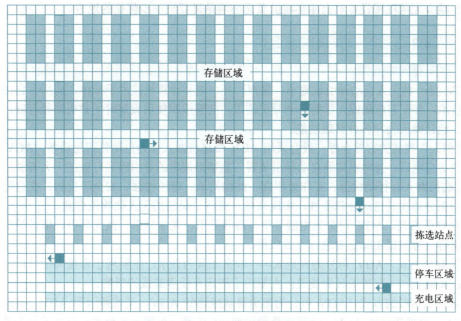

图 3-13　AGV 搬运货架的作业模式

3.3.3 "货到人"拣选系统与"人到货"拣选系统的区别

基于以上对"货到人"拣选系统的分析,它和传统"人到货"拣选系统的主要区别见表 3-11。

表 3-11　"货到人"拣选系统与"人到货"拣选系统的区别

区别	"货到人"拣选系统	"人到货"拣选系统
任务操作	AGV(自动导引车)	人工
拣货工具	移动料箱、拣选站	手推车、移动料箱
货架特点	可移动性、货架较矮	货架不可移动、有高层货架
拣货方式	货架移动	人员移动
作业时间	24h 连续作业	因人员疲倦间断作业
商品存储方式	动态存储	固定储位存储
访问货架方式	依靠系统定位	凭借人工经验
作业精准程度	出错率低、精准度高	易出现人工作业误差

在"货到人"拣选系统的理念下,由原来的"人找货"方式转变成"货找人"方式,移动机器人代替人工进行商品的拣选操作,改变了传统人工推着料箱或者手推车进行拣货的模式,减少了仓库中的人工劳动力,提高了仓库的自动化程度。

另外,"货到人"的作业模式依靠电子标签、RF 终端、二维码等进行定位操作,实现了订单拣选作业的精准程度,减少了由人工凭经验操作带来的作业误差。自动化的作业方式能够实现仓库的连续作业,尤其是在"双十一"购物节等订单爆发时期,为了避免爆仓现象发生,仓库需要具有更好的订单吞吐能力和快速响应能力，机器人可以实现 24 小时不间断作业，也避免了由人工疲倦导致的作业间断。由此可见，"货到人"拣选系统通过自动化的模式提升了仓库的作业效率。但是，这样的自动化作业系统中存在大量的机器设备，如何更好地对仓储环境进行优化布局，同时减少大量机械设备对仓库环境的负面影响是需要进一步优化的地方。

3.3.4 智能拣选系统的配套设备选型

1. AGV 拣选机器人

AGV 是一种无人自动导引运输车，集声、光、电和计算机技术于一体，应用了自控理论和机器人技术，装配有电磁或光学等自动导引装置，能够按照使用设定好的导引路径行驶，具有目标识别、避让障碍物和各种移载功能。

"货到人"模式的智慧仓库一般会采用 AGV 拣选机器人作为自动化搬运设备，AGV 拣选机器人是装备有电磁、光学或其他自动导引装置，能够沿规定的导引路径行驶的无人驾驶运输车。AGV 拣选机器人有行动快捷、工作效率高、结构简单、可控性强、安全等优势，在自动化物流系统中能充分体现其自动性和柔性，实现高效、经济、灵活的无人化物流作业。

按照导引方式，AGV 可分为电磁导引、磁带导引、光学导引、激光导引、惯性导引、图像识别导引等，可根据实际需要进行布置应用。

按照取货方式，AGV 可分为夹抱式——取货工具为夹爪，主要用于直接夹抱外形包装规则的货物；叉取式——取货工具为货叉，主要用于搬运有托盘装载的货物。

按照货物接驳的方式，AGV 可分为辊道移载搬运型 AGV、叉式搬运型 AGV、推挽移载搬运型 AGV、夹抱搬运型 AGV、升降接载搬运型 AGV 等，可根据需要搬运货物的种类及接驳方式选择不同的搬运型 AGV 产品。

（1）AGV 拣选机器人的组成

AGV 拣选机器人的组成如图 3-14 所示。

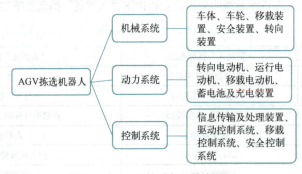

图 3-14 AGV 拣选机器人的组成

1）AGV 小车车体。车体由车架和相应的机械装置所组成，是 AGV 的基础部分，是其他总成部件的安装基础。

2）电池和充电装置。AGV 拣选机器人常以 24V 或 48V 直流蓄电池为动力。蓄电池供电一般应保证 AGV 拣选机器人连续工作 8h 以上的需要。

3）驱动装置。AGV 拣选机器人的驱动装置由车轮、减速器、制动器、驱动电机及速度控制器等部分组成，是控制 AGV 拣选机器人正常运行的装置。它的运行指令由计算机或人工控制器发出，运行速度、方向、制动的调节分别由计算机控制。为了安全，在断电时制动装置能靠机械实现制动。

4）导向装置。接受导引系统的方向信息通过转向装置来实现转向动作。

5）车载控制器。接受控制中心的指令并执行相应的指令，同时将本身的状态（如位置、速度等）及时反馈给控制中心。

6）通信装置。实现 AGV 拣选机器人与地面控制站及地面监控设备之间的信息交换。

7）安全保护装置。安全控制系统包括对 AGV 拣选机器人本身的保护、对人或其他设备的保护等方面。安全保护装置应能够提供多重安全保护，包括主动安全保护装置和被动安全保护装置。

8）移载装置。与所搬运货物直接接触，实现货物转载的装置。

9）信息传输与处理装置。该装置的主要功能是对 AGV 拣选机器人进行监控，监控 AGV 拣选机器人所处的地面状态，并与地面控制站实时进行信息传递。

（2）AGV 拣选机器人的主要技术参数

1）额定载重量，即自动导引车所能承载货物的最大重量。

2）自重，即自动导引车与电池加起来的总重。

3）车体尺寸，指车体的长、宽、高，即外形尺寸，该尺寸与承载货架的尺寸和通道宽度相适应。

4）最小转弯半径，是确定车辆弯道运行所需空间的重要参数。

5）运行方式，全线控制系统稳定、可靠、先进，具有完善的手动/离线自动/在线全自动控制、工艺参数可调、安全保护等功能，人机界面操作简便，易于操作、维护。

6）安全装置，激光障碍探测，机械式柔性安全防撞，行走声光警示，障碍报警。为确保 AGV 拣选机器人在运行过程中的安全，特别是现场人员的安全及各类设备的安全，采取多级安全措施。设有急停开关，任何时间按下开关，AGV 拣选机器人立即停止运行。

7）导航方式，包括磁条导航、磁钉导航、二维码导航、激光导航等（扩展视频参见二维码 007）。

二维码 007

（3）AGV 拣选机器人的数量确定

在智慧仓储系统中，AGV 拣选机器人型号的确定通常与机器人自身的物理性质相关，如机器人的尺寸、载重量、运行速度等要素；机器人的尺寸需要与货架的面积尺寸相适应；机器人的自身高度要与货架的底层高度相适应。在确定 AGV 拣选机器人型号时，若成本相差不大，则优先考虑上述要素，判断哪种型号更能满足需求；若各个型号之间的成本相差过大，则可着重某一要素进行综合判断择优选取。

AGV 拣选机器人在执行任务中所采取的作业方式为双指令循环方式，以一辆 AGV 拣选机器人为对象，其在仓库内的路径主要有往返于货架与工作站的流程、拣选区域的行走路程、去往下一个货架的路程。通过对 AGV 拣选机器人在仓库内作业行走路程的分析，可以依据不同的计算标准来计算仓库内所需的 AGV 拣选机器人数量。

在 AGV 拣选机器人进行作业时，一般会将区域分为入库区域和出库区域，且两个区域的 AGV 拣选机器人通常不会混用，即用于出库的机器人只适用于出库作业，因此在计算时需要分别计算用于出库和入库的机器人。

方法一：

智慧仓内所需机器人的数量可依据仓内工作站数量和工作站所需的机器人数量综合确定。

$$工作站所需机器人数量 = \frac{货架单次作业往返时间}{站点单次作业耗时} + 1$$

式中，货架单次作业往返时间通过对货架单次作业的流程进行动作拆解综合得出，即

货架单次作业往返时间=机器人到达货架位时间+顶举货架时间+释放货架时间+到达站点时间+返回货架区时间

站点单次作业耗时=旋转货架时间+站点切换时间+单件拣货时间×命中件数

因此,

智慧仓内机器人总数=入库 AGV 拣选机器人数量+出库 AGV 拣选机器人数量+充电桩备用 AGV 拣选机器人数量

方法二:

运用解析法,将具体问题归纳整理成数学模型,通过对数学模型的求解,计算出 AGV 拣选机器人的数量。

定义 T_R 为 AGV 拣选机器人完成一次货品搬运过程总时间(s),依据 AGV 拣选机器人搬运货物流程,则货物搬运过程总时间由等待时间、空车行驶时间、满箱负载行驶时间及货架货品装载卸载时间组成,即

$$T_R=T_W+T_k+T_m+T_Z$$

式中,T_W 为机器人等待时间;T_k 为空车行驶时间;T_m 为满箱负载行驶时间;T_Z 为货架货品装载卸载时间。

定义 μ 为物品需求时间(单次响应时间间隔),即每隔 μ 秒会产生一个任务需要进行搬运,则每小时 AGV 拣选机器人需要搬运的任务次数为

$$C_A=\frac{3600}{\mu}$$

AGV 拣选机器人完成每小时预定的所有任务 C_A 所需的总时间为

$$T_A=C_A T_R$$

若 AGV 拣选机器人每运行 50min 需要充电 10min,即每小时工作 50min,则机器人数量计算的基本公式如下:

$$N=\frac{T_A}{50}$$

方法三:

除上述两种方法外,通过对 AGV 拣选机器人在仓库内与拣选/入库相关的动作及用时分析,结合站点作业效率情况及命中件数等条件,也可计算出智慧仓内的 AGV 拣选机器人的数量。

配送节拍=运行时间+等待时间+工作时间+站点切换时间+旋转时间

式中

$$运行时间=\frac{平均运行距离}{平均速度},\quad 平均运行距离=最远来回路程×60\%$$

工作时间=单件所需时间×命中件数

又因为:货架拉动次数=3600/配送节拍,综合可得 AGV 拣选机器人数量的计算公式:

$$AGV 拣选机器人数量=\frac{站点作业效率}{货架拉动次数×货架单次命中件数}$$

式中,货架拉动次数即货架搬运次数。

为确保仓库内 AGV 拣选机器人能够不受自身电量影响顺利完成拣选作业,通常会在仓库内设置专门的充电区域,配套适量的充电桩,且充电区域的每个充电桩上会留有一辆充电备用的 AGV 拣选机器人。

充电桩的数量确定,一般会依据 AGV 拣选机器人的数量将比例设置为 1∶4,即每 4 辆 AGV 拣选机器人配置一个充电桩。

在以"货到人"模式为主的智慧仓中,受仓库出入库数量和 AGV 拣选机器人数量的影响,为保证库内出库、入库作业的有效运行,通常会在拣选处设置若干等待位。

拣选位上的 AGV 拣选机器人正在进行拣选作业时，后面的机器人从"入站"处进入作业区域，并在等待位处进行等待，前方机器人完成拣选作业后，向前移动一个位置，直至拣选完成进入主通道"出站"。

等待位的数量确定，根据企业经验，一般将 AGV 拣选机器人等待位的数量设置为站点所需 AGV 拣选机器人数量的 30%。

2. 可移动式货架

可移动式货架，也称 AGV 搬运机器人货架，是配合 AGV 搬运机器人实现低成本智能自动化的仓储货架。它具有结构简单、价格低廉、使用方便等特点，在作业过程中具有可以大幅减少重复多余的步骤、减少不必要的人员岗位设置、实现产品质量可追溯等优势，并可以提高货物在存储、分拣等方面的工作效率。

在"货到人"拣选系统中，仓储区域中所存储的商品一般为小件商品，具有体积较小、重量较轻的特点。货架是可移动的且分为多层，每一层又分了多个货格，可以实现在每一层存放不同类别的商品。当货架上的某类商品数量不足时，系统会安排可移动式货架到补货站点进行补货操作。但是，在这样的仓储环境下，为了满足众多 SKU 的存储要求，每个种类的商品在货架上的存储数量一般不多。由于消费者的需求呈现出"小批量、多频次"的特点，商品的存储特点也呈现出少量多类的特点，因此，采用可移动式货架实现自动化物流系统乃是大势所趋。可移动式货架的结构如图 3-15 所示。

图 3-15 可移动式货架的结构

可移动式货架借助搬运设备 AGV 搬运机器人在仓库内实现自由穿梭，还可以减少占地面积，非常美观，可以提高观赏度及企业形象，具有结构简单、价格低廉、使用方便、质量好、见效快等特点。因为价格成本不高，所以可以根据不同企业的不同需求进行尺寸定制，选择范围比较大。

在进行规划时，可移动式货架的尺寸不仅要参考货品的尺寸、重量，还需考虑 AGV 搬运机器人的尺寸和顶升高度等参数，确保机器人在仓库内行走过程中货架能够平稳行进。

3. 工作站

工作站是拣选人员进行拣选、扫描的操作区域，拣选区域需设计拣选人员的操作空间、AGV 搬运机器人在拣选台的排队区域和拣选区域。一般每个拣选台安装一个显示屏、货架及扫描装置，拣选人员根据显示屏提示的拣选信息进行拣选作业，将拣选出来的货品进行扫描，系统提示拣选完成。

（1）工作站规划

在进行智慧仓内工作站的规划时，需要根据具体的出库量等信息进行规划，在确定规划所需的出库量时，可以依据历史订单数据进行 AGV 智慧仓内工作站的规划，也可以根据预测的业务量（出库量）进行规划。

在以历史数据为依据进行规划时，需要根据相应的规则在历史订单数据中选取某一天的数据作为基准，即确定基准天；若规划以预测的业务量为基准，则需要根据历史数据对未来趋势进行合理预测。

在进行工作站的规划计算时，企业通常会假定：出库量=入库量。根据考虑要素的不同，一般有以下 3 种基准天的确定方式：

1）着重考虑成本。在这种情况下，在剔除订单峰值后，以历史订单的均值为基准进行规划。

2）着重考虑效率。在这种情况下，以历史订单峰值前后几天的均值为基准进行规划。

3）综合考虑成本和效率。此时，可对历史出库量进行降序排列，取序列表中的前20%~30%，选取其中一天的订单数据作为基准进行规划，可保证基准天处于订单峰值和订单均值之间，较好满足日常订单处理情况。

在智慧仓内的作业人员，只需在工作站等待货架被运送至工作站，随后进行商品拣选，而且拣选方式都是采用播种方式作业，以B2B业务为主。因为B2B业务SKU少、批量出库，且出库量大，机器人只需将货架搬运至工作站由人工完成批量下架数量清点，确认拣选完成。B2C业务SKU多、出库量小，相对B2B业务需要增加"播种墙"，在工作站完成最小订单。AGV搬运机器人通常在B2C业务中处理订单数量相对较少、SKU多、拣选难度大的作业。

（2）工作站数量的确定

在智慧仓内，主要是在工作站处完成订单的拣选作业，工作站数量的确定与其自身的作业效率息息相关，在确定拣选工作站数量时，需要根据基准天的订单出库数量与工作站的拣选效率，推测出所需的工作站数量（扩展视频参见二维码008）。

工作站效率的确定与AGV搬运机器人在工作站单次作业耗时相关，可以依据选定基准天的日出库量与日工作时间计算每日工作站最大效率，来初步判断工作站效率。

推算货架单次命中数量（命中件数）：行件数=出库量/订单行数。

工作站点每分钟可拣选（入库）数量：（60/单个机器人在工作站耗时）×命中件数。

单个机器人在工作站耗时：旋转货架时间+站点切换时间+单件拣货时间×命中件数。

站点作业效率（h）：每分钟可拣选（入库）的数量×60。

因此，可以得到拣选工作站的数量计算方式：

$$拣选工作站的数量 = \frac{出库数量}{拣选效率 \times 每日工作时间}$$

$$入库工作站的数量 = \frac{入库数量}{入库效率 \times 每日工作时间}$$

行件数即平均每行订单所包含的件数，若件数值为1，说明每行订单大约包含一件商品，每次拣选动作只需完成一件商品的拣选，可代表拣选效率的高低。

4. GAS

GAS（Gate Assort System），全称为"智能闸门开启式分拣系统"或"智能翻盖分拣系统"，是一项以"人总是会出错"为出发点，围绕如何避免错误发生而开发应用的辅助拣选技术，让拣选作业更加直观，有效降低人为误差，极大地提高拣选效率及正确率。

GAS通过翻盖式的醒目设计，在每个分拣口上设置翻盖组件，拣选人员只需将商品投入到翻盖为开启状态的分拣口中，最大限度地防止分拣错误的发生。可以说，在追求人工作业零误差方面，GAS简单有效而独特的设计理念堪称划时代的创意。GAS的企业应用如图3-16、图3-17所示。

（1）GAS的组成

GAS包括播种墙、检测单元和控制系统。其中，播种墙包括门架、固定在门架前部的若干排分拣设备、门架后方的移动货架和气源，每个分拣设备上的进气管道均与气源连通，分拣设备的进气管道上设置有电磁阀；检测单元包括扫码枪和光电传感器；控制系统包括播种计算机和PLC控制单元，PLC控制单元分别与电磁阀、扫码枪和光电传感器电性连接。分拣系统依据订单操控商品投放，拣选人员根据播种计算机的提示，将商品投入到挡板为开启状态的分拣口中，最大限度地防止分拣错误的发生，提高人工分拣的正确率，同时提高拣选人员对订单播种的效率。

（2）GAS 的特点

相比于以往各类拣选系统来说，无论导入费用、空间利用率，还是固定设备的资金投入，GAS 都显示出它独特的柔性和优越性。从应用时的作业情况来看，GAS 更是以"NO"理论，通过物理性排除错误发生的设计来保障作业准确率，直观展现 GAS 如何通过简单设计形成规范作业，灵活编排批次，实现柔性生产，从而快速达到效率提升，实现投资收益回报。

图 3-16 GAS 在智仓的应用

图 3-17 GAS 应用场景

GAS 具有明显的优势：①准确性，可以确保 1/10 万以下精度的拣选作业不需要熟练作业人员，节省了人力成本；②灵活性，不需要固定在地面，便于自由移动，可随时新增模组；③高效率，拣选系统运行稳定后的分拣速度远远高于其他拣选模式的作业效率。此外，GAS 安装快捷，气动控制，高效安全；属于标准化产品，可批量生产；具有语音提示功能，防止误投，拣选准确率高。

总而言之，GAS 具有六大特点，如图 3-18 所示。

图 3-18 GAS 的特点

3.4 智能搬运系统

装卸搬运是指在同一地域范围内进行的、以改变货物存放状态和空间位置为主要目的的活动。该环节包含一系列的相关设备和技术，高效、合理地对物品进行移动、存储或控制。比如：基于机器人的多传感器融合技术、SLAM 环境自然导航、精确控制定位技术与动态路径规划等核心技术，系统的自检及诊断技术、多机分布式协同作业和高效率的交通管制技术，软硬件完全自主研发，支持需求定制化，可根据不同生产流程提供优化方案，提高作业效率，作业任务信息可追踪监控，实现真正的无人化作业。

智能搬运系统是在机械化装卸搬运装备的基础上，引入应用传感定位、人工智能、自动控制等技术手段，能够自动化、智能化地完成货物搬移、升降、装卸、短距离输送等作业的物流搬运系统。

3.4.1 智能搬运系统的组成

智能搬运系统是由巷道堆垛起重机、AGV 搬运机器人、出入库输送系统、信息识别系统、自动控制系统、计算机监控系统、计算机管理系统以及其他辅助设备组成的。

1. 巷道堆垛起重机

巷道堆垛起重机是自动化立体仓库进行高层货架货物存取搬运的关键装备，其通过运行机构、起升机构和货叉机构的协调工作，完成货物在货架范围内的纵向和横向移动，实现货物的三维立体存取搬运，如图3-19所示。

有轨巷道堆垛起重机沿着巷道内的轨道运行。有轨巷道堆垛起重机由钢轨、带钢轮的立柱、货叉组成，带钢轮的立柱在钢轨上运行，货叉在立柱上上下运动。这种堆垛起重机可以在地面导轨上行走，利用上部的导轨防止摆动或倾倒；或者相反，在上部（空中）导轨上行走，利用地面导轨防止摆动或倾倒。

在地面导轨上行走的有轨巷道堆垛起重机叫作地面支承型有轨巷道堆垛起重机。这种堆垛起重机金属结构的立柱主要考虑轨道平面内的弯曲强度，因此，需要加大立柱在行走方向截面的惯性矩。由于地面支承型有轨巷道堆垛起重机的驱动装置均装在下横梁上，容易保养维修，用于自动控制的传感器等也可安装在地面上，使用方便。

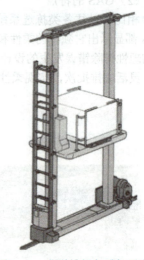

图3-19 巷道堆垛起重机示意图

在上部导轨上行走的有轨堆垛机叫作悬挂式堆垛起重机。这种堆垛起重机的金属结构门架可不考虑横向的弯曲强度，钢结构自重可以减轻，加、减速时的惯性和摆动小，稳定静止所需的时间短。其缺点是运行、升降等驱动机构安装在堆垛起重机的上部，保养、检查与修理必须在高空作业，既不方便也不安全，而且仓库的屋顶或货架要承担堆垛起重机的全部移动荷重，增加了屋顶结构和货架的重量。

堆垛起重机整机结构高而窄，堆垛起重机的宽度一般只与所搬运的单元货物的宽度相等。

2. 输送机

输送机（Conveyor）是以连续的方式沿着一定的路线从装货点到卸货点均匀输送货物和成件包装货物的机械设备。自动化立体仓库中通过计算机进行统一控制输送机运行，应用传感器、控制器和执行器，能够自动完成货物从货架区到出入库台的搬运工作，如图3-20所示。

3. 仓库管理系统

仓库管理系统是通过入库业务、出库业务、仓库调拨、库存调拨和虚仓管理等功能，综合批次管理、物品对应、库存盘点、质检管理、虚仓管理和即时库存管理等功能综合运用

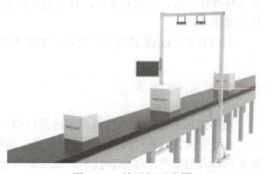

图3-20 输送机示意图

的管理系统，有效控制并跟踪仓库业务的物流和成本管理全过程，实现完善的企业仓储信息管理。该系统可以独立执行库存操作，与其他系统的单据和凭证等结合使用，可提供更为完整全面的企业业务流程和财务管理信息。

仓库管理系统包括出入库输送系统、信息识别系统、自动控制系统、监控系统等。搬运是仓库管理的一部分，所以搬运系统也是仓库管理系统中的一部分，智能搬运系统的规划调度等都会运用仓库管理系统。

4. 辅助设备

搬运系统辅助设备根据不同的标准可以分为不同的类型。

（1）按作业性质分类

搬运系统辅助设备按作业性质可分为具备单一功能的搬运机械和具备装卸搬运复合功能的机械两类。

1）具备单一功能的搬运机械有各种搬运车、手推车，以及除斗式输送机、刮板式输送机之外的各种输送机等。

2）具备装卸搬运复合功能的机械是指在物流领域具备装卸、搬运两种功能的机具，这种机具可将两种作业操作合二为一，因而有较好的系统效果。典型装备有叉车、跨运车、门式起重机及气力装卸输送设备等。

（2）按机具工作原理分类

搬运系统辅助设备按机具工作原理可分为叉车类、起重机类、输送机类、作业车类和管道输送设备类。

1）叉车类，包括各种通用和专用叉车。

2）起重机类，包括门式、桥式、履带式、汽车式、岸壁式、巷道式各种起重机。

3）输送机类，包括辊式、轮式、带式、链式、悬挂式等各种输送机。

4）作业车类，包括手车、手推车、搬运车、无人搬运车、台车等各种作业车辆。

5）管道输送设备类，包括液体、粉体的装卸搬运一体化的以泵、管道为主体的一类设备。

其中，叉车是具有各种叉具，能够对货物进行升降和移动，以及装卸搬运的搬运车辆。叉车按照动力类型，可分为人力叉车、电动叉车和内燃叉车；按照工况与功能，可分为平衡重式叉车、插腿式叉车、侧面式叉车、前移式叉车、窄巷道叉车、高货位拣选式叉车、集装箱叉车等。叉车在自动化立体仓库中主要承担从货架区到出入库台的搬运工作，用于室内载重量不大的托盘货物搬运，一般使用普通电动叉车。

当前，智能叉车越来越广泛地应用于自动化立体仓库作业中。通过激光导航及多重传感器的部署，叉车可以自动感应识别货架上相应推盘的位置并精准对接，完成无人自动存取和搬运的功能。智能叉车（极智嘉）如图3-21所示。

图3-21 智能叉车

3.4.2 智能搬运系统的特点

1. 无人化

智能搬运的显著特点是无人操作，智能搬运设备上装有自动导向系统，依靠无线传感、定位导航、视觉识别、力觉感知、自动控制技术等，可以保障系统在不需要人工引航、人工作业的情况下能够沿预定的路线自动行驶，将货物或物品自动从起始点送到目的地，完成搬运作业活动。这种无人化的操作过程，一方面节约了人力，提高了效率；另一方面也能满足高危、狭小空间内的智能无人搬运需求。

2. 柔性化

智能搬运的另一个突出特点就是柔性好，由于人工智能的加入，智能搬运的作业路径、作业样式、力度功率可以根据仓储货位要求、生产工艺流程、物流作业环境等的改变而灵活变换，可以模拟人的思维进行智能判断，不断动态调整选择优化运行方案。这种运行改变的费用与传统的、刚性的搬运作业相比，减少了重新购置作业设备、作业线的时间和成本，体现出较好的经济性。

3. 高效化

智能搬运系统能够整体调度和监控整个搬运作业流程，包括无人叉车、机器人和辊道等；可支持多台机器人同时联动作业，保证相互避让及最优路径的规划，防止拥堵；可通过作业流程节拍的控制，实现状态监控、增减机器人数量和地图布局修改、交通管制等功能，最大限度地实现物流仓库的搬运作业优化，大幅提高作业效率；可广泛运用于各生产、物流节点之间的物品搬运和工艺设备之间的水平运转等环节，能与各种自动化设备进行对接，大幅提高物流整体作业效率。

3.4.3 智能搬运系统的主要设备选型

智能搬运系统通过作业控制系统，能够整体调度和监控智能作业流程，基于机器人的多传感器融合技术、SLAM 环境自然导航、精确控制定位技术与动态路径规划等核心技术，以及系统的自检及诊断技术、多机分布式协同作业和高效率的搬运交通管制技术，支持需求定制化，可根据不同生产流程提供优化方案，提高作业效率，作业任务信息可追踪监控，实现真正的无人化作业。

因前文介绍了穿梭车、提升机、AGV 机器人、输送机等搬运设备，本部分主要介绍仓库内智能搬运系统设备中的带式输送机、搬运机械臂、巷道堆垛起重机的选型问题。

1. 带式输送机

带式输送机是以输送带作为牵引和承载构件，通过承载物料的输送带的运动进行物料输送的连续输送设备。

通用带式输送机由输送带、托辊、滚筒及驱动、制动、张紧、改向、装载、卸载、清扫等装置组成。

（1）输送带

常用的输送带有橡胶带和塑料带两种。橡胶带适用于工作环境的温度是-15～40℃，物品温度不超过 50℃，向上输送散粒料的倾角为 12°～24°。对于大倾角输送可用花纹橡胶带。塑料带具有耐油、酸、碱等优点，但对气候的适应性差，易打滑和老化。带宽是带式输送机的主要技术参数，见表 3-12。

表 3-12 带式输送机主要技术参数

带宽/mm	输送长度/m	功率/kW	输送速度/（m/s）	输送量/（t/h）
500	≤12	3	1.3～1.6	78～191
650	≤12	4	1.3～1.6	131～323
800	≤6	4	1.3～1.6	278～546
1000	≤10	5.5	1.3～2.0	435～853
1200	≤10	7.5	1.3～2.0	655～1284

（2）托辊

托辊有槽型托辊、调心托辊、缓冲托辊等。槽型托辊由 2～5 个辊子组成，主要用于承载分支，输送散粒物品；调心托辊用以调整输送带的横向位置，避免跑偏；缓冲托辊装在受料处，以减小物品对输送带的冲击。

（3）滚筒

滚筒分为单滚筒（胶带对滚筒的包角为 210°～230°）、双滚筒（包角达 350°）和多滚筒（用于大功率）等。

（4）张紧装置

张紧装置的作用是使输送带达到必要的张力，以免在驱动滚筒上打滑，并使输送带在托辊间的挠度保证在规定范围内。

2. 搬运机械臂

搬运机械臂（见图 3-22），也可称为搬运机械手、搬运机器人，是用于物流搬运领域的工业机器人。它具有和人类手臂相似的构造，或者与人类手臂有许多相似的能力，可以由人类给定一些指令，按给定程序、轨迹和要求实现自动抓取、搬运和操作。根据动作形态的不同，搬运机械臂可分为直角坐标型、圆柱坐标型、极坐标型、关节型、并联型等类型机器人。

图 3-22 搬运机械臂

（1）搬运机械臂的主要技术参数

1）机器人负载。机器人负载是指机器人在规定的性能范围内，机械接口处能承受的最大负载量（包括手部），用质量、力矩、惯性矩来表示。如果要将物品从一台机器处搬至另外一处，需要将物品的重量和机器人抓手的重量计算在负载内。

2）自由度。自由度是指机械臂的运动灵活性。在设计机械臂时，满足工况要求的前提下，尽量减少自由度。自由度越多，机械臂的机构就越复杂，刚度就越弱，且相对应的控制系统也比较复杂。当前机械臂单关节具有单自由度，通常自由度数与关节数相等。例如，六轴机器人有 6 个自由度，包含旋转（S 轴）、下臂（L 轴）、上臂（U 轴）、手腕旋转（R 轴）、手腕摆动（B 轴）和手腕回转（T 轴）。6 个关节合成实现末端的 6 个自由度动作。

3）最大运动范围。选择机械臂时不仅要关注负载，还要关注其最大运动范围。最大垂直运动范围是指机械臂腕部能够到达的最低点（通常低于机械臂的基座）与最高点之间的范围。最大水平运动范围是指机械臂腕部能水平到达的最远点与机械臂基座中心线的距离。此外，还需要参考最大动作范围（用度表示）。这些规格不同的机械臂区别很大，对某些特定的应用存在限制。

4）重复精度。重复精度是机械臂在完成每一个循环后，到达同一位置的精确度（差异度）。通常来说，机械臂可以达到 0.5mm 以内的精度，甚至更高。例如，如果机械臂是用于制造电路板时的零配件装配搬运，你就需要一台超高重复精度的机械臂。如果所从事的应用精度要求不高，那么机械臂的重复精度也可以不用那么高。精度在 2D 视图中通常用"±"表示。实际上，由于机械臂并不是线性的，其可以在公差半径内的任何位置。

5）工作速度。工作速度是指机械臂在工作载荷条件下，匀速运动过程，机械接口中心或工具中心点在单位时间内所移动的距离或转动的角度。速度对于不同的用户需求也不同。它取决于工作需要完成的时间。规格表上通常只给出最大速度，机械臂能提供的速度介于 0 和最大速度之间，其单位通常为（°/s）。一些机械臂制造商还给出了最大加速度。

6）控制方式。控制方式是指机械臂控制轴的工作方式，包括伺服控制和非伺服控制。伺服控制是当前的主要应用方式，又包括转矩控制、速度控制和位置控制三种控制方式，可根据具体应用功能需要进行灵活选择。其中，转矩控制主要通过外部模拟量的输入或直接的地址的赋值来设定电机轴对外的输出转矩的大小，主要应用于需要严格控制转矩的场合。速度控制主要通过模拟量的输入或脉冲的频率对转动速度的控制。位置控制是伺服中最常用的控制，一般是通过外部输入的脉冲的频率来确定转动速度的大小，通过脉冲的个数来确定转动的角度，所以一般应用于定位装置。

7）驱动方式。驱动方式是指关节执行器的动力源形式，主要有电气驱动、液压驱动、气压驱动等驱动形式。其中，电气驱动所用能源简单，机构速度变化范围大，效率高，速度和位置精度都很高，且具有使用方便、噪声低和控制灵活的特点。液压驱动的特点是功率大，结构简单，可以省去减速装置，能直接与被驱动的连杆相连，响应快，伺服驱动具有较高的精度，但需要增设液压源，而且易产生液体泄漏，故目前多用于特大功率的机器人系统。气压驱动的能源、结构都比较简单，但与液压驱动相比，同体积条件下功率较小，而且速度不易控制，所以多用于精度不高的点位控制系统。

8）防护等级。机械臂与食品相关的产品、实验室仪器、医疗仪器一起工作或者处在易燃的环境中，其所需的防护等级各有不同。制造商会根据机械臂工作的环境不同而为同型号的机器人提供不同的防护等级。机械臂防护等级（IP 等级）是由两个数字所组成的，第 1 个数字表示电器防尘、防止外物侵入的等级，第 2 个数字表示电器防湿气、防水侵入的密闭程度，数字越大表示其防护等级越高。例如，标准防护等级 IP40，油雾防护等级 IP67。

（2）搬运机械臂选择的注意事项

搬运机器臂广泛适用于电子、食品、饮料、烟酒等行业的纸箱包装产品和热收缩膜产品码垛、堆垛作业，特别是在高温、高压、多粉尘、易燃、易爆、放射性等恶劣环境中，以及笨重、单调、频繁的操作中代替人作业，能够将人从繁重的工作中解放出来，提升工作效率。在选购搬运机械臂时，除了考虑以上主要技术参数外，还要注意以下事项：

1）选购机械手产品时，必须要由专门的技术人员引导购买，"术业有专攻"就是这个道理。

2）机械手的种类非常多，具体有搬运机械手、点胶机械手、喷涂机械手、六轴机械手和多轴机械手等，我们要根据自己的情况进行选购。

3）在使用机械手的时候，首先要注意工作环境的清洁和工作秩序，毕竟机械手是一部机器，程序已经设定好了，如果遭到破坏，将造成损失。

4）平时要加强对机械手的保养和维修工作，以免由于长时间的工作和环境污染，对产品造成维修成本的上升。

3. 巷道堆垛起重机

（1）巷道堆垛起重机的主要参数

1）速度参数。速度参数主要包括水平运行速度、起升速度和货叉伸缩速度。堆垛起重机一般具有变频调速功能。这三项参数的高低，直接关系到出入库频率的高低。

2）尺寸参数。尺寸参数主要包括起升高度、存取高位极限高度、存取低位极限高度、整机全长。

堆垛起重机尺寸参数涉及合理利用有效空间，增加库容量，亦是评价堆垛起重机设计水平的标准之一。

3）其他技术参数。其他技术参数主要包括额定载重量、电源类型及额定功率、货叉下挠度、堆垛起重机的噪声及电机减速机的可靠性等。

（2）巷道堆垛起重机的维护保养

1）电气维护。

① 定期检查各关键部分，包括 PLC、认址器、货位探测、载货台探测、货物超高及歪斜探测、行程开关、变频器及操作面板等是否正常。

② 保持检测开关的清洁，尤其是光电开关。

③ 定期检查紧固所有接线端子，确保电路畅通。

④ 操作堆垛起重机时要遵循操作说明，操作时用力要适度。

⑤ 注意操作安全，保证堆垛起重机运行时巷道内无人。

⑥ 变频器中所设定的内容不得随意更改，否则会引起堆垛起重机工作不正常。

⑦ 堆垛起重机的操作须由经过培训的专人进行。
⑧ 为了延长各电气开关的使用寿命，在立体仓库停止运行后，应关闭堆垛起重机供电。
⑨ 为延长堆垛起重机寿命并使其运行良好，建议立库长时间关闭前，先将所有堆垛起重机开至最后一列、最低一层，并且保证无错后再关闭电源。

2）机械日常维护与保养。堆垛起重机在安装、调试结束后，用户应对设备进行正确的维护保养，以确保设备的完好和延长使用寿命。

堆垛起重机的润滑包括水平运行机构、载货台、驱动机构等。

堆垛起重机的调整包括水平导向轮调整，上部导向轮调整，超速保护装置的调整，过载、松绳保护装置的调整，货叉伸缩机构调整，水平运行认址装置调整，起升认址装置调整，光电开关调整等。

3.5 智能分拣系统

智能分拣系统（Automatic Sorting System）是先进配送中心所必需的设施条件之一，可将随机的、不同类别、不同去向的物品按照产品的类别或产品目的地，从产品仓库或者货架经过拣选后按照系统要求的路径送到仓库出货装车位置。智能分拣系统具有较高的分拣效率，通常每小时可分拣商品 6000～12 000 箱。智能分拣系统如图 3-23 所示。

图 3-23 智能分拣系统

3.5.1 智能分拣系统的构成

1. 智能分拣系统的基本构成

智能分拣系统一般由控制装置、分类装置、输送装置及分拣道口组成，如图 3-24 所示。

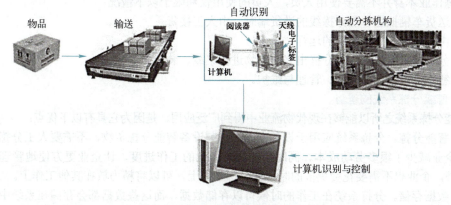

图 3-24 智能分拣系统的基本构成

1）控制装置。控制装置的作用是识别、接收和处理分拣信号，根据分拣信号的要求指示分类装置，按照商品品种、送达地点或按货主的类别对商品进行自动分类。

这些分拣需求可以通过如图 3-25 所示的不同方式输入到分拣控制系统中，根据对这些分拣信号的判断来决定某一种商品该进入哪一个分拣道口。

2）分类装置。分类装置的作用是根据控制装置发出的分拣指示，当具有相同分拣信号的商品经过该装置时，该装置动作，使商品改变在输送装置上的运行方向，进入其他输送机或分拣道口。

分类装置的种类很多，一般有推出式、浮出式、倾斜式和分支式几种，不同的装置对分拣货物的包装材料、包装重量、包装物底面的平滑度等有不完全相同的要求。

图3-25 分拣需求的读取方式

3）输送装置。输送装置的主要组成部分是传送带或输送机，其主要作用是使待分拣商品通过控制装置、分类装置，并且输送装置的两侧一般要连接若干分拣道口，使分好类的商品滑下主输送机，以便进行后续作业。

4）分拣道口。分拣道口是已分拣商品脱离主输送机进入集货区域的通道，一般由钢带、传动带、滚筒等组成滑道，使商品从主输送装置滑向集货站台，在那里由工作人员将该道口的所有商品集中后或入库存储，或组配装车并进行配送作业。

2. 智能分拣系统的特点

1）能连续、大批量地分拣货物。由于采用大生产中使用的流水线自动作业方式，自动分拣系统不受气候、时间、人的体力等的限制，可以连续运行，同时智能分拣系统单位时间分拣件数多，因此智能分拣系统的分拣能力是连续运行100h以上，每小时可分拣7000件包装商品，如用人工则每小时只能分拣150件左右，同时分拣人员也不能在这种劳动强度下连续工作8h。

2）分拣误差率极低。智能分拣系统的分拣误差率主要取决于所输入分拣信息的准确性，这又取决于分拣信息的输入机制，如果采用人工键盘或语音识别方式输入，则误差率在3%以上，如采用条码扫描输入，除非条码的印刷本身有差错，否则不会出错。因此，目前智能分拣系统主要采用条码技术来识别货物。

3）分拣作业基本实现无人化。建立智能分拣系统的目的之一是减少人员的使用，减轻员工的劳动强度，提高人员的使用效率。因此，智能分拣系统能最大限度地减少人员的使用，基本做到无人化。

分拣作业本身并不需要使用人员，人员的使用仅局限于以下情况：

① 送货车辆抵达智能分拣线的进货端时，由人工接货。
② 由人工控制分拣系统的运行。
③ 分拣线末端由人工将分拣出来的货物进行集载、装车。
④ 智能分拣系统的经营、管理与维护。

3. 智能分拣系统的优势

智能分拣系统之所以能够在现代物流业中得到广泛应用，是因为它具有以下优点：

1）智能分拣。分拣系统应用于设备中，可控制设备智能分拣货物，不需要人工分拣。智能分拣为企业减少了很多劳动成本，同时也加快了企业的工作进度，让企业更方便地管理存储货物。此外，企业也不需要花费更多的时间在分拣工作上，可以将精力放在其他工作上。

2）数据存储。分拣系统在工作的时候可以存储数据，而这些数据都会存储在系统中。数据存储主要是确保货物分拣正确，能保证分拣的货物不会丢失。人工分拣货物的时候，常常会出现分拣错误，或出现货物丢失的情况，导致分拣工作出现各种各样的问题。因此，分拣系统数据存储能有效避免这样的问题。

3）货物安全。使用设备分拣货物，能确保货物分拣安全，同时也能保证货物分拣正确。然而，人工分拣货物会出现各种问题，尤其是货物安全无法保证。

4）分拣效率高。分拣效率高是系统应用的最大优势，使用分拣系统的企业能实现高效分拣。

3.5.2 智能分拣系统的适用条件

虽然智能分拣系统有诸多优点,但也不是任何仓库、任何企业都适用的。一般来说,智能分拣系统的适用条件如下:

1) 一次性投资巨大。智能分拣系统本身需要建设短则 40~50m、长则 150~200m 的机械传输线,还有配套的机电一体化控制系统、计算机网络及通信系统等,这一系统不仅占地面积大,动辄 2 万 m² 以上,而且一般智能分拣系统都建在自动化立体仓库中,这样就要建 3~4 层楼高的立体仓库,库内需要配备各种自动化的搬运设施,这丝毫不亚于建立一个现代化工厂所需的硬件投资。因此,小企业无力进行此项投资。

2) 对商品外包装要求高。智能分拣机只适用于分拣底部平坦且具有刚性的包装规则的商品。袋装商品、包装底部柔软且凸凹不平、包装容易变形、易破损、超长、超薄、超重、超高、不能倾覆的商品不能使用普通的智能分拣机进行分拣。因此,为了使大部分商品都能用机械进行自动分拣,可采取两条措施:一是推行标准化包装,使大部分商品的包装符合国家标准;二是根据所分拣的大部分商品的统一包装特性定制特定的分拣机。但要让所有商品的供应商都执行国家的包装标准是很困难的,定制特定的分拣机又会使硬件成本上升,并且越是特别的,其通用性就越差。因此,企业要根据经营商品的包装情况来确定是否建或建什么样的智能分拣系统。

3.5.3 智能分拣系统的主要设备

1. AGV 分拣机器人

基于快递物流客户高效、准确的分拣需求,AGV 分拣机器人系统应运而生。通过 AGV 分拣机器人系统与工业相机的快速读码及智能分拣系统相结合,可实现包裹称重/读码后的快速分拣及信息记录交互等工作。AGV 分拣机器人如图 3-26 所示。

图 3-26 AGV 分拣机器人

(1) AGV 分拣机器人系统的特点

AGV 分拣机器人系统作为新型自动分拣技术,最高可实现高达 15 000 件/h 的拣选效率,并且在系统灵活性、易扩展性等方面更有优势。

1) 系统可扩展性强。AGV 分拣机器人系统可根据业务增长的需要进行扩展。

2) 人工成本低。AGV 分拣机器人处理系统的人员工位布置紧凑,人均效能提高,相同处理效率可节约用工约 40%。

3) 分拣差错小。AGV 分拣机器人采用静态卸载,只要包裹面单信息正确,理论分拣差错率为 0。

4）系统可靠性高。AGV 分拣机器人系统由众多独立运行的分拣机器人组成，不会因某台机器人故障而影响整个系统的运行效率，且系统支持远程升级及调试，相关技术人员可远程解决系统调度问题，所需时间也很短。

5）节能环保。AGV 分拣机器人系统用电功率低，且均由低功率可充电电池供电。

（2）AGV 分拣机器人系统的作业流程

AGV 分拣机器人系统可大量减少分拣过程中的人工需求，提高分拣效率及自动化程度，并大幅提高分拣准确率。一般来说，AGV 分拣机器人系统的作业流程如图 3-27 所示。

图 3-27　AGV 分拣机器人系统的作业流程

1）揽件。包裹到达分拣中心后，卸货至带式输送机，由工作人员控制供件节奏，包裹经带式输送机输送至拣货区工位。

2）放件。工人只需要将包裹以面单朝上的方向放置在排队等候的自动分拣机器上，机器人搬运包裹过龙门架进行面单扫描以读取订单信息，同时机器人可自动完成包裹称重，该包裹的信息将直接显示并上传到控制系统中。

3）分拣。所有 AGV 分拣机器人均由后台管理系统控制和调度，并根据算法优化为每个机器人安排最优路径进行包裹投递。比如，AGV 分拣机器人在分拣作业中可完成互相避让、自动避障等功能，系统根据实时的道路运行状况尽可能地使机器人避开拥堵。当机器人运行至目的地格口时，停止运行并通过机器人上方的辊道将包裹推入格口，包裹顺着滑道落入一楼集包区域。目的地按照城市设置，未来随着业务量的增加，可灵活调度调节格口数量，甚至一个城市分布多个格口。

4）集包装车。集包工人打包完毕后，将包裹放上传送带，完成包裹的自动装车。

随着大数据算法的日趋完善、快递邮件信息逐步标准化、智能控制系统集成化，AGV 分拣机器人系统已成为物流业由劳动密集型产业向批量智能化转型高度契合的产物。

（3）AGV 分拣机器人的主要技术参数

与 AGV 拣选机器人类似，AGV 分拣机器人也具有 7 个主要技术参数——额定载重量、自重、车体尺寸、最小转弯半径、运行方式、安全装置、导航方式，在进行设备选型时，需要重点考虑这些技术参数。

案例 3-2　5G 助理分拣机器人提高效率

5G 时代的到来，开启了万物互联的新时代，对于物流行业来说也充满了更多的可能。本例主要介绍 5G 网络下智能分机器人的运行情况，通过连入 5G 网络的 VR 全景视频摄像头，将 5G 物流智能分拣场的监控视频画面实时回传，管理人员可实时查看全景的 VR 监控画面，大幅度降低了管理成本。扩展视频参见二维码 009。

二维码 009

（资料来源：智能仓储管理实战手册，2020 年 1 月）

2．固定式分拣机器人

利用机器人（搬运机械臂），基于视觉、触觉等智能控制系统，将来自输送线上的货品拣出，置于托盘或另一条输送线上，达到高速分拣的目的；也可将货架上或托盘上货品拣出后置于输送带上，实现供包分拣的功能。固定式分拣机器人如图 3-28 所示。

固定式分拣机器人可以智能识别包裹信息，快速完成扫码和称重，通过分拣机器人系统与工业相机的快速读码和智能分拣系统相结合，实现包裹称重。固定式分拣机器人可大量减少分拣过程中的人工需求，提升分拣效率和自动化程度，大幅提升分拣准确率。随着大数据算法的日趋完善、快递信息逐步标准化、智能控制系统集成化，固定式分拣机器人现已成为物流行业密集型向智能化转型的高度契合产物。

图3-28　固定式分拣机器人

固定式分拣机器人互相之间是独立运行的，不会因某个机器人故障而影响整个系统的运行效率，而且还支持远程升级和调试。固定式分拣机器人可以连续运行，由于自动分拣系统单位时间分拣件数多，自动分拣系统能够连续运行100h以上，每小时可分拣7000件包装产品，相当于6~12名普通员工连续工作8h。

固定式分拣机器人可实现无人化，减少了人员的使用，减轻人员的劳动强度，提升人员使用效率。固定式分拣机器人的分拣误差率主要取决于所输入分拣信息的准确性，而如果采用人工键盘和语音识别方式输入分拣信息，则误差率在3%以上。

关于固定式分拣机器人的选择，需要根据企业实际运行情况，综合考虑成本、维护保养、使用寿命等参数而定。

3. 输送机

输送机有多种分类形式：按照输送介质，可分为带式输送机、链式输送机、辊子输送机等；按照输送机所处位置，可分为地面输送机、空中输送机和地下输送机；按照结构特点，可分为具有挠性牵引构件的输送机和无挠性牵引构件的输送机；按照安装方式，可分为固定式输送机和移动式输送机；按照输送的货物种类，可分为输送件货输送机和输送散货输送机；按照输送货物的动力形式，可分为机械式、惯性式、气力式、液力式等。

输送机的选择和3.4"智能搬运系统"类似。

4. 自动分拣机

自动分拣机主要根据用户的要求、场地情况，对货品按用户、地名、品名等进行自动分拣的连续作业。自动分拣机是物流中心进行货品输送分拣的关键设备之一，通过应用分拣系统可实现物流中心准确、快捷的工作。

自动分拣机按照其分拣机构的结构分为不同的类型，常见的类型有下列几种：

（1）挡板式分拣机

挡板式分拣机是利用一个挡板（挡杆）挡住在输送机上向前移动的商品，将商品引导到一侧的滑道排出。挡板的另一种形式是挡板一端作为支点，可旋转。挡板动作时，像一堵墙似地挡住商品向前移动，利用输送机对商品的摩擦力推动，使商品沿着挡板表面移动，从主输送机上排出至滑道。平时挡板处于主输送机一侧，可让商品继续前移；如挡板沿横向移动或旋转，则商品就排向滑道。

挡板一般安装在输送机的两侧,和输送机上平面不接触,即使在操作时也只接触商品而不触及输送机的输送表面,因此它对大多数形式的输送机都适用。就挡板本身而言,也有不同形式,如直线型、曲线型,也有的在挡板工作面上装有滚筒或光滑的塑料材料,以减少摩擦阻力。

(2) 滑块式分拣机

滑块式分拣机是一种特殊形式的条板输送机。输送机的表面由金属条板或管子构成,如竹席状,而在每个条板或管子上有一枚用硬质材料制成的导向滑块,能沿条板横向滑动。平时滑块停止在输送机的侧边,滑块的下部有销子与条板下导向杆连接,通过计算机控制,当被分拣的货物到达指定道口时,控制器使导向滑块有序地自动向输送机的对面一侧滑动,把货物推入分拣道口,从而商品就被引出主输送机。这种方式是将商品侧向逐渐推出,并不冲击商品,故商品不容易损伤,它对分拣商品的形状和大小适用范围较广,是目前国内外应用的一种新型高速分拣机。

(3) 浮出式分拣机

浮出式分拣机是把商品从主输送机上托起,从而将商品引导出主输送机的一种结构形式。从引离主输送机的方向看,一种是引出方向与主输送机构成直角;另一种是成一定夹角(通常是30°~45°)。一般前者比后者工作效率低,且对商品容易产生较大的冲击力。

浮出式分拣机大致有两种形式:胶带浮出式分拣机和辊筒浮出式分拣机。胶带浮出式分拣机用于辊筒式主输送机上,将由动力驱动的两条或多条胶带或单个链条横向安装在主输送辊筒之间的下方。当分拣机结构接受指令启动时,胶带或链条向上提升,接触商品后把商品托起,并将其向主输送机一侧移出。辊筒浮出式分拣机用于辊筒式或链条式的主输送机上,将一个或数个有动力的斜向辊筒安装在主输送机表面下方。分拣机构启动时,斜向辊筒向上浮起,接触商品底部,将商品斜向移出主输送机。这种上浮式分拣机,有一种是采用一排能向左或向右旋转的辊筒,可将商品向左或向右排出。

(4) 倾斜式分拣机

条板倾斜式分拣机是一种特殊的条板输送机,商品装载在输送机的条板上,当商品行走到需要分拣的位置时,条板的一端自动升起,使条板倾斜,从而将商品移离主输送机。商品占用的条板数随不同商品的长度而定,经占用的条板数如同一个单元,同时倾斜,因此,这种分拣机对商品的长度在一定范围内不受限制。

翻盘式分拣机由一系列的盘子组成,盘子为铰接式结构,向左或向右倾斜。商品装载在盘子上行走到一定位置时,盘子倾斜,将商品倒入旁边的滑道中,为减轻商品倾倒时的冲击力,有的分拣机能以抛物线状来倾倒商品。这种分拣机对分拣商品的形状和大小可以不拘,但以不超出盘子为限。对于长形商品可以跨越两只盘子放置,倾倒时两只盘子同时倾斜。这种分拣机常采用环状连续输送,其占地面积较小,由于是水平循环,使用时可以分成数段,每段设一个分拣信号输入装置,以便商品输入,而分拣排出的商品在同一滑道排出,这样就可提高分拣能力。

(5) 托盘式分拣机

托盘式分拣机是一种应用十分广泛的机型,它主要由托盘小车、驱动装置、牵引装置等组成。其中,托盘小车形式多种多样,有平托盘小车、交叉带式托盘小车等。

传统的平托盘小车利用盘面倾翻、重力卸载货物,结构简单,但存在上货位置不稳、卸货时间过长的缺点,从而造成高速分拣时不稳定及格口宽度尺寸过大。

交叉带式托盘小车的特点是取消了传统的盘面倾翻、利用重力卸落货物的结构,而在车体下设置了一条可以双向运转的短传送带(又称交叉带),用它来承接上货机,并由牵引链牵引运行到格口,再由交叉带运送,将货物强制卸落到左侧或右侧的格口中。它是当前配送中心广泛采用的一种高速分拣装置。

（6）悬挂式分拣机

悬挂式分拣机是用牵引链（或钢丝绳）作为牵引件的分拣设备。按照有无支线，它可分为固定悬挂和推式悬挂两种机型。前者用于分拣、输送货物，它只有主输送线路、吊具和牵引链是连接在一起的；后者除主输送线路外还具备存储支线，并有分拣、存储、输送货物等多种功能。

悬挂式分拣机具有悬挂在空中、利用空间进行作业的特点。它适用于分拣箱类、袋类货物，对包装物形状要求不高，分拣货物重量大，一般可达100kg以上，但需要专用场地。

（7）滚柱式分拣机

滚柱式分拣机是用于对货物输送、存储与分路的分拣设备，按处理货物流程需要，可以布置成水平形式，也可以和提升机联合使用构成立体仓库。

滚柱式分拣机中的滚柱机的每组滚柱（一般由3～4个滚柱组成，与货物宽度或长度相当）均具有独立的动力，可以根据货物的存放和分路要求，由计算机控制各组滚柱的转动或停止。货物输送过程中在需要积放、分路的位置均设置光电传感器进行检测。当货物输送到需分路的位置时，光电传感器给出检测信号，由计算机控制货物下面的那组滚柱停止转动，并控制推进器开始动作，将货物推入相应支路，实现货物的分拣工作。

滚柱式分拣机一般适用于包装良好、底面平整的箱装货物，其分拣能力强，但结构较复杂，价格较高。

案例 3-3　苏宁第五代智慧物流仓库

苏宁第五代智慧物流仓库，号称亚洲最大的电商仓库，更被誉为"地表最牛"的自动化仓库，本例主要对苏宁的高密度自动存取系统进行了介绍，可对智慧仓储硬件系统建设提供很好的借鉴作用。扩展视频参见二维码010。

（资料来源：物联云仓，2016年10月）

二维码010

本章小结

在对仓储布局进行合理规划的前提下，企业可以投入智能化的硬件设施来提高仓储的运作效率，这些新型硬件设备的使用不仅会提高仓储的自动化水平和物流运作效率，还会给企业带来可观的经济效益。

本章主要介绍了智慧仓储中常用的智能拣选系统、自动存取系统、智能搬运系统和智能分拣系统，重点介绍了这些系统的组成、特点，以及各个系统中主要配套设备如何选型。选择仓储设备时，企业应该根据仓库作业的特点，运用系统的思想，在坚持技术先进、经济合理、操作方便的原则下，结合自身的条件和特点，对设备进行经济性评估，选择经济合理的设备。

本章习题

一、思考题

1. 什么是"货到人"拣选系统？其主要特点有哪些？
2. 简述AGV拣选机器人的作业流程。AGV拣选机器人选型主要参数有哪些？数量如何计算？
3. 穿梭车的主要性能参数有哪些？试举例说明如何选择穿梭车类型。
4. 什么是自动存取系统？其优缺点是什么？
5. 智能搬运系统的结构组成包括哪些？分别该如何选型？

6. 智能分拣系统的特点和优势有哪些？
7. 什么是 GAS？其主要特点有哪些？

二、设计与实训

自动化立体仓库的设备选型

本实训项目将根据智慧仓储硬件系统主要设备的配套选型，结合第 2 章的实训内容，对北领物流黄陂仓的小电仓进行硬件系统优化设计，重点是完成自动存取系统的设备选择、货到人拣选系统的设备选择。

具体内容请参见本书电子版实训指导书。

第 4 章　智慧仓储软件系统建设

学习目标
- 了解智慧仓储软件系统的种类
- 理解和掌握订单管理系统、仓库管理系统、仓库控制系统的组成及特点
- 掌握订单管理系统、仓库管理系统、仓库控制系统的功能模块和工作流程
- 能就企业实际仓库进行简单的软件系统优化配置

导入案例

国药集团建立智能医药物流系统

近年来，中鼎集成与国药黑龙江开展合作，共同建设一整套集仓储、输送、拣选、配送于一体的智能医药物流系统。本例主要对该物流系统的储存系统、拣选系统和软件系统进行了介绍，说明了软件系统对整个物流系统运作管理的重要性。扩展视频参见二维码011。

二维码011

（资料来源：百度网，2021年8月）

智慧仓储系统操作简单、功能实用，对系统使用者的要求较低，只需具备计算机操作基础，就能够使用本系统进行仓储管理工作。智慧仓储系统具有强大的事件集中收集分析和处理能力，可适用于多种电子标签的电子芯片读写器，能够同时自动读取大量物资信息，并及时生成出入库单据，进行有效信息过滤和分析。智慧仓储系统动态读取 RFID 标签信息，利用图表等展示形式显示读取状态，对异动数据进行提示告警，同时能实现对物品生命周期管理的智能化和可视化，从而实现方便快捷且真实可信的无纸化办公。

4.1　订单管理系统

订单管理系统（Order Management System，OMS）是供应链管理（SCM）系统的一部分，通过对客户下达的订单进行管理及跟踪，动态掌握订单的进展和完成情况，提升物流过程中的作业效率，从而节省运作时间和作业成本，提高物流企业的市场竞争力。

4.1.1　订单管理系统的结构

订单管理系统以订单为主线，对具体物流执行过程实现全面和统一化的计划、调度和优化，可以满足订单接收、订单拆分与合并、运送和仓储计划制订、任务分配、物流成本结算、事件与异常管理及订单可视化等不同需求。OMS 与 WMS、TMS 物流执行模块紧密结合，可大幅提升供应链物流执行过程的执行效率，有效降低物流成本，并帮助实现供应链执行的持续优化。

订单管理系统是专门为在线电商公司中的第三方商家提供的订单管理系统，是一个从用户下单，到订单出库、配送、退换货、评价等订单全生命周期的订单管理平台。订单管理系统的设计与使用是基于海量订单数据的环境，使用大数据的离线实时计算等技术实现订单数据的监控管理，并应用机器学习算法为第三方商家提供专业的评级体系。订单管理系统在保证平台实现传

订单管理的基础功能上,从海量数据中为平台管理人员和入驻商家提供更加专业的订单数据管理、分析与使用,使得电商公司能更好地利用订单数据,提升服务质量,提高电商企业信息管理水平。

通过与平台运营人员及第三方入驻商家的沟通,可将系统中的角色分为两类:一类是电商平台运营人员;另一类是入驻商家。系统业务用例根据场景可以分为订单报表管理、订单出库管理、订单售后管理、商家数据管理、出库实时数据管理五大功能。系统结构如图4-1所示。

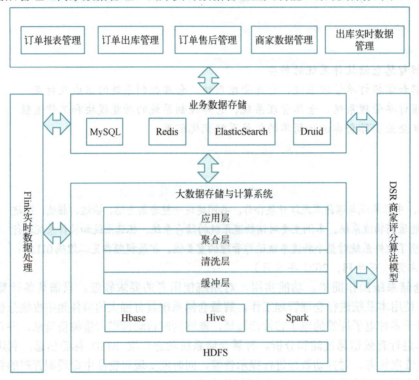

图 4-1　订单管理系统结构

4.1.2　订单管理系统的特点

订单管理系统具有以下 7 个特点,其中前 3 个是功能性需求特点,后 4 个是非功能性需求特点:

1. 多渠道灵活的订单接收与处理

从订单的接收过程进行一系列的校验,可配置不同的校验规则,以及有效性校验,包含信控校验、与 WMS 相关的库存校验、合同范围校验等。

2. 订单拆并策略

可针对订单进行手动或自动的订单拆并策略配置及执行,并可以按照客户、项目、仓库、订单类型等多维度执行。

3. 全局订单可视化跟踪

可以对订单进行灵活事件配置,以及订单的全部节点可视化跟踪。

4. 系统稳定性

系统稳定性指的是系统能按照预期稳定运行,对于订单管理系统则是需要满足每天能稳定产出数据,供平台管理人员查看。系统需要保证 7×24 小时的正常运营,部分服务器的故障不应该导致系统的不可用。

5. 系统易用性

系统易用性注重的是系统使用者的用户体验。系统的设计逻辑应该清晰，人机交互逻辑应该符合主流软件的设计思路。保证系统在设计出来之后不需要长期耗费时间向产品使用者解释如何使用该产品。

6. 可扩展性

由于系统对应的业务的发展是无法预期的，也无法提前制定出一套不需要经历变更的系统来满足以后会遇到的需求，因此，可扩展性是在软件开发之初需要解决的问题。可扩展性好的系统使得后续的软件开发人员能快速熟悉系统，并按照前期的设计快速满足需求，减少软件开发成本，保证软件的稳定性。

7. 可用性

可用性是软件上线前必须满足的需求。软件系统的可用性指的是软件开发完成后，其需要满足设计之初的功能需求，如按照前期需求展示正确的数据、处理流程、指定时间内返回数据等。不满足可用性的软件是没法交付使用的。

软件的非功能性需求指的是在满足基本功能的基础之上，按照软件工程的设计思路所满足的一系列软件规范。满足这些设计规范的软件系统在后续的开发、维护上能节省人力、物力。一个设计良好的软件系统需要严谨的非功能性需求的设计与实现。

4.1.3 订单管理系统的功能模块

订单管理系统的主要功能是通过统一订单提供用户整合的一站式供应链服务，订单管理及订单跟踪管理能够使用户的物流服务得到全程满足。

订单管理系统是供应链管理链条中不可或缺的部分，通过对订单的管理和分配，使生产管理、采购管理、仓储管理和运输管理有机结合，稳定有效地实现供应链管理中各个环节充分发挥作用，使仓储、运输、订单成为一个有机整体，满足物流系统信息化的需求。订单管理系统的功能模块如图4-2所示。

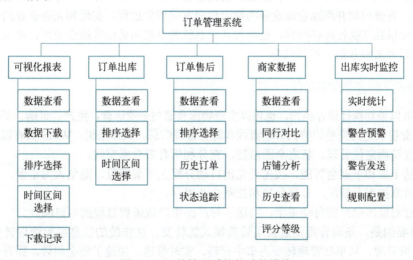

图4-2 订单管理系统的功能模块

（1）可视化报表模块

该模块主要为平台管理人员如运营人员提供对应行业的订单量在指定时间区间内的变化趋势，支持运营人员选择其行业下细分的下一级行业的详细数据查看，同时帮助运营人员快速定位，发现问题，为其提供对应行业的店铺信息。在店铺详细数据部分，运营人员可以按照选择的维度进行排序，查看 TOP 商家的订单数等信息，并支持数据报表下载。

（2）订单出库模块

该模块提供的是订单出库相关数据，在该模块中，平台管理人员可以查看小时、天、周、月等级别的订单出库数量。与可视化报表模块相似，平台管理人员可以查看其对应行业下店铺出库订单数据。

（3）订单售后模块

该模块与订单出库模块相似，为平台管理人员提供订单售后相关数据。管理人员可以选择对应行业下的数据，也能查看店铺维度数据。同时，该模块支持平台管理人员查看指定订单的处理状态。

（4）商家数据模块

商家数据模块为商家提供其店铺相关数据，包括订单各个状态的数据，并为商家提供相关行业的分析，帮助商家提升服务质量。在允许商家查看其历史订单数据的同时，也根据商家的历史订单为商家分析其对应的评分等级。

（5）出库实时监控模块

该模块为电商平台提供实时出库订单监控，并将统计结果存入数据库，配合后台进行展示。同时为系统提供开关，在淡季或订单量不大的情况下，可以提供关闭实时统计功能。

4.2 仓库管理系统

仓库管理系统（Warehouse Management System，WMS）是指对物品入库、出库、盘点及其他相关仓库作业、仓储设施与设备、库区库位等实施全面管理的计算机信息系统（根据《物流术语》（GB/T 18354—2021））。它是通过入库业务、出库业务、仓库调拨、库存调拨和虚仓管理等功能，对批次管理、物品对应、库存盘点、质检管理、虚仓管理和即时库存管理等功能综合运用的管理系统，有效控制并跟踪仓库业务的物流和成本管理全过程，实现和完善企业的仓储信息管理。该系统可以独立执行库存操作，也可与其他系统的单据和凭证等结合使用，可提供更为完整的企业物流管理流程和财务管理信息。

4.2.1 仓库管理系统的特点

WMS 可以独立执行库存操作，也可以实现物流仓储与企业运营、生产、采购、销售智能化集成，可为企业提供更为完整的物流管理流程和财务管理信息。具体来说，WMS 具有以下特点：

1）库位精确定位管理、状态全面监控，充分利用有限仓库空间。
2）货品上架和下架全智能，按先进先出自动分配上下架库位，避免人为错误。
3）实时掌控库存情况，合理保持和控制企业库存。
4）通过对批次信息的自动采集，实现了对产品生产或销售过程的可追溯性。

更为重要的是，条码管理促进公司管理模式的转变，从传统的依靠经验管理转变为依靠精确的数字分析管理，从事后管理转变为事中管理、实时管理，加速了资金周转，提升供应链响应速度，这些必将增强公司的整体竞争能力。

4.2.2 仓库管理系统的功能模块

WMS 是智慧仓储的管理中心，承担出入库管理、盘库管理、查询打印及显示、仓库经济技术指标计算分析管理功能。WMS 的基本功能如图 4-3 所示。

图 4-3　WMS 的基本功能

WMS 可实现以下功能：

1）系统可满足为 2C（商家对顾客）业务服务的国内电商仓、海外仓、跨境进口 BBC 保税仓，以及为 2B（商家对商家）业务服务的各类仓库业务管理需要。

2）系统可支持多仓协同管理，并针对单仓进行个性化流程配置，根据 2B、2C 业务需要，实现简单管理和精细化管理。

3）系统可提供收货、入库、拣货、出库、库存盘点、移库等各种仓库操作功能。

4）系统可提供多样化策略规则，实现智能分仓、智能上架、智能拣货。

5）系统可支持自动识别技术，与自动分拣线、自动拣货小车等物流辅助设备集成，提高仓库作业自动化水平。

6）系统指引仓库人员作业，作业效率更高，同时减少了人为差错。

7）仓库管理模式以系统为导向，可确保库存的准确率，操作效率高。合理控制库存，提高资产利用率，降低现有操作规程和执行的难度。

8）易于制订合理的维护计划，数据及时，成本降低，为管理者提供正确的决策依据。

当然，不同的软件公司开发出的 WMS，其功能也会有差异。

4.2.3　仓库管理系统软件的选购

随着社会经济的快速发展，高新技术不断涌现，现代物流企业的竞争越来越激烈，对管理的需求也越来越高。因此，选择一款合适的 WMS 软件成为现代物流企业的助攻"利器"。市场上的 WMS 软件供应商非常多，有些是专门从事项目开发的，有些是专注于研发的。因此，企业在选购 WMS 软件时，可以从以下几个方面来考虑：

（1）供应商选择

任何系统都是在不断吸取各种各样客户经验的基础上，加上开发人员的辛勤努力及测试人员严格把关之后不断发展出来的，因此，企业在选择仓库管理系统软件时，要细心调查软件供应商的客户经验所来自的行业。每个供应商都会有其专注的行业，最好选择在仓储物流行业里专注于研发的企业。

（2）需求梳理

这里将需求分为两类：一类是企业目前在仓库管理中遇到的问题；另一类是企业存在的一些潜在问题。

1）梳理企业现有管理问题。这类问题主要是出现在具体业务管理中，例如，收货、拣货和运输常常出错；放错储位或货物丢失，以致需要很长时间查找货物；记录方式比较落后，依然需要手工进行；存在批次跟踪难和货架使用率低的问题；仓库空间利用率低等。这些问题都是仓库管理过程中的常见现象，都是非常影响仓储作业效率的，梳理的时候一定要把类似的问题都想好。

2）梳理企业潜在问题。这类问题通常被发现于流程的优化过程中，一般通过 WMS 设计不断清晰明朗化，通过问题的不断发现与解决，如此迭代进行。对于潜在问题的梳理应当遵循立足于自身问题、分阶段实施的原则。

（3）降低实施成本

国内 WMS 软件供应商众多，每家供应商都各有自身的特色，同时每家供应商的定位不一样，对行业的理解不一样，软件优势所体现的行业也不一样。因此，企业在选择软件供应商时，应该按照自身的实际情况和费用预算进行对比选择。

另外，在系统正式实施之前，需要企业认知并做到以下两点：

1）要逻辑地细化管理理念，使之与 WMS 的详细设计相契合，调和技术实现上的差异，这是信息化执行实施的直接前提保障。

2）在实施过程中，要不断调整员工观念，积极地与供应商不断交流，以实现有效的系统设计。

4.3 仓库控制系统

仓库控制系统（Warehouse Control System，WCS）是介于 WMS 和可编程逻辑控制器（Programmable Logic Controller，PLC）之间的一层管理控制系统，可以协调各种物流设备如输送机、堆垛起重机、穿梭车及机器人、自动导引车等物流设备之间的运行，主要通过任务引擎和消息引擎，优化分解任务、分析执行路径，为上层系统的调度指令提供执行保障和优化，实现对各种设备系统接口的集成、统一调度和监控。

WCS 是位于仓库管理系统（WMS）与物流设备之间的中间层，负责协调、调度底层的各种物流设备，使底层物流设备可以执行仓储系统的业务流程，并且这个过程是按照程序预先设定的流程执行，是保证整个物流仓储系统正常运转的核心系统。

4.3.1 仓库控制系统的特点

WCS 具有以下显著特点：

1）明确了 WMS 与设备无关的概念，结构清晰，易于维护。
2）理清了 WMS 与监控系统的职责，各司其职，避免交叉。
3）对于大型物流中心，大大减少了联合调试的时间。
4）系统稳定性大大加强。
5）便于远程部署 WMS，尤其是云端系统的部署变得可行。

WCS 是智慧仓储的控制中心，沟通并协调管理计算机、堆垛起重机、出入库输送机等的联系；控制和监视整个智慧仓储的运行，并根据管理计算机或自动键盘的命令组织流程，以及监视现场设备运行情况和状态、货物流向及收发货显示。

WCS 是仓库内各种设备、子系统密切配合，完成一个完整的仓库作业的前提。

WCS 根据任务拆分后的步骤，可同时调度所有设备，节省人力，使仓库运行效率最大化。WCS 在拆分 WMS 任务时，通过特定的算法来合理地将仓库资源分配给各子系统，提高仓库资源利用率。

WCS 统一监测仓库内所有设备的运行状态，方便管理、维护，同时为仓库的优化升级提供参考信息。

4.3.2 仓库控制系统的功能模块

WCS 与上位系统对接，实现设备智能调度与控制管理，WCS 接收 WMS 的作业指令，经过整理、组合形成各自动化系统的作业指令，分发给各自动化系统。同时，接收各自动化系统的现场状态，反馈给 WMS。WCS 的主要功能包括任务管理、设备调度、设备监控、物流监控、故障提示、运行记录等。

1）任务管理：接收 WMS 传递的物流任务计划，并实时反馈任务状态。

2）设备调度：协调输送系统与设备之间的运行，完成 WMS 下达的任务，并能调度输送设备回到初始位置。

3）设备监控：实时监控与 WMS 的连接状态，监控物流设备的运行状况与任务执行情况，实现执行过程实时模拟。

4）物流监控：物品状态的在线查询，通过设备编号来查询、显示相应的物品信息和设备信息。

5）故障提示：设备出现故障时，单击设备图标，可以查看故障原因。

6）运行记录：详细记录设备运行情况，包括对设备通信的记录、设备故障记录及操作记录。

仓库中的各种设备和子系统各自负责仓库作业流程中的一个环节，当 WMS 下发一个任务时，WCS 将这个任务拆分为多个步骤，分别控制每个设备和子系统，配合完成这个任务。WMS 一般会根据生产或发货计划，在特定的时间批量下发任务到仓库，WCS 接收到多个任务后，其任务引擎会将所有任务根据执行步骤拆分为许多子任务，一旦某个子任务满足执行条件，WCS 就控制负责这个环节的设备或子系统来完成这个动作，从而实现 WMS 任务的并行执行。

WMS 与 WCS 的关系如图 4-4 所示。

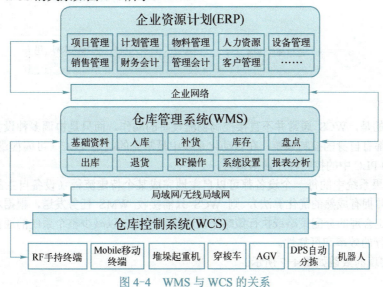

图 4-4　WMS 与 WCS 的关系

4.3.3 仓库控制系统的运行原理

WCS 的作用主要是通过与物流设备建立某种通信协议，协调、调度自动仓储系统中的各种物流设备。要达成这一目标，必然要和这些设备建立某种通信机制。WCS 分层控制如图 4-5 所示。

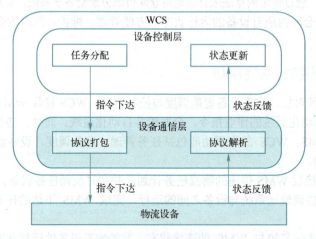

图 4-5　WCS 分层控制

要建立这种通信机制，首先应解决 WCS 与底层物流设备之间的通信问题。这就要与每种设备间建立一种通信协议，即通常所说的接口协议。通信协议是一种逻辑结构，主要包括图 4-6 所示的关键点。

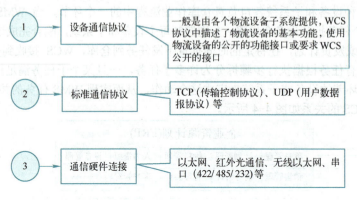

图 4-6　通信协议的关键点

需要注意的是，WCS 通常并不直接控制物流设备的动作，而只是协调多种设备的工作。因为每一个设备都有自身的控制系统，在自动化系统中最常见的就是 PLC（可编程逻辑控制器），WCS 只需要和 PLC 中的控制程序通信即可。

其次，如果系统中的每一个设备都可以自主地完成某个特定流程（设备自主的控制程序相对比较稳定，并拥有成熟的优化算法），则 WCS 只需接收 WMS 任务发送，根据本库房作业流程的特点，制定合理的分配策略或执行策略来发送协调指令，以减少整个系统的通信量，从而提升整个系统运行的效率和可靠性。

WCS 可实现的效益如图 4-7 所示。

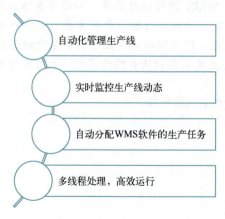

图 4-7　WCS 可实现的效益

案例 4-1　艾酷鞋业成功上线 WMS

艾酷鞋业通过 WMS 管理系统的成功上线，极大地提高了物流的效率，降低物流的成本。本例对艾酷鞋业仓储变革的主要措施进行了介绍，是物流软件系统应用的成功案例。扩展视频参见二维码 012。

二维码 012

（资料来源：智能仓储管理实战手册，2020 年 1 月）

本章小结

OMS 以订单为主线，对具体物流执行过程实现全面和统一化的计划、调度和优化，可以满足订单接收、订单拆分与合并、运送和仓储计划制订、任务分配、物流成本结算、事件与异常管理及订单可视化等不同需求。WMS 可以独立执行库存操作，也可以实现物流仓储与企业运营、生产、采购、销售智能化集成，可为企业提供更为完整的物流管理流程和财务管理信息。WCS 的作用主要是通过与物流设备建立某种通信协议，协调、调度自动仓储系统中的各种物流设备。要达成这一目标，必然和这些设备建立某种通信机制。OMS 与 WMS、TMS 物流执行模块紧密结合，可大幅提升供应链物流执行过程的执行效率，有效降低物流成本，并帮助实现供应链执行的持续优化。

本章习题

一、思考题

1. 什么是 OMS？其主要特点有哪些？
2. 简述 OMS 的功能模块。
3. 什么是 WMS？其主要特点和功能模块是什么？试举例说明如何选购 WMS 软件。
4. 什么是 WCS？其主要特点是什么？
5. 试论述 ERP、WMS、WCS 三者之间的关系。

二、设计与实训

自动化立体库 WMS 的优化

作为自动化立体仓库的 WMS 系统，除了要求具备普通的 WMS 功能外，还有很多特别之处。比如组盘要求、货位均衡、实时性要求、故障处理、在线拣选、货位锁定、与 WCS

的接口等。自动化立体仓库 WMS 的特性有很多，如盘库策略和方法、货位的优先级管理、双深度货位管理等，需要开发设计时在功能上予以考虑。本实训项目将根据智慧仓储软件系统的功能模块、特性等知识点，对北领物流黄陂仓的小电仓进行软件系统选型，使学生熟悉和掌握 WMS、WCS 系统的主要功能模块和操作流程，也可以考虑自己设计一些模块出来，进行流程优化。

具体内容请参见本书电子版实训指导书。

第 5 章 智慧仓储作业管理

学习目标
- 理解货物入库的基本作业程序
- 掌握智慧仓货物进货位流程
- 掌握货物出入库过程中的问题及处理方法
- 掌握货物出入库中应做的准备工作
- 掌握货物验收和盘点的方式方法
- 了解货物在库保养基本措施

导入案例

日日顺为用户提供高效物流方案

日日顺物流黄岛智能仓是国内首个大件物流立体智能仓,并于 2018 年结合目前业务情况做了重新升级改造。本例主要介绍了其先进管理理念及智能化设备,实现了物流作业的高效率、低成本,为客户创造价值。扩展视频参见二维码 013。

二维码 013

(资料来源:青岛新闻网,2018 年 11 月)

智慧仓储的管理和调度中,自动化设备、无人机、智能识别等智慧化手段可以实现库存的优化和控制,提高物流链的反应速度。智慧仓储内,应用自动化技术可超越人工的作业效率并降低差错率;无人化技术则能实现仓内各种工作区域的无障碍连接,还可以平衡订单流量不稳定带来的人工成本过剩。这些都能在仓库管理系统的调配下快速、准确地运作,且出错率低,操作权责分明,机器运作可实现 24h 无休运作,可以适应各种黑暗、低温的特殊环境,既可保管普通品,也能保管特殊品,不仅实现了效率增长,还极大地提升了分拣的精确度。

5.1 智慧仓储入库管理

智慧仓储是一个货物仓库管理系统平台,也是工业互联网的一个重要应用场景,对于实现各类仓储产品的信息化管理、提高仓储管理整体运行效率、优化消费者体验具有重要作用。通过固定式读写器、RFID 手持设备及各类智能硬件和大数据技术的智慧协同,管理者可以动态监测产品出入库流向,保障产品存放地点的安全,更高效地完成业务订单。

入库作业是指仓储部门按货物存储的要求,合理组织人力、物力等资源,按照入库作业流程,认真履行入库作业各环节的职责,及时完成入库任务的工作过程,入库业务是整个仓储业务流程的开始。根据不同的管理策略、货物属性、数量及现有库存情况,设定货物堆码顺序建议,有效地利用现有仓库容量,提高作业效率。

仓库入库管理包含采购入库、生产退料入库、完工入库、成品客退入库、其他入库等。其中,采购入库根据采购单生成采购入库单,数据来源为采购单;生产退料入库根据物品生成退料入库单,数据来源为退料物品;完工入库根据生产工单生成完工入库单,数据来源为工单;成品客退入库根据实际客退产品料号生成客退入库单，数据来源为产品料号；其他入库根据实际入库物品生成对应的单据。

智慧仓库的入库作业流程主要包括入库的准备工作、接运卸货、办理交接、入库验收、组织入库等环节，每个环节中所使用的智能设备通过网络将实时采集到的数据信息发送到仓库后台，后台进行入库信息的实时更新，具体流程如图5-1所示。

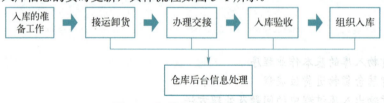

图5-1　智慧仓库入库作业流程

5.1.1　入库的准备工作

在智慧仓储管理活动中，仓库管理系统（WMS）根据录入的仓储保管合同和物品相关信息，系统自动编制物品入库作业计划，即物品入库数量和入库时间进度计划，主要包括入库物品的品名、种类、规格、数量、计划入库日期、所需仓容、仓储保管条件等。在WMS接收到"收货通知单"或"入库通知单"（见表5-1）时，WMS进行人工智能（AI）审单，确认单证有效且无误后，在物品送达之前，自动发送邮件与采购部门或供应商联系，了解物品入库应准备的凭证和相关技术资料，如物品的性质、特点、保管事项等，尤其是新物品或不熟悉的物品更要加以注意，并保证录入WMS的相关信息准确无误，以便自动识别装备的数据写入。在此基础上，WMS编制具体的入库工作进度计划，并定期跟进入库计划的落实工作，随时做好物品入库的准备工作。

表5-1　入库通知单

仓库名称：　　　　　　　　　　　　　　　　　　　　　　　　　　　年　　月　　日

批次						
订单号			到货时间			
客户指令号			订单来源			
客户名称			质量			
入库方式			入库类型			
序号	货品编号	名称	单位	包装规格/mm	申请数量	实收数量	备注
			合计				

制单人：　　　　　　　　　送货员：　　　　　　　　　仓管员：
请在　　年　　月　　日之前完成入库

做好入库前的准备工作是保证准确迅速入库的重要环节，也是防止出现差错、缩短入库时间的有效措施。入库前的准备工作主要包括以下几项内容：

1）组织人力。WMS 根据物品送达的时间、地点、数量、接运方式等信息，判断是否需要安排工作人员，如需安排工作人员，根据需要安排合适数量的人员，做好到货接运、检验等工作，并编制好人力安排表（见表 5-2），下发到相关部门，以保证货物到达后，人员及时到位。

表 5-2 人力安排表

编号：　　　　　　　　　　　　　　　　　　　　　　　　　　　　日期：　　年　　月　　日

订单号	物品名称及数量	到货时间	人员安排	接收负责人	接收日期

仓储部：　　　　　　　　　　　　　　　　　　　　　　　　　　　　品质部：

2）设备及器具准备。WMS 根据接收物品的种类、包装、数量及接运方式等信息，判断搬运、检验和计量的方法，合理配备所需车辆、检验和计量器具、装卸搬运和堆码的设备、隔离苫垫的材料及必要的防护用品，并将相关内容记入表 5-3，下发到相关部门。

表 5-3 接收物品时的设备及器具安排表

订单号	物品名称及数量	到货时间	接收车辆	检验设备	接收负责人	接收日期

仓储部：　　　　　　　　　　　　　　　　　　　　　　　　　　　　品质部：

3）划分物品存放位置。WMS 综合考虑仓库的类型、规模、经营范围、用途，以及物品的品种、数量、存储时间、自然属性、保养方法等，结合物品的堆码要求核算所需的货位面积，确定具体存放位置。常见的划分物品存放位置的方法主要有五种，见表 5-4。WMS 应根据物品的实际情况选择合适的物品分类存储方法，或事先根据仓库的性质确定分类存储的方法。WMS 对物品进行智能分配储位。

表 5-4 物品分类存储的划分方法

分类方法	含　义
按物品的种类和性质分类存储	大多数仓库采用的分区分类存储方法，即按照物品的种类及性质进行分类存放，便于物品的保管与养护
按物品的危险性质分类存储	主要用于存储危险品的特种仓库，即按照物品的危险性质，对易燃、易爆、易氧化、有毒害性、有腐蚀性、有放射性的物品进行分类存放，避免相互接触引发事故
按物品的归属单位分类存储	主要用于专门从事保管业务的仓库，即按照物品所属单位对其进行分区存放，从而提高物品出入库效率，减少不同客户物品管理差错的发生
按物品的运输方式分类存储	主要用于存储期短而进出量大的中转仓库或转运仓库，即按照物品的发运地及运输方式进行分类存储
按物品存储作业特点分类存储	根据物品存储作业时具体的操作方法，将物品进行分类存储，如将进出库频繁的物品严格按照"先进先出"的原则存储于车辆进出方便、装卸搬运容易、靠近库门的区域

4）整理物品存放区域。在确定物品的具体存放位置后，为了便于物品的存放及保养，应对相应的区域进行适当的整理工作，包括保证存放空间可得、现场清洁卫生及充足的苫垫用品等。智慧仓可以通过监控了解相应区域的情况，然后根据情况判断是否需要人工干涉，一般智慧仓储的储位和苫垫可定期进行清理。

5.1.2 接运卸货

接运卸货是物品或货物入库和保管的前提,即使是智慧仓库,其货物到达仓库的形式也不同,除了一部分是由供货单位直接运送到仓库交货,更多地需要经过多种运输方式进行转运。仓储单位只有在接运时弄清楚入库物品在接收之前是否发生过一些意外情况,如碰撞、规格不符、数量不符等,认真核查,初步查验,才能接收物品并验收入库。

接运地点不同,接运方式大致可分为4种类型。

(1) 专用线接货

专用线通常是指铁路专用线,由企业或其他单位管理的与国家铁路或者其他铁路线路接轨的岔线。虽然专用线的修建是为了解决企业或单位内部的运输,但其本身仍是国家铁路运输网的一个组成部分,所以部分铁路专用线也开展共用,即吸引运输铁路专用线周围的货物,这样可以缓解铁路运输压力,充分利用专用线的能力,节约铁路建设资源,同时为货主和专用线所有的企业均带来便利,有利于提高综合交通效率,对提升经济社会效益也具有重要作用。专用线一般运输的是大宗物资,而专用线接货是指在专用线沿线设置的站点接收货物的方式。

通常,如果是整车货物,则一车一个货位,车辆进入专用线后,调车组在货运员的指导下对货位,目的是减少设备走行时间,避免作业交叉干扰。对好货位后,为了防止误卸和划清货物运输事故责任,需要做好卸车前的检查工作,卸车时为了给后续的货物验收和保管提供便利,需要注意一些事项,见表5-5。

表5-5 卸车前的检查内容及卸车时的注意事项

卸车前的检查内容	卸车时的注意事项
核对车号	要按车号、品名、规格分别堆码,做到层次分明,便于清点,并标明车号及卸车日期
检查车门、车窗有无异状,铅封是否脱落、破损或印文不清、不符等	注意外包装的指示标志,要正确勾挂,升降轻放,防止包装和货物损坏
货物名称、件数与货物运单上填写的名称、件数是否相符	妥善处理苫盖,防止受潮和污损
对盖有篷布的敞车,应检查覆盖状况是否严密完好,尤其应查看有无雨水渗漏的痕迹和破损、散捆等情况	对品名不符、包装破损、受潮或损坏的货物,应另外堆放,写明标志,并会同承运部门进行检查,编制记录

卸车后,检查车内货物是否卸净,关好车门、车窗,通知车站取车。做好卸车记录(见表5-6),记录清楚卸车货位、货物规格、数量等,连同有关证件和资料尽快通过移动智能设备上传至WMS,并转发至保管人员或验收人员,使其清楚掌握接货情况,办好内部交接手续。

表5-6 卸车记录

到货日期		发站		车号		
卸车日期		收货人		运单号		
				运输号		
品名		数量		存放地点		存放单位
外包装情况			验收动态	配单日期	验完日期	天数

调运员: 卸车班组长: 保管员:

(2) 车站、码头提货

车站、码头提货是针对货物由铁路、水运等运输部门转运而来的,需要仓库到目的车站或码头接收的一种接货方式。采用这种方式接运时要求仓库的提货人员对所提取的货物有所了解，如品名、规格、型号、特性、一般的保管知识及装卸搬运注意事项等；提货前安排好装卸运输工具、准备好存放场地等，做好接货的准备工作；货到前，及时主动了解到货时间、交货时间和地点等情况，并根据到货情况，由 WMS 组织安排接货所需人员、器具和车辆，按时前往提货。

提货时根据运单和仓库所掌握和提供的资料认真核对货品名称、规格、数量、包装、收货单位等，并仔细进行货物外观检查，如包装是否完好，有无水渍、油污、破损、短少、受潮等。如有疑问，或与运单记载内容不符的，应当及时会同承运部门共同查清原因，分清责任。若是承运部门的责任，必须填写"货运记录"，作为向承运部门索赔的依据；若是其他部门的责任（如发货单位），由承运部门填写"普通记录"，并由货运员签字证明情况。

提货后，货物由提货人员负责押运到库，到库后，提货人员应及时将运单上传至 WMS，并通过仓库的智能设备对提取回来的货物进行清点入库，办理交接手续和提货任务完结程序。

（3）到供货单位提货

这种接货方式是指仓库受货主委托直接到供货单位提货，一般需要将接货和检验工作结合起来同时进行。WMS 收到货主的提货通知后，根据通知所提供的货物规格、数量、性能等信息，安排提货所需的人员、设备及器具，并配置相应的检验人员当场清点数量、检验质量，做好验收记录。提货后，及时将接货相关的货物信息上传至 WMS，货物到库后，将提取的货物入库。

（4）库内接货

这种接货方式是指承运单位或供货单位直接将货物运送到存储仓库。当货物送到仓库时，送货员与保管员直接办理交接手续，当面验收并做好记录，若有差错，应填写记录，送货人签字证明，仓库根据记录向有关责任部门提出索赔。

5.1.3 办理交接

物品到库后，智慧仓的 WMS 进行电子审单，检查入库凭证，根据入库凭证开列的收货单位、货品名称、数量和规格等与送交的商品进行智能核对，核对无误后，再进行下一道工序。货物完成卸货后，可根据货物的品种和类型进行分类，然后对其进行电子标签的粘贴。一般电子标签的粘贴以成箱物品或托盘为单位，便于后续的管理。完成电子标签的粘贴后，统一对其进行数据初始化，即货物电子标签的数据录入，这一步工作应结合商品包装二维码及供货单位提供的相关数据信息，使用固定自动识别标签读写器或者手持自动识别读写器完成。

完成电子标签的粘贴和数据录入后，为了对到货情况进行粗略的检查，可进行初步检查验收，其工作内容主要包括数量检验和包装检验。可通过质检区域固定的自动识别读写设备分批分类对货物的数量、电子标签的信息与供应商的供货数据和仓库采购数据进行核对，同时，也可以通过智能摄像头判断货物外包装情况，判断是否存在破损、污染、水湿、渗漏等异常情况，当货物数量规格、外包装等确认无误后才允许入库，如出现异常情况，则发出警报，进一步检验核对，方可入库。

入库物品经过以上几道工序后，才可以与送货人员办理交接手续。如果在以上工序中无异常情况出现，收货人员在送货单（见表 5-7）上签字盖章表示商品收讫。如发现异常情况，必须在送货单上详细注明并由送货人员签字，或者由送货人员出具差错、异常情况记录等书面材料，作为事后处理的依据。双方签字后的送货单应转换为电子文件上传到 WMS，或在双方确认时进行电子签名，以便双方对货物情况的信息化和智能化管理。

表 5-7 送货单

送货单位：		日期： 年 月 日		编号：	
客户信息					
客户单位			客户地址		
货物信息					
货品名称	包装		数量	单位	实收数量
客户验收意见					

送货人： 　　　　　　　　　　　　　　　　　　　　　　收货人（盖章）：

5.1.4 入库验收

在办完商品交接手续后，仓库对入库商品还要做进一步的验收工作。对商品验收的基本要求是"及时、准确、严格、经济"，即要求在规定的时间内，以严肃认真的态度，合理组织调配人员与设备，以经济有效的手段对商品的数量、质量、包装进行准确细致的验收工作，这是做到存储商品准确无误和确保商品质量的重要措施。如果仓库或业务检验部门在规定的时间内没有提出商品残损、短少或质量不合格等问题，则存货方认为所提供的商品数量、质量均符合合同要求，双方的责任已清，不再承担赔偿损失的责任。因此，仓储企业必须在规定的时间内，准确无误地完成验收工作，对入库商品数量和质量等情况进行确认，并将检验报告形成电子档形式保存至 WMS 中。

1. 入库验收的概念

入库验收是按照验收业务作业流程，根据合同或标准的规定要求，对入库商品进行数量和质量检验的经济技术活动的总称。入库验收的基本流程包括验收准备、核对凭证、实物验收和验收过程中发现问题的处理 4 个环节。

2. 商品验收的作用

所有到库的商品必须在入库前进行验收，验收合格后才能正式入库，商品验收的作用主要表现为以下几个方面：

（1）验收是做好货物保管保养的基础

商品验收的必要性体现在以下两个方面：一方面，各种到库商品来源复杂，渠道繁多，从结束其生产过程到进入仓库前，经过多种运输、搬运、装卸、堆垛等作业，受到雨淋、水湿、沾污或操作不慎，以及运输中振动、撞击的影响，质量和数量可能已发生某种程度的变化；另一方面，各类商品虽然在出厂前都经过了检验，但有时也会出现失误，造成错检或漏检，使一些不合格货物按合格货物进行交货。所以，只有在货物入库时，通过验收将货物实际状况弄清楚，判明货物的品种、规格、质量等是否符合国家标准或供货合同规定的技术条件，数量是否与供货单位附来的凭证相符，才能分类分区按品种、规格分别进行堆码存放，才能针对货物的实际情况，采取相应的措施对在库货物进行保管及保养。

（2）验收记录是仓库提出退货、换货和索赔的法律依据

商品验收过程中，若发现商品数量不足，或者规格不符，或者质量不合格，仓库检验人员应做出详细的验收记录，由业务主管部门向供货单位提出退货、换货或向承运责任方提出索赔等要求。倘若商品入库时没有进行严格的验收，或者没有相应的验收记录，而在保管过程中，甚至在发货时才发现问题，就会出现责任不明，给企业带来不必要的经济损失。所以，商品只有经过严格的检验，在分清了商品入库前供货单位及各个流转运输环节的责任后，才能将符合合同规定、符合企业生产需要的商品入库。

（3）验收是避免货物积压、减少经济损失的重要手段

保管不合格品是一种无效的劳动。对于一批不合格商品，如果不经过检查验收，就按合格商品入库，必然造成积压，增加库存成本；对于计重货物，如果不进行检斤验数，就按有关单据的供货数量付款，当实际数量不足时，就会造成经济损失。

（4）验收有利于维护国家、企业利益

近年来，我国经济与世界经济的联系日益紧密，进口商品的数量和品种不断增加。对于进口商品，因国别、产地和厂家等情况更为复杂，必须依据进口商品验收工作的程序与制度，严格认真地做好验收工作，否则，数量与质量方面的问题不能得到及时发现，若超过索赔期，即使发现问题，也难以交涉，从而给国家、企业带来严重的经济损失。对外提出索赔时，需要有商检部门的证明及验收报告、对外贸易合同、国外发货票据、装箱单、质量证明书及运单等。同时，在索赔期内应妥善保管物资，以备商检部门或供货方复验。

3. 商品验收的标准和方式

（1）商品验收的标准

商品需要达到预定的验收标准才能准许入库，在验收时，基本可按三项内容进行检验，即采购合约或订购单所规定的条件、以谈判时对方提供的合格样品为标准，以及国家相关产品的品质标准。

（2）商品验收的方式

商品验收主要有全数检验和抽样检验两种方式，具体验收方式和有关程序应由存货方和保管方共同协商，并在合同中加以明确。

所谓全数检验，是指对于批量小、规格尺寸和包装不整齐及要求严格验收的货物，必须对所有货物全部进行检验的一种方式。它需要消耗较多的人力、物力和时间，但是可以保证验收质量，因此原则上货物验收应采用全数检验的方式。

所谓抽样检验，是指借助数理统计方法，从一批商品中，随机地抽取部分商品进行检验，根据抽取商品的质量情况，判断整批商品的质量状况，从而决定该批商品质量是否合格的一种商品检验方式。一般情况下，当商品批量过大、规格尺寸和包装完好、质量信誉较高时，当时间紧迫或力量不足时，当全数检验所需费用过高时，当检验商品必须破坏被检物或有损于被检物的使用价值时，均可采用抽样检验。特别是进行商品的理化性能检验时多采用这种方式。

抽检比例应首先考虑以合同规定为准，合同没有规定的，一般抽检 5%～20%，但也要同时考虑以下因素进行适当调整，如货物的性质和特点、货物的价值、货物的生产技术条件、供货单位的信誉、包装情况、运输工具、气候条件等。

4. 商品验收的内容

商品验收的内容包括商品数量验收、商品质量验收和商品包装验收。

（1）商品数量验收

商品数量验收是在初步验收基础上所做的进一步的商品数量验收。商品的数量验收主要分为计件法、检斤法和检尺求积法。计件是按件数供货或以件数为计量单位的商品，在做数量验收

时的清点件数。这类商品可通过质检区域固定的自动识别读写设备分批分类对货物的数量进行核准。检斤是对按重量供货或以重量为计量单位的商品，在做数量验收时的称重。这类商品可采用过磅检斤，并实时将结果传送至 WMS。检尺求积是对以体积为计量单位的商品，例如木材、竹材、砂石等，先检尺、后求体积所做的数量验收。这类商品可通过传感器测量卸载后的体积，然后通过计算确定数量。

（2）商品质量验收

商品质量验收主要包括外观质量和内在质量检验。外观质量检验又称感官检验，主要通过人的感觉器官（视觉、听觉、味觉、嗅觉、触觉），直接观察货物包装或货物外形，进而判断质量情况。内在质量检验主要是对货物的物理、化学性所进行的检验。由于内在质量检验要求一定的技术知识和检验手段，目前仓库多不具备这些条件，因此一般在库外进行，由仓库取样，委托专门的技术检验机构检验。

（3）商品包装验收

商品包装验收通常在初步查验时进行，首先查看包装是否完好无损，有无水渍、油污、破损等，其次查看包装是否符合相关标准或合同要求，具体包括选用材料、规格、包装工艺、标志、打包方式等。此外，如对包装有特殊要求的，需要另行检验，如对包装材料的干湿度有要求的，可利用测湿仪进行测定。

仓库在商品验收过程中，如发现商品数量与入库凭证不符、质量不符合规定、包装有异常时，必须做出详细记录。有问题的商品需单独堆放，并采取必要的措施，以防损失继续扩大，同时立即通知业务部门或有关单位进行查看，便于及时做出处理。

5. 商品验收发现的问题及处理

商品验收中，可能会发现数量不符、规格不符、质量问题、包装问题、单货不符或单证不齐等问题，应区别不同情况，及时处理。凡验收中发现问题等待处理的商品，均应单独存放，妥善保管，防止混杂、丢失、损坏。

（1）数量不符

如果经验收后发现商品的实际数量与凭证上所列的数量不一致，若数量短少在规定误差范围内，则可按原数入库；若数量短少超过误差范围，经复核确认后，应由收货人会同有关人员当场在送货单上详细做好记录，交接双方应在记录上签字，仓库按实际数量签收，并及时通知送货人和发货方。如果实际数量多于凭证上所列数量，可由相关业务部门退回多发数量，或补发货款。如果在入库验收过程中发现商品数量不符，原因可能是发货方在发货过程中出现差错，误发了商品，或在运输环节出现漏装或丢失商品等情况。

（2）规格不符

商品规格不符或错发时，应先将规格正确的予以入库，规格不符的做好验收记录，并通知相关业务部门办理换货。

（3）质量问题

在与铁路、交通运输部门初步验收时发现质量问题，应会同承运方清查点验，并由承运方编制商务记录或出具证明书，作为索赔的依据。如果确认责任不在承运方，也应做出记录，由承运人签字，以便作为向供货方联系处理的依据。在拆包进一步验收时发现的质量问题，应将有问题的商品单独堆放，并在入库单上分别签收，同时通知供货方，以分清责任，质量不合格的，应及时向供货单位办理退货、换货，或征得供货单位同意代为修理，或在不影响使用的前提下降价处理。

（4）包装问题

在清点大件时发现包装有水渍、沾污、损坏、变形等情况时，应进一步检查内部数量和质量,并由送货人开具包装异状记录或在送货单上注明,同时,将其单独存放,以便处理。如果物品包装损坏十分严重,仓库不能修复,加上由此而无法保证存储安全时,应联系供应单位派遣人员协助整理,然后再接收。未办理正式入库手续的商品,仓库要另行存储。

(5)单货不符或单证不齐问题

这类问题包括商品串库、有货无单、有单无货和货未到齐等问题。商品串库是指应该送往甲库的商品误送到乙库。当初步检查时发现串库现象,应立即拒收;在验收细数中发现串库商品,应及时通知进货人办理退货手续,同时更正单据。有货无单是指商品先到达而有关凭证还未到达。对此应暂时安排场所存放,及时联系,待单证到齐后再验收入库。有单无货是指存货单位先将单证提前送到了仓库,但经过一段时间后,仓库仍未见到商品。对此应及时查明原因,将单证退回并注销。货未到齐的情况是指往往由于运输方式,同一批商品不能同时到达,对此应分单签收。

5.1.5 组织入库

办理完货物交接和入库验收后,开始组织货物上架或进货位,具体流程如图 5-2 所示。使用叉车或 AGV 小车将货物搬运至指定货位进行存储,当叉车或 AGV 小车经过固定自动识别设备读写区域时,读写器自动获取货物及托盘标签信息,并将信息上传至 WMS。WMS 会根据系统制订的存储计划,将货位自动识别读写器获取的货位信息与货物标签信息进行匹配,若无误,WMS 通过固定读写区域的读写器将货物信息写入货物及托盘标签中,以实现货位分配,同时向叉车或 AGV 小车下达入库指令。

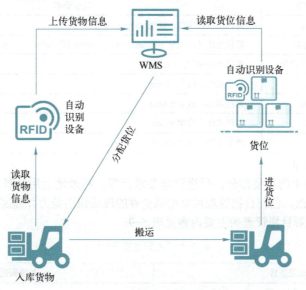

图 5-2 智慧仓储货物进货位流程

叉车或 AGV 小车得到入库指令后将货物搬运至指定货位,并按照入库指令将货物放到指定货位,货位自动识别读写器将存入货位的货物信息上传到 WMS,经过系统确认后,叉车或 AGV 小车退出仓库,完成入库指令。

因为不同企业智慧仓储的具体形式会有所不同,所以不同形式的智慧仓储的入库流程会有所差异,但基本均需考虑前述的 4 个阶段,这 4 个阶段中一些操作细节会因所使用的智能设施与设备及仓库的设计不同而有所不同,如自动化立体仓库与机器人无人仓在入库流程具体操作上便有所不同。

案例 5-1　PDA 助力智能仓库，让入库更高效！

在入库工作流程中，货品验收不仅是严格控制入库产品质量的核心，也是确定入库工作效率的关键步骤。借助 PDA（掌上电脑）对入库产品开展智能化核查、统计和数据信息上报等，精准、高效、智能地完成入库操作。扩展视频参见二维码 014。

（资料来源：腾讯网，2021 年 1 月）

二维码 014

5.1.6　入库作业管理方法

为了确保物品入库各作业环节的有序进行，在入库管理中，企业还应引入目视管理、定置管理和看板管理方法。

1. 目视管理

所谓目视管理，通俗来说，就是一眼即知的管理。目视管理借着眼睛视察而能看出异常所在。在工作场所中发生的问题、异常、浪费等，都可一目了然。目视管理的有效实施，不仅可以简化入库管理流程、建立快速发现异常的制度、提高执行力，而且能够起到警示作用，减少差错。

目视管理的实施主要包含 4 个方面的内容。

（1）定位目视管理

定位目视管理就是借助画线、分区等方式，对现场进行定位管理，具体内容见表 5-8。

表 5-8　定位目视管理

区域	定位对象	定位要求
通道线	通道线	黄色或白色实线，线宽 100mm
	人行通道	黄色虚线（画线长 300mm，画线与画线间隔 300mm），宽 100mm
	人行通道转弯处	黄色当心标识（Caution）
存放区	成品	白色实线，线宽 80mm
	返修品	黄色实线，线宽 80mm
	废品	红色实线，线宽 80mm
	其他	黑色实线，线宽 80mm

（2）色彩目视管理

色彩是目视管理中的重要部分，目视管理要求合理、巧妙地运用色彩，并实现统一的标准化管理，不能随便更改。色彩目视管理可以增强企业的现场识别能力并提高管理效率，从而达到高效管理的要求。色彩目视管理的主要内容见表 5-9。

表 5-9　色彩目视管理

适用项目	基准颜色
车间主通道	
仓库主通道	
一般区域线	
辅助通道线	黄色
开门线	
周转区域线	
桌面物品定置线	
人行通道	

(续)

适用项目	基准颜色
废品区	红色
化学品区	
配电柜区	
消防区	
危险区域	
线槽	
垃圾桶	白色
清洁工具	

在确定色彩目视管理标准之后，企业就要按照要求在相应的地方刷不同颜色的油漆或粘贴不同颜色的胶带，使现场规范化。

（3）标识目视管理

对各种状态下的物品贴上标识，成为唯一可识别的验证环节，而在物品有订单需求的时候，通过标识来传递需求信息是我们应该关注的重要方面。

设备、工具的状态及其各个环节的控制要求都需要通过标识来显示，这样可以提高作业效率，也可以使员工通过设备与工具的稳定性，降低错误发生的概率。

（4）音频、视频目视管理

运营电子技术在仓库现场实现信息的有效分析和传递，成为智慧仓储管理的要点。通过音频和视频，让现场的信息迅速而高效地呈现在管理人员的面前，从而形成外界刺激，推动企业问题的解决。例如，当入库通道出现故障时，暗灯系统报警，同时响起报警音乐，信息看板会显示报警位置，方便相关人员及时处理问题。

2. 定置管理

定置管理是以作业现场为主要研究对象，分析人、物、场所的状况及联系，并通过整理、整顿不断改善作业现场的条件，促进人、机器、物品、制度、环境有机结合的一种方法。

有效的定置管理需要根据物流运动的规律，按照人的生理、心理、效率、安全的需求，科学地确定物品在工作场所的位置，实现人与物的最佳结合。

定置管理的实施步骤主要分为以下 3 步：

（1）清除与作业无关之物

作业现场中凡与作业无关的物品，都要清除干净。清除与作业无关的物品时应本着"双增双节"的精神，能转变利用便转变利用，不能转变利用时，可以将物品变卖，转化为资金。

（2）按定置图实施定置

各仓库都应按照定置图的要求，将器具等物品进行分类、搬、转、调整并定位。定置的物品位置要准确，摆放要整齐。可移动物如推车等也要定置到适当位置。

（3）放置标准信息名牌

放置标准信息名牌时要做到牌、物、图相符，设专人管理，不得随便挪动。要以醒目和不妨碍作业操作为准则。

总之，定置管理必须做到：有图必有物，有物必有区，有区必挂牌，有牌必分类。按图定置，按类存放，账（图）物一致。

3. 看板管理

看板管理最初是丰田汽车公司于 20 世纪 50 年代从超级市场的运行机制中得到启发，作为一种生产、运送指令的传递工具而创造的。其实，看板管理也是使仓储 7S 管理工作中的各项指标透明化的重要手段。

用看板的形式将需要重点管理的项目，如产品、货位位置及数量等揭示出来，使管理状况一目了然，有利于提高入库管理的效率。

看板管理的实施，主要关注样式、内容和时效性3个方面。

（1）样式

看板样式设计，必须符合设计合理、容易维护、动态管理、一目了然、内容丰富、引人注目的原则。需要注意的是，企业需要关注看板标识的艺术性，字体、字号等都会直接影响看板的美观程度，尽量用鲜明的色彩来进行标识，醒目的文字容易引起人们的注意，能有效传递信息并达到管理的目的。

（2）内容

在不同的使用场景中，看板的内容也有所差异，入库管理阶段应根据作业需要定制看板。一般而言，看板的主要内容包括库存信息、货位信息、机器故障情况、目标提案、改善建议、专案活动信息等。常见的看板主要有入库看板、货位看板、质量信息看板、制度看板、现场布局看板、发货动态看板等。

（3）时效性

看板管理在入库环节的运用中必须有时效性。及时对库存变化进行标准修正，以避免因信息不及时而影响入库效率。及时进行看板内容及标准的替换，以适应事物发展的过程性和递进性，并避免对现场操作的员工在思想上或工作上造成误导。

5.2 智慧仓储的在库管理

物品的在库管理是伴随着物品储运全过程的技术性措施，是保证储运物品安全的重要环节。这个活动过程贯穿整个物流的各个环节。

智慧仓储在库作业主要包括货物的保管与保养、盘点和移库作业。

5.2.1 货物的保管与保养

1. 货物保管的组织管理

货物保管的组织管理包括空间组织管理和时间组织管理两方面的内容。

（1）空间组织管理

空间组织管理是指确定货物保管过程在空间的运动形式，即划分作业及确定它们在一定平面上的布置，以使劳动对象在空间上运动的路线最短，避免往返运转。这就要求合理划分作业班组。作业班组主要是根据仓库的吞吐存储规模、存储物品的种类及生产过程的特点等因素来建立的。一般情况下，仓库按专业化形式来设置班组，即集中同类设备来完成作业过程中的某一道工序。

（2）时间组织管理

时间组织管理是研究劳动对象（即存储的物品）在整个存储保管过程中所处的各个阶段，如何在时间上得到合理的安排，并保证作业连续不断地进行，尽可能地消除或减少工人和设备的停工时间。作业过程的时间组织管理与作业班组和工序的组合形式等有很大的关系，相关人员需要综合各方面的情况进行合理安排。时间组织管理形式有平行作业、顺次作业、顺次平行作业等。

2. 货物保管的任务和原则

(1) 货物保管的任务

任何一种货物在存储期间表面上处于静止状态，实际上每时每刻都发生着各种理化和生物变化。只不过变化初期，凭借人的感觉是觉察不到的，等变化发展到一定程度被发现时，除了极少数货物，大部分货物的使用价值已发生变化，如金属锈蚀、木材腐蚀、水泥结块硬化等。由此可见，受货物本身固有特性及其所处的环境和各种人为因素的影响，货物变化不是瞬间完成的，而有一定的时间积累过程。

货物保管的任务是在认识和掌握各种库存货物变化规律的基础上，科学地运用这些规律，采取相应的措施和手段，根据货物性能和特点，有效地抑制内外界因素的影响，为库存货物提供适宜的保管环境和良好的保管条件，最大限度地减缓或控制有损于货物使用价值的变化，以保证库存货物数量正确，质量完好，并充分利用现有仓储设施，为经济合理地组织货物供应打下良好基础。

由此可见，货物保管包含两个方面的内容：一是根据各种货物不同的性能特点，结合仓储具体条件，将货物存放在合理的场所和位置，为在库货物提供适宜的保管环境；二是对货物进行必要的保养和维护，为货物创造良好的保管条件。二者是相互联系、相互依赖、不可分割的有机体，其主要目的都在于保持仓库货物的原有使用价值，最大限度地减少货物损耗。

(2) 货物保管的原则

货物在保管时，有几个原则必须特别注意，否则作业效率与库存货物的保管质量都会受到严重的影响。

1) 质量第一原则。货物保管的目的在于保持仓库货物原有的使用价值，因此，在保管过程中，首先要保证货物质量，最大限度地保持货物在进库前的状态，减少存储中出现的损耗，这是货物保管时应遵循的第一原则。

2) 效率原则。货物保管时，仓库的作业效率和保管效率是应考虑的另一重要原则。同一物品或类似物品应放在同一地方保管，或根据出入库频率安排货物存储位置，这些因素直接影响货物出入库的时间，同时合理安排货物储位，有利于提高仓库利用率，这是提高保管效率的重要方法。

3) 科学合理原则。货物保管时，不论机械设备的选用，还是储位分配，都应遵循科学合理的原则，这一原则是维护货物质量和效率的重要保证。

4) 预防为主原则。货物保管时应注意货物安全和作业安全，而保证整个活动中安全的主要措施则是在保管时遵循预防为主的原则。

3. 货物堆垛设计

货物堆垛是根据物品的包装、外形、性质、特点、重量和数量，结合季节和气候情况，以及存储时间的长短，按一定的规律堆码成各种形状的货垛。货物堆垛的目的在于方便对物品进行维护、查点等，以及提高仓容利用率。

(1) 货物堆垛的基本要求

仓管人员在堆放物品时，必须考虑下列要求：

1) 有效利用货仓空间，尽量采取立体堆放方式，提高货仓使用率。

2) 利用机器装卸，如使用堆高机等以增加物品堆放的空间。

3) 通道应保持适当的宽度，这样可保持物品搬运的顺畅，同时不影响物品装卸工作效率。

4) 不同的物品应依物品本身的形状、性质、价值等考虑不同的堆放方式。

5) 物品的仓储要考虑"先进先出"的原则。

6) 物品的堆放要考虑易于读取存储数量。

7) 物品的堆放应容易识别与检查，如应对合格品、不合格品、呆料、废料进行分开处理。除此以外，货物堆垛对货物、库房、货棚、露天堆场及货垛均有基本要求，见表 5-10。

表 5-10 货物堆垛的基本要求

类别	基本要求
货物	①货物经过验收，数量、质量已经彻底查清 ②货物已根据物流的需要进行编码 ③货物的外包装完好、清洁、标志清楚 ④部分发生某些质变（如受潮、锈蚀、外表沾污等）的不合格货物，经过处理已恢复原状或已剔除 ⑤为便于机械化操作，货物该捆扎就捆扎，该装箱就装箱
库房	①顶距，即货垛或货架的顶部与库房屋顶的距离。主要作用是通风散热，便于装卸搬运、收发、盘点，有利于消防工作。顶距一般规定为平房库房 0.2~0.5m，多层库房的底层与中层为 0.2~0.5m，顶层不得小于 0.5m，人字形屋架的库房，以屋架下弦（横梁）为货垛的可堆高度，即垛顶不可以触梁 ②灯距，即货垛与照明灯之间的距离。主要作用是防止照明灯发出的热量长期积累不散引起货物的燃烧而发生火灾。灯距必须严格规定不少于 0.5m。对危险货物应按其性质，另行规定 ③墙距，即库内货垛或货架与库房外墙或内墙之间的距离。主要作用是防止库房墙上的潮气对货物产生影响，通风散热，有利于消防工作、收发作业和建筑安全。内墙是指墙外还有建筑物相连，因而潮气相对少些；外墙是指墙外没有建筑物相连，所以墙上的湿度相对大些。通常库房内墙距为 0.1~0.3m，外墙距为 0.3~0.5m ④柱距，即货垛或货架与库房内支撑柱子之间的距离，主要防潮气，考虑建筑安全。当库房梁的长度超过 25m 时，建立无柱库房有困难，则可在开间方向上每隔 5~10m 设一根梁间柱，使库房成为有柱结构，柱距一般为 0.1~0.3m ⑤垛距，即货垛与货垛或货架与货架之间的距离。主要作用是通风散热，便于存取、检查货物，方便消防工作。库房垛距为 0.5~1m，货场垛距不少于 0.7m 除了"五距"要求，库房内垛底需要垫高 0.2m 左右，地坪、墙体和屋顶应具有良好的隔潮性能，库房门窗应有较好的密封性能，墙体和门窗要足够坚固，用于承受货物码放的库房地坪，要求平坦、坚固、耐摩擦，一般要求 $1m^2$ 的地面承载能力为 5~10t
货棚	货棚属于半封闭型建筑物，受外界雨雪水的影响大，所以需要做好防止雨雪渗透的工作。货棚两侧或四周必须有排水沟或管道，货棚内部地坪要高于外部地面，且铺垫沙石并夯实。堆垛时要垫垛，一般垛底垫高 0.3~0.4m。货棚只有外墙距，一般为 0.8~3m
露天堆场	露天堆场没有任何遮挡物，受外界雨雪水的影响更大，所以与货棚的要求基本相同，主要考虑排水问题，垛底需垫高 0.4~0.5m。此外，应远离储灰场、储煤场、储沙场、工厂、锅炉方和烟囱等，以防烟尘、粉尘对货物产生影响
货垛	①合理。根据货物特性选择合适的垛形，不同性能、规格、尺寸的货物应采用不同的垛形，不同品种、等级、批次、产地、单价的货物均应分开堆垛，以便合理保管，要合理地确定货垛之间的距离和通道宽度（垛距一般为 0.5~0.8m，主要通道为 2.5~3m），便于装卸、搬运和检查。要求堆码货垛时做到大不压小、重不压轻、缓不压急 ②牢固。货垛必须不偏不斜，不歪不倒，稳定结实，必要时采用衬垫物品固定。层数适宜，不压坏底层的货物和地坪，与屋顶、梁柱、墙壁保持一定距离。必要时，使用绳索、绳网对货垛进行绑扎固定，确保码码的货垛牢固安全，以免倒塌伤人、摔坏货物 ③定量。货垛每层货物的数量力求成整数且相等，如采用"五五化"堆码方法，便于盘点或清点发货 ④整齐。货垛的层次分明，货物包装标志一律朝外，各个货垛排列整齐有序，货垛横成行、纵成列，垛形、垛高、垛距标准化、统一化 ⑤节约。坚持一次堆码，减少重复作业；爱护苫垫物，节约备品用料，降低消耗；根据货物占地面积、可堆层数的计算，合理确定货物堆存时所占用的货位数，以提高仓容利用率

（2）货物堆垛的基本原则

1）先进先出原则。在仓库堆垛中，先进先出是一项非常重要的原则，尤其是有时间要求的货物。货物在仓库内存储的时间越长，越容易造成过期或者变质，以致影响整个仓库的保管效益。所以，应尽可能缩短货物的存储时间，确保先进的货物优先出库。

2）零数先出原则。在仓库中，货物出入库形式有整进整出、零进整出、整进零出等。因为零星货物要比整件货物更难以管理，所以出货时，必须优先考虑让零数或者已经拆箱的货物出库，除非整箱订货。

3）重下轻上原则。任何情况下，存储货物时都要确保重的货物码放在下方，轻的货物码放在上方。如果是多层楼库，应该考虑较重的货物存放在楼下，而较轻的货物存放在楼上，这主要是出于建筑物安全和提高机械设备作业效率的考虑。如果使用货架多层存放或者直接平放地面堆叠，出于货架稳定性和避免较轻货物被较重货物压坏的考虑，较重货物应该存放在下层，而较轻货物存放在上层。

4）ABC 分类布置原则。规划存储位置时，首先应该按畅销程度（出货频率）将货物划分为 A、B、C 三类，然后存放在不同堆垛场地的不同位置。在一般平放仓库直接堆放时，应该把畅销（出货频率高）的 A 类货物规划靠近门口或者通道旁边，把最不畅销（出货频率低）的 C 类货物规划在角落或者离门口较远的地方，而 B 类货物则堆放在 A 类与 C 类货物之间。

5）特性不同的货物不要存放在一起。在仓库保管中，往往会有许多种类的货物存放在一起，但是每一种货物的特性大都不一样，有时存放在一起会相互影响产生变质的情形。例如，有些货物会散发气味（如香皂、香水等），有些货物则会吸收气味（如茶叶、卷纸等），甚至有些货物散发、吸收气味都有（如香烟等）。如果把散发气味与吸收气味的货物存放在一起，则会使货物的质量产生变化，甚至造成退货的情形。因此，在仓库堆码时，一定要特别注意应遵循该项原则。

（3）货物堆垛方式

1）散堆法。散堆法适用于露天存放的、没有包装的大宗货物，如煤炭、矿石、散砂、散装化肥等，也可适用于库内少量存放的谷物、碎料等散装货物。这种堆垛方式简便，便于采用现代化的大型自动化机械设备，节省包装费用，提高仓容利用率，降低运费。因此，散堆法是目前货场堆垛的一种趋势。

2）货架法。货架法适用于小件、品种规格复杂且数量较小、包装简易或脆弱、易损害、不便堆垛的货物。

3）成组码放法。成组码放法能充分利用仓容，做到货垛整齐，方便作业和保管。根据货物的基本性能和外形等，堆垛有各种方式，较为常见的方式有重叠式堆垛、纵横交错式堆垛、正反交错式堆垛、仰俯相间式堆垛、通风式堆垛、压缝式堆垛、宝塔式堆垛、栽柱式堆垛、衬垫式堆垛、五五化堆垛、托盘式堆垛等，各方法具体内容见表 5-11。

表 5-11 货物堆垛方法

方法	要求	特点
重叠式堆垛	各层码放方式相同，上下对应	堆码速度快，稳定性差
纵横交错式堆垛	相邻两层货物的摆放旋转 90°，一层横向放置，另一层纵向放置	每层间有一定的咬合效果，但咬合强度不高
正反交错式堆垛	同一层中不同列的货物以 90°垂直码放，相邻层旋转 180°堆码	层间咬合强度高，操作麻烦，下部货物易压坏
仰俯相间式堆垛	对上下两面有大小差别或凹凸的物品，如槽钢、钢轨等，将物品仰放一层，再反一面伏放一层，仰伏相向相扣	货垛极为稳定，但操作不便
通风式堆垛	物品在堆垛时，任意两件相邻的物品之间都留有空隙，以便通风	可以起到通风防潮、散湿散热的作用
压缝式堆垛	将垛底底层排列成正方形、长方形或环形，然后起脊压缝上码	货垛较稳固，但操作不便
宝塔式堆垛	与压缝式类似，只是码垛时每堆一层相应地减少货物，直到减至不能继续堆放	货垛较稳固，但操作不便
栽柱式堆垛	码放物品前先在堆垛两侧栽上木桩或者铁棒，然后将物品平码在桩柱之间，码放几层后用铁丝将相对两边的柱桩连，再往上摆放物品	适宜于机械堆码，采用较普遍
衬垫式堆垛	码垛时隔层或隔几层铺放衬垫物，衬垫物平整牢靠后再往上码放货物	利用衬垫物使货垛的横断面平整，货物相互牵制，以加强货垛的稳固性
五五化堆垛	以五为基本计算单位，堆码成各种总数为五的倍数的货垛，以五或五的倍数在固定区域内堆放，使货物"五五成行、五五成方、五五成包、五五成堆、五五成层"	便于货物的数量控制、清点盘存
托盘式堆垛	将货物直接在托盘上存放	可以大大提高机械作业的效率，减少搬倒次数

4．货物质量管理

（1）货物质量变化类型

库存货物变化的类型很多，但归纳起来主要有物理机械变化、化学变化、生理生化变化及生态变化等。

1）物理机械变化。货物的物理变化是指只改变货物本身外表形态，不改变本质，没有新物质生成，并且有可能反复进行的变化现象。货物的机械变化是指货物在外力作用下，发生形态变化。货物的物理变化和机械变化的结果不是使货物数量损失，就是质量降低，甚至使货物失去使用价值。仓储货物常发生的物理机械变化有挥发、溶解、熔化、渗漏、串味、沉淀、沾污、破碎与变形等。各类物理机械变化的含义、常见货物及防护措施见表 5-12。

表 5-12　物理机械变化的含义、常见货物及防护措施

物理机械变化	含义	常见货物	防护措施
挥发	低沸点的液体商品或已经液化的气体商品，在一定的条件下，其表面分子能迅速汽化而变成气体散发到空气中的现象	酒精、白酒、花露水、香水、化学试剂中的各种溶剂、部分化肥、农药、杀虫剂、油漆等	应加强包装密封性能的检查和处理，并置于温度较低的存储环境中
溶解	固体商品在保存过程中吸收潮湿空气或环境中的水分，达到一定程度时会变成液体的现象	食糖、糖果、食盐、明矾、硼酸、氯化钙、氯化镁、尿素等	这类货物应存储在干燥、凉爽的环境中，与含水量高的商品分库存放，并限制堆码高度以防止压力过大而加速溶解流失，同时应加强对此类货物在存储期间防潮包装受损情况的检查和处理
熔化	低熔点的商品受热后发生软化乃至化为液体的现象	蜡烛、复写纸、圆珠笔芯、松香、石蜡、胶囊、糖衣药片等	这类货物应存储在温度较低、无阳光直射和密封隔热的环境中
渗漏	液体商品发生跑、冒、滴、漏等现象	需包装的液体	对液体货物加强入库检查及温湿度控制和管理
串味	吸附性较强的商品吸附其他气体、异味，从而改变本来气味的现象	大米、面粉、木耳、饼干、茶叶、卷烟等	具有特异气味或具有吸附性能的商品应密封包装或单库存放
沉淀	含有胶质和易挥发成分的商品，在低温或高温条件下，部分物质凝固，进而发生下沉或膏体分离的现象	墨汁、墨水、牙膏、化妆品等	应根据不同货物的特点，防止阳光照射，做好货物冬季保温工作和夏季降温工作
沾污	商品外表沾有其他脏物、染有其他污秽的现象	绸缎、呢绒、针织品、服装等，精密仪器、仪表等也要特别注意	应密封包装，并注意生产、储运中的卫生条件
破碎与变形	商品在外力作用下所发生的形态改变的机械变化	玻璃、陶瓷、搪瓷制品、铝制品、皮革、塑料、橡胶等	要注意妥善包装，轻拿轻放，在库堆垛高度不能超过一定的压力限度

2）化学变化。化学变化是指不仅改变货物外表形态，而且改变货物的本质，并有新物质生成，不能恢复原状的变化现象。化学变化是货物的质变过程，严重时会使货物失去使用价值。货物的化学变化形式主要有氧化、分解、水解、老化、腐蚀、风化等。各类化学变化的含义、常见货物及防护措施见表 5-13。

表 5-13　化学变化的含义、常见货物及防护措施

化学变化	含义	常见货物	防护措施
氧化	货物与空气中的氧或与其他放出氧气的物质接触，发生与氧结合的化学变化	纤维制品、橡胶制品、油脂类商品等。棉、麻、丝、毛等纤维织品长期同日光接触发生变色的现象，也是织品中的纤维被氧化的结果	这类货物要避免与氧气接触，应将其存储在低温环境中，并注意通风散热
分解	某些化学性质不稳定的货物，在光、热、酸、碱及潮湿空气的作用下，会由一种物质分解成两种或两种以上物质的现象	过氧化氢是一种不稳定的强氧化剂和杀菌剂，在常温下会逐渐分解，如遇高温则迅速分解，生成水和氧气，并能放出一定的热量	在包装、运输、存储的过程中，要注意包装材料的酸碱性，哪些货物可以或不能同库存储，以便防止商品的人为损失

(续)

化学变化	含义	常见货物	防护措施
水解	某些货物在一定条件下遇水发生分解的现象	硅酸盐和肥皂，其水解产物是酸和碱，与原来的货物具有不同性质	防护措施同分解
老化	某些以高分子化合物为主要成分的货物，在储运过程中，受到光、氧、热及微生物等的作用，出现发黏、龟裂、变脆、失去弹性、强度下降、丧失原有优良性能的变质现象	橡胶、塑料、合成纤维等高分子材料制品	应根据不同货物老化的特点，注意光、氧及温湿度的影响，在生产、包装及存储过程中采取相应的防护措施
腐蚀	物质接触周围的介质（如酸、碱、氧气及腐蚀性气体等），其表面受到破坏的现象。金属的锈蚀也是其中的一种	金属及金属合金等	生产时，提高材料本身的耐蚀性，采用涂层和表面改性、电化学保护，并正确选材和合理设计；储运环节，应注意改变环境中的温湿度，将材料与腐蚀介质隔开
风化	含结晶水的商品在一定温度和干燥的空气中失去结晶水而使晶体崩解，变成非结晶状态的无水物质的现象	明矾、芒硝等	注意环境中温湿度的控制

3）生理生化变化。生理生化变化是指有生命活动的有机体物品，在生长发育过程中，为了维持其生命，本身所进行的一系列生理变化。例如，粮食、蔬菜、水果、鲜鱼、鲜肉、鲜蛋等有机体物品，在存储过程中受到外界条件的影响，往往会发生这样或那样的变化，这些变化主要有呼吸作用、发芽、胚胎发育、后熟等。

4）生态变化。生态变化是指在生物、微生物作用下，货物发生形态上的变化。常见的生态变化包括霉腐、虫蛀等。

（2）影响库存货物质量变化的因素

只有了解和掌握库存货物发生变化的影响因素，才能针对各类货物的特性进行科学的保管，以达到防止、延缓或减少库存货物变化，减少或避免货物损失和损耗的目的。通常，引起货物质量变化的因素有内因和外因两种，内因决定了货物变化的可能性和程度，是变化的根据，外因是促进这些变化的条件。

1）影响货物质量变化的外界因素。影响货物质量变化的外界因素主要包括自然因素、存储时间、社会因素和人为因素等。

① 自然因素。自然因素包括温度、湿度、大气、日光、卫生条件及生物和微生物等。

温度即大气的冷热程度，是货物发生物理、化学、生理生化及生态变化的必要条件，货物的许多变化都与温度有关。所以，温度是影响货物变化的第一大自然因素。温度过高、过低或剧烈变化，都会对某些货物产生不利影响。因此，控制和调节仓储物品的温度是商品存储的重要工作内容之一。

湿度即大气的干湿程度，湿度对库存货物的影响较大。大部分货物怕潮湿，但也有少数货物怕干燥。过分潮湿或干燥，都会促使货物发生变化。空气湿度的改变能引起商品的含水量、化学成分、外形或体态结构发生变化。所以，在货物存储中，必须掌握各种货物的适宜湿度要求，尽量创造货物适宜的空气湿度。

大气主要由空气、水汽和固体杂质 3 种成分组成。大气中约含有 21%的氧气，氧气非常活泼，能和许多货物发生作用，对货物质量变化影响很大。例如，加速金属锈蚀，加速仓库虫害及霉菌的繁殖，促使带有还原剂的化工产品氧化变质，使某些油脂氧化，促使高分子材料老化，促成燃烧爆炸等。

日光中含有热量、紫外线、红外线等，适度的日光对于库存货物有时是有利的，如可以利用其热力蒸发库内和货物中多余的水分，辐射的紫外线杀死、杀伤微生物和细菌，一定程度上保护库存货物。但是，某些货物在日光的直接照射下会发生破坏作用，如日光能够促使许多高分子化合物（如橡胶及其制品）的分子链裂解，发生老化、龟裂现象；着色纤维制品、纸张及纸制品，经日照会发脆褪色；润滑油脂、油漆等在日光照射下易于分解；竹材及其制品在日光曝晒下易于变形开裂；某些化学药品和感光胶片、感光纸等，见光后会失效，丧失使用价值等。

卫生条件是保证货物免于变质腐败的重要条件之一。卫生条件不良，灰尘、油垢、垃圾、腥臭等不仅污染货物造成某些外观疵点和感染异味，而且还为微生物、仓储害虫等创造了活动场所。因此，货物在存储过程中，一定要搞好环境卫生，保持货物本身的卫生，防止货物之间的感染。

生物和微生物对在库货物也有很大影响。这里所说的生物主要是指仓储害虫，如白蚁、老鼠等，其中以虫蛀、鼠咬危害最大。

② 存储时间。存储时间对任何货物都具有一定的影响，只是程度不同而已。一般来说，存储时间越长，货物受到上述自然因素影响的可能性就越大，越容易发生变化，变化的程度也越深。另外，存储时间过长，货物会因其内部的物质运动而加速老化，甚至失去其使用价值，如食物变质、茶叶陈化。货物会因存储时间过长而形成损失，即随着社会技术的进步，新产品层出不穷，使原有的、陈旧的同类货物失去销售市场。因此，仓库要坚持先进先出的发货原则，并加强货物盘点和在库检查的管理工作，将接近保存期限的货物及时处理。

③ 社会因素。自然因素对库存货物的变化产生直接影响，而社会因素对库存货物的变化产生间接影响。社会因素是多方面的，主要包括国家的宏观经济政策、国民经济景气或波动、生产力布局、交通运输条件、经济管理体制、企业管理水平、仓库设施条件与管理水平等。上述因素对货物的存储量、存储时间和仓储设施的改善都会构成影响，进而也会影响货物的变化，增大货物变化的可能性。例如，企业或仓库管理水平低下，可能造成某些货物经常超储；国民经济紧缩时期，企业库存增加，货物在库时间相对延长；由于计划不周，库存货物品种、规格、结构不对路，同样也会延长库存时间。

④ 人为因素。人为因素是指人们未按货物自身特性的要求或未认真按有关规定和要求作业，甚至违反操作规程而使货物受到损害和损失的情况。这些情况主要包括以下几个方面：

保管场所选择不合理。由于货物自身理化性质决定了不同库存货物在存储要求的保管条件不同，因此，对不同库存货物应结合当地的自然条件选择合理的保管场所。一般条件下，普通的黑色金属材料、大部分建筑材料和集装箱可在露天货场存储；怕雨雪侵蚀、阳光照射的货物应放在普通库房及货棚中存储；要求一定温湿度条件的货物相应存放在冷藏、冷冻、恒温、恒湿的库房中；易燃、易爆、有毒、有腐蚀性的货物必须存放在特种仓库中。

包装不合理。为了防止货物在储运过程中受到冲击、压缩等外力而被破坏，应对货物进行适当的捆扎和包装，如果没有捆扎或捆扎不牢，将会造成倒垛或散包，使货物丢失、损坏。某些包装材料或包装形式选择不当，不仅不能起到保护的作用，还会加速库存物受潮变质或受污染霉烂。

装卸搬运作业不合理。装卸搬运活动贯穿仓储作业过程的始终，是一项技术性很强的工作。各种货物的装卸搬运均有严格规定，如平板玻璃必须立放、挤紧、捆牢，大件设备必须在重心点吊装，胶合板不可直接用钢丝绳吊装等。实际工作表明，装卸搬运不合理，不仅会给货物造成不同程度的损害，还会给劳动者的生命安全带来威胁。

堆码苫垫不合理。垛形选择不恰当，堆码超高、超重，不同货物混码，需苫盖而没有苫盖或苫盖方式不对等，都会导致货物损坏变质。

违章作业。在库内或库区违章明火作业，烧荒、吸烟会引起火灾，造成更大的损失，带来更大的危害。

2）影响货物质量变化的内在因素。货物发生变化的内因即货物自身的特性，主要包括货物的化学成分、物理形态、理化性质、机械及工艺性质等。

① 化学成分。不同货物具有不同的化学成分，不同的化学成分及其不同的含量既能够影响货物的基本性质，又能够影响货物抵抗外界侵蚀的能力。货物的化学成分包括无机成分、有机成分和杂质。

② 物理形态。货物的形态分为固态、液态、气态，不同形态具有不同的特性，要求提供相应的保管条件，对于库存货物而言，应避免货物在三种形态间的相互转化。此外，商品的外观多种多样，在保管时应根据其体形结构合理安排仓容，科学地进行堆码，以保证商品质量的完好。

③ 理化性质。理化性质是由货物的化学成分和组织结构决定的。物理性质主要包括货物的挥发性、吸湿性、水溶性、导热性、耐热性、透气性、透水性等，化学性质主要是指货物的化学稳定性、燃烧性、爆炸性、腐蚀性、毒害性等。货物的理化性质是使其发生变化的主要内在因素，存储过程中必须根据货物的不同理化性质采取相应的保管措施和技术，防止变化的发生。

④ 机械及工艺性质。货物的机械性质是指商品的形态、结构在外力作用下的反应。货物的这种性质与其质量关系极为密切，是体现适用性、坚固耐久性和外观的重要内容，包括货物的弹性、可塑性、强力、韧性、脆性等。工艺性质是指货物的加工程度（如毛坯、半成品、成品等）和加工精度（如光洁度、垂直度、水平度等）。一般来说，强度高、韧性好、加工精密的货物不易发生变化；反之，则较容易发生变化。

综上所述，影响库存货物变化的因素很多，其中，内在因素（即货物本身的特性）是仓储过程中无法改变的，而外在因素（即自然因素、存储时间、社会因素、人为因素）是在仓储过程中能够加以控制的。因此，在货物保管与保养过程中，应对影响库存货物变化的各种外在因素进行控制，以消除其对货物的不利影响。

5. 货物养护

在存储过程中对货物所进行的保养和维护工作，称为货物养护。货物养护的目的是针对货物不同特性积极创造适宜的存储条件，采取适当的措施，以保证货物储运的安全，保证货物质量和品质，减少货物的损耗，节约费用开支，为企业创造经济效益和社会效益。

（1）货物养护的基本措施

1）严格验收入库货物。货物入库前可能已有受潮、沾污、锈蚀、生霉、损坏等现象，所以要防止货物在存储期间发生各种不应有的变化，首先在入库时要严格验收，弄清货物及其包装的质量状况。对吸湿性货物要检测其含水量是否超过安全水分，对其他有异常情况的货物要查清原因，对具体情况进行处理和采取救治措施，做到防微杜渐。

2）合理安排存储场所。由于不同货物性能不同，对存储场所、保管条件的要求也不同，安排得不合理就会使货物出现货损变质，甚至报废，所以必须根据货物本身的性能特点选择存放场所。例如，怕潮易霉变、易生锈的货物，应存放在较干燥的库房里；怕热易熔化、发黏、挥发、变质或易发生燃烧、爆炸的货物，应存放在温度较低的阴凉场所；一些既怕热又怕冻且需较大湿度的货物，应存放在冬暖夏凉的地下库房或地窖里。此外，性能相抵触或易串味的货物不能在同库房混存，以免相互产生不良影响。对于化学危险品，尤其要严格按照有关部门的规定，分区分类安排存储地点。

3）妥善进行堆垛苫垫。入库货物应根据其性质、包装条件、安全要求采用适当的堆垛方式，达到安全牢固、便于堆垛且节约仓容的目的。为了方便检查、通风、防火和库房建筑安全，应适当地留出垛距、墙距、柱距、顶距、灯距，以及一定宽度的主通道和支通道。为了防止货物受潮和满足防汛需要，货垛底应适当垫高，对怕潮货物垛底还需要加垫隔潮层。露天货垛必须苫盖严密，达到风吹不开、雨淋不湿的要求，垛底地面应稍高，货垛四周应无杂草，并有排水沟以防积水。

4）坚持在库货物检查。货物在存储期间受到各种因素的影响，质量可能会发生变化，如未能及时发现，可能造成损失，因此，需根据其性能、存储条件、存储时间及季节气候变化分别确定检查周期、检查比例、检查内容，分别按期进行检查或进行巡回检查。检查时应特别注意货物温度、水分、气味、包装物的外观及货垛状态是否异常。在检查中发现异常，要扩大检查比例，并根据问题情况采取适当的技术措施，及时处理，防止货物受到损失。

5）搞好仓库清洁卫生。存储环境不清洁，易引起微生物和虫类寄生繁殖，危害货物，因此，应经常清扫仓库，彻底铲除仓库周围的杂草及垃圾等，必要时使用药剂杀灭微生物和潜伏的仓储害虫。对容易遭受虫蛀及鼠咬的货物，要根据货物性质和虫鼠生活习性及危害途径，及时采取有效的防治措施。

（2）仓库温湿度的调节与控制

控制与调节温湿度的方法很多，有密封、通风、吸湿和加湿、升温和降温等。将几种方法合理地结合使用，效果更好。

1）密封。密封是指在库外高温高湿条件下，使商品库房严密封闭、减少温湿度对商品的影响以达到安全存储的目的。密封是温湿度管理的基础，它的原理是利用一些不透气、能隔热隔潮的材料，把商品严密地封闭起来，以隔绝空气，降低或减少空气温湿度变化对商品的影响。密封形式可分为单件密封、整箱密封、货垛密封、小室密封和整库密封等。

2）通风。通风是指在库外温湿度较低的条件下利用空气流通的规律使库内外空气交换，以达到降温降湿的目的。通风的方法有：①自然通风，即利用风压和热压的作用，开启库房门窗和通风洞，使库内外空气产生自然对流；②机械通风，即利用通风机械产生的正压力或负压力，使库内外空气形成压力差，从而强迫库内空气发生循环、交换，达到通风的目的。机械通风可分为排出式通风、吸入式通风和混合式通风。

对库房进行通风，就是由于库房内温度高、湿度大，不适宜货物的保管。但是，如果通风时机不当，不但不能达到通风的预期目的，而且有时甚至会出现相反的结果。例如，想通过通风降低库内湿度，但由于通风时机不对，可能反而会增大库内湿度。因此，必须根据通风的目的确定适宜的通风时机。通风目的一般分为通风降温和通风降湿。

仓库通风的目的多数情况是降低库内湿度。一般情况下，库房在确定是否可以通风时，可以参考表5-14所列的通风降湿条件。

表5-14 通风降湿条件

温度		相对湿度		绝对湿度		通风与否
库外	库内	库外	库内	库外	库内	
低	高	低	高	低	高	可以
高	低	低	高	低	高	可以
低	高	相等	相等	低	高	可以
高	低	低	高	相等	相等	可以
相等	相等	低	高	低	高	可以
低	高	高	低	低	高	可以
高	低	高	低	高	低	不可
低	高	高	低	高	低	不可
高	低	相等	相等	高	低	不可
相等	相等	高	低	高	低	不可

注：通风条件中，库外温度高于库内温度一般不能大于3℃，否则不宜进行通风。

3）吸湿和加湿。在不能采用通风来调节湿度或需要迅速改变湿度的情况下，可采用吸湿剂、空气去湿机或用洒水、加湿机等方法吸湿或增湿。在仓库存储中多数日用商品和纺织品要降低湿度，多数生鲜商品和鲜活商品需要增加湿度。

加湿可分为人工加湿和机械加湿。当湿度比较低时，可以通过洒水、湿擦、盛水等方法来增加库内湿度，还可以使用加湿器来增加湿度，当湿度达到一定要求后，就需要及时关闭。

4）升温和降温。在不能用通风来调节温度时，可用暖气设备来提高库房温度，也可用空调设备来升温或降温。

6. 货物保管与保养的其他技术方法

除了上述货物保管与保养的一般方法，智慧仓储还会引入一些新的技术方法来提高作业效率和保管的质量。

（1）温湿度自动监控系统

温湿度自动监控系统是指利用光电自动控制设备，在规定的仓库温湿度范围内自动报警、开窗、开动去湿机、记录和调节库内温湿度等，当库内温湿度调至适宜时，又可自动停止工作。该设备具有占地面积小（仅 $1m^2$ 左右）、使用灵敏准确的优点，为智慧仓储常用的设备。

温湿度自动监控系统分为三大部分：数据中心、仓库监控点、用户手机。数据中心主要由个人计算机（PC）和上位机软件构成，它可以实现对数据的接收、存储、显示、数据请求及曲线显示、报表打印输出等信息管理工作，进行特殊情况的监控中心预警，以及通过客户端软件方便地访问实时数据和历史数据。仓库监控点能够实时监控仓库内现场的温度、湿度、烟雾等数据，并将仓库现场的温度、湿度、烟雾等数据采集到数据采集终端内，还可以根据实时数据实现现场的自动报警，防止事故发生。用户通过智能手机访问数据中心，采集现场实时数据，或编辑短信发送到数据采集终端采集现场实时数据。

温湿度自动监控系统由前端来完成对环境监测因子（监测因子包括仓库湿度、温度、烟雾等环境参数）的监测与汇总、转换、传输等工作，这些监测因子由数据采集终端使用不同的方法进行测量获得一个非常准确的测量数据，此结果通过数据处理转换后经由 GPRS（通用分组无线服务技术）网络向在线监测数据平台传输数据，在线监测数据传输平台来实现数据的接收、过滤、存储、处理、统计分析并提供实时数据查询等任务，当温湿度超过设定阈值时，自动开启或者关闭现场指定设备。温湿度自动监控系统可以安全、可靠、准确、实时、快速地将真实的仓库环境信息展现在管理人员面前。

温湿度自动监控系统的主要功能如下：

1）24h 监控。可在线 24h 实时连续地采集和记录监测点位的温度、湿度、烟雾浓度等各项环境参数情况，以数字和图像等多种方式进行实时显示和记录存储监测信息，监测点位可多达上千个。

2）设定报警值。可设定各监控点位的温度、湿度、烟雾等报警限值，当出现被监控点位数据异常时可自动发出报警信号，报警方式包括现场声光报警、网络客户端报警、电话语音报警、手机短信报警等。设定报警值后，系统可在不同的时刻通知不同的值班人员。

3）全中文图形界面。数据中心软件采用全中文图形界面，实时显示、记录各监测点的温度、湿度、烟雾等环境数据的历史数据、最大值、最小值及平均值，累积数据，一旦出现温湿度异常情况，会通过图形界面进行报警。

4）可打印报告。监控主机端利用监控软件可随时打印各时刻的温度、湿度、烟雾等环境数据及运行报告。

5）轻松查看数据。该系统具有强大的数据处理与通信能力，采用计算机网络通信技术，局域网内的任何一台计算机都可以访问监控计算机，在线查看监控点位的温湿度变化情况，实现远程监测。工作人员能够在值班室监测，管理人员也可以在办公室通过智能手机非常方便地观看和监控。

6）数据分析处理简单。系统可扩展多种记录数据分析处理软件，能绘制棒图、饼图，进行曲线拟合等处理，可按 TEXT 格式输出，也能进入 Excel 电子表格等 Office 软件进行数据处理。

7）增减设备简单。系统设计时预留有接口，可随时增加或减少硬软件设备，系统只要做少量的改动即可，可以在很短的时间内完成，可根据政策和法规的改变随时增加新的内容。

（2）荧光氧气传感器——保鲜的气压传感器技术

荧光氧气传感器外加气压传感器可以输出氧气浓度值和气压值；结合电化学传感器低功耗的优势，非消耗传感原理使得它具有更长的寿命。另外，荧光氧气传感器有氧压和温度补偿，使得它可以准确工作于宽环境范围，而无须额外的补偿系统。该传感器技术非常稳定和环保，不含铅或其他任何有毒材料，并且不受其他气体交叉干扰的影响。

新鲜果蔬采收后是一个有生命的活体，在存储过程中仍然进行着正常的以呼吸作用为主导的新陈代谢活动，表现为消耗氧气，释放二氧化碳，并释放一定的热量。因此，控制或调整存储环境中氧气及二氧化碳的浓度，可以大大提高某些水果和蔬菜的货物的存储寿命。荧光氧气传感器就是通过精确地测量氧气及二氧化碳的浓度来调整气调库的气氛环境，从而延长易腐食品的保质期。

在冷藏的基础上，增加气体成分调节，通过对存储环境中温度、湿度、二氧化碳、氧气浓度和乙烯浓度等条件的控制，抑制果蔬呼吸作用，延缓其新陈代谢过程，从而更好地保持果蔬新鲜度和商品性，延长果蔬储藏期和保鲜期。气调贮藏通常比普通冷藏可延长储藏期接近 1 倍；气调库内储藏的果蔬，出库后先从"休眠"状态"苏醒"，这使果蔬出库后保鲜期（销售货架期）可延长 21~28 天，是普通冷藏库的 3~4 倍。

（3）货位监控的压力传感器技术

压力传感器（Pressure Transducer）是能感受压力信号，并能按照一定的规律将压力信号转换成可用的输出的电信号的器件或装置。压力传感器通常由压力敏感元件和信号处理单元组成，是一种智能压差控制器。按不同的测试压力类型，压力传感器可分为表压传感器、差压传感器和绝压传感器。

智慧仓储中，货位的受压情况可以采用压力传感器进行监控，通过工作指示灯、报警指示灯和报警蜂鸣器，超大液晶屏实时显示货位当前压差值，当达到设定值时输出开关信号，通知仓管人员，进行货位科学合理的管理。

（4）物品存储周期的自动监控技术

智慧仓储中，会采用物品存储期限的自动监控技术，可以对物品的存储周期进行自动化监控和提醒。

当物品存储设备门的闭合状态变化时，该设备触发对本设备中的物品进行识别；信息系统根据识别的结果，对物品存储信息进行更新；根据更新后的物品存储信息，信息系统计算各物品的存储时间；对每个物品，根据存储时间和预设保质期，信息系统判断是否需要将提醒信息通知给用户。如此，可以对存储中物品的存储期限进行自动化监控和提醒，从而使得用户能够及时获知存储中接近保质期的物品。

5.2.2 盘点

所谓盘点，是指定期或临时对库存物品的实际数量进行清查、清点的作业，即为了掌握货物的流动情况（入库、在库、出库的流动状况），对仓库现有物品的实际数量与信息系统及财务账面上记录的数量相核对，以便准确地掌握库存数量。

1. 货物盘点的目的和内容

（1）货物盘点的目的

1）查清实际库存数量。盘点可以查清实际库存数量，并确认其与库存账面数量的差异。如果发现盘点的实际库存数量与库存账面数量不符，应及时查清原因，并做出适当的处理，通过盈亏调整使二者一致。

2）帮助企业计算资产损益。对企业而言，库存物品总金额直接反映企业流动资产的使用情况，而库存金额又与库存量及其单价成正比，库存量过高，流动资金的正常运转将受到威胁。因此，为了能准确地计算出企业实际损益，必须进行盘点。一旦发现库存太多，即表示企业的经营受到压制。

3）发现货物质量问题。通过盘点，可以发现呆品和废品及其呆废品处理情况、存货周转率，以及货物保管、养护、维修情况，从而采取相应的改善措施。

4）发现货物管理中存在的问题。通过盘点查明盈亏原因，发现仓储作业与管理中存在的问题，并采取相应的措施，提高库存管理水平，减少损失。

（2）货物盘点的内容

1）查数量。检查货物的数量是否准确，检查账卡的记载是否准确，核对账、卡、物是否一致，这些是盘点的主要内容。

2）查质量。检查库存货物的质量是盘点的另一项主要内容，主要检查在库货物质量有无变化、有无超过保管期限和长期积压现象、技术证件是否齐全、是否证物相符，必要时还要进行技术检验。

3）查保管条件。检查保管条件是否与货物要求的保存条件相符合，这是保证在库货物使用价值的一个基本条件。例如，检查货物堆码是否合理稳固，苫垫是否严密；库房是否漏水，场地是否积水，门窗通风是否良好；温湿度是否符合要求；库房内外是否清洁卫生；通道是否通畅，储区标志是否清楚、正确，有无脱落或不明显等。

4）查设备。检查各种设备使用和养护是否合理；计量器具和工具，如钢卷尺、磅秤等是否准确，检查时要用标准件校验；储位、货架标志是否清楚明确，有无混乱；储位或货架是否充分利用等。

5）查安全。检查各种安全措施和消防设备、器材是否符合安全要求；检查建筑物是否损坏而影响货物存储；对地震、水灾、台风等自然灾害有无紧急处理对策等。

2. 货物盘点的种类和方法

（1）货物盘点的种类

货物盘点按照盘点范围可分为全面盘点和局部盘点。全面盘点即对整个仓储物资进行全面彻底的清查盘点，一般安排在月末、季末、年末，视企业的具体情况而定。局部盘点即对部分仓储物资进行盘点。这是一种有针对性的盘点，所需要的时间和人力、物力较少，对企业的正常的生产工作影响不大，必要时可随时进行，对解决局部突发问题效果明显。

货物盘点按盘点时间可分为定期盘点、临时盘点和日常盘点。定期盘点即根据规定的盘点时间进行的全面性盘点，类似全面盘点。临时盘点是指不定期的盘点，如遇商品调价、实物负责人的调动交接、仓库发生意外事故等情况。日常盘点通常称为"动碰复核"，就是保管员在发货时，对付过货的货垛立即盘点余数，并与货卡的结存数比较。

(2) 货物盘点的方法

1) 账面盘点法。账面盘点法是将每一种商品分别设立"存货账卡"，然后将每一种商品的出入库数量及有关信息记录在账面上，逐笔汇总账面库存结余量。

2) 现货盘点法。现货盘点法是对库存商品进行实物盘点的方法。按盘点时间频率的不同，现货盘点法又分为期末盘点法和循环盘点法。期末盘点法是指在会计计算期末统一清点所有商品数量的方法。采用期末盘点法时，由于盘点数量大、工作量大，通常采用"分区分组"方式进行，B、C类货物常选择此类方法。循环盘点法是指在每天、每周清点一部分商品，一个循环周期将每种商品至少清点一次的方法。A类货物常采用此类方法。

3. 货物盘点的基本程序

货物盘点作业一般根据以下几个步骤进行：盘点前准备、确定盘点时间、确定盘点方法、盘点人员组织与培训、清理盘点现场、盘点、查清差异原因、盘点结果处理，如图 5-3 所示。

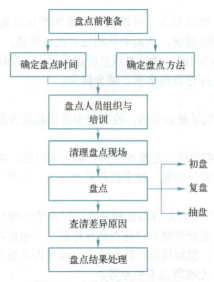

图 5-3 货物盘点的基本程序

(1) 盘点前准备

盘点前的准备工作是否充分，关系到盘点作业能否顺利进行。准备工作主要包括确定盘点的作业程序，配合财务会计做好盘点准备；根据盘点作业的需要安排人力，通常一周前安排好人员的出勤计划；进行环境整理，清除不良品和作业场地死角，将各种设备、备品及工具存放整齐；准备好盘点工器具，如果使用盘点机（见图 5-4）或盘点枪盘点，须先检查盘点机或盘点枪是否能正常操作。

(2) 确定盘点时间

一般来说，为保证账物相符，商品盘点次数越多越好。但盘点需投入必要的人力、物力，有时大型全面盘点还可能引起生产的暂时停顿，所以合理地确定盘点时间非常必要。引起盘点结果盈亏的关键原因在于出入库过程中发生的错误，出入库越频繁，出错的可能越大。

图 5-4 盘点机

确定盘点时间时，既要防止过久盘点对公司造成的损失，又要考虑仓库资源有限、商品流动速度较快的特点。在尽可能投入较少资源的同时，要加强库存控制，可以根据商品的不同特性、价值大小、流通速度、重要程度来分别确定不同的盘点时间。盘点时间间隔可以从每天、每周、每月到每年盘点一次不等，如 A 类主要商品每天或每周盘点一次；B 类商品每两三周盘点一次；C 类商品每月盘点一次。另外，必须注意的问题是每次盘点持续的时间应尽可能短，全面盘点以 2～6 天完工为佳，盘点的日期一般会选择在财务结算前夕或淡季进行。财务结算前夕，通过盘点计算损益，以查清财务状况；淡季进行，因淡季储货较少，业务不太繁忙，盘点较为容易，投入资源较少，且人力调动也较为方便，对生产的影响较小。

（3）确定盘点方法

因盘点的场合、要求不同，盘点的方法也有差异。为满足不同情况的需要，尽可能快速准确地完成盘点作业，要确定合理的盘点方法。

（4）盘点人员组织与培训

根据盘点工作的需要，安排相应的负责人员。盘点人员的培训分为两部分，一是针对所有人员进行盘点方法及盘点作业流程的培训，让盘点作业人员了解盘点目的、盘点表格和单据的填写；二是针对复盘与监盘人员进行认识货品的培训，让他们熟悉盘点现场和盘点货品，对盘点过程进行监督，并复核盘点结果。

（5）清理盘点现场

盘点作业开始之前必须对盘点现场进行清理，以提高盘点作业的效率和盘点结果的准确性。清理工作主要包括以下几个方面的内容：

1）盘点前对已验收入库的商品进行整理归入储位，对未验收入库属于供应商的商品，应区分清楚，避免混淆。

2）盘点场所关闭前，应提前通知，将需要出库配送的商品提前做好准备。

3）账卡、单据、资料均应整理后统一结清，以便及时发现问题并加以预防。

4）预先鉴别变质、损坏商品。盘点前要对存储场所堆码的商品进行整理，特别是对散乱商品进行收集与整理，以方便盘点时计数。在此基础上，由货物保管人员负责进行预盘，以便提前发现问题并加以预防。

（6）盘点

盘点工作可分为初盘、复盘和抽盘三种。

1）初盘。在初盘阶段，由盘点主持人以计算机或会计部门的"永续盘存账"为基准做出"初盘明细表"，交给仓库（或现场等直接责任对象），依据"预盘明细表"，仓库人员在初盘阶段逐项清点库存货品后，挂上盘点单，记录入"盘点单"中初盘有关栏位，并把初盘结果（包括盘盈、盘亏的差异）呈报盘点主持人。

盘点主持人除了要稽核初盘实际进展情况，还要针对初盘的差异状况进行分析与调查，并采取相应补救措施。

2）复盘。复盘工作较为单纯，是根据初盘阶段的"盘点单"去复查。复盘者可以要求被盘点者逐项将料品卸下，深入清点，再记入实际状况，填入"盘点单"中复盘有关栏位内，通常是撕下"盘点单"联，交给盘点主持人。有时复盘人员会进一步复查料品的品质状况（甚至存置时间呆料状况），呈报反映给盘点主持人。

3）抽盘。抽盘办法可参照复盘的办法。抽盘的货物可选择仓库内死角或不易清点的货物，或单价高、金额大的货物；对初盘与复盘差异较大的货物要加以实地确认。

货物盘点是仓储管理的核心工作之一，在货物盘点流程中可以通过固定式自动识别读写设备和手持自动识别读写设备来实现对全库的整体盘点和单货位的盘点，如图5-5所示。

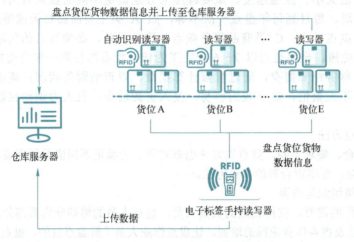

图5-5 智慧仓储货物盘点流程

首先，固定式读写设备全库和单货位盘点。仓库在得到货物盘点任务后，通过仓库服务器向货位固定读写设备发送盘点指令，根据盘点任务来实现单货位盘点、多货位盘点和全库盘点。自动识别读写设备接收到盘点指令后会对货位的数据信息进行读取，同时将读取到的信息上传至仓库服务器，通过与原始数据库及出入库情况核对来实现货物的盘点工作。

其次，手持标签自动识别设备货位盘点。手持读写器的优点在于其可移动性，主要针对小面积或者单货位盘点。仓库在得到货物盘点任务后，仓库工作人员可以使用电子标签手持读写器来对需要盘点的物品或者货位来实现盘点，同时通过仓库的无线设备将数据上传至仓库服务器，通过与原始数据库及出入库情况核对来实现货物的盘点工作。

（7）查清差异原因

盘点会将一段时间以来积累的作业误差及其他原因引起的账物不符暴露出来，一旦发现账物不符，而且差异超过容许的误差时，应立即追查产生差异的原因。一般而言，产生盘点差异的原因主要有以下几个方面：

1）记账员登录数据时发生错登、漏登等情况。
2）账务处理系统管理制度和流程不完善，导致货品数据不准确。
3）盘点时发生漏盘、重盘、错盘现象，导致盘点结果出现错误。
4）盘点前数据未结清，使账面数据不准确。
5）出入库作业时产生误差。
6）盘点人员疏忽导致货物损坏、丢失。

（8）盘点结果处理

盘点发现的差异查清原因后，为了达到通过盘点使账面数据与实物数据保持一致，需要对盘点盈亏和报废品一并进行调整。除了数量上的盈亏，有些商品还将会通过盘点进行价格的调整，这些差异的处理，可以经主管审核后，用货物盘点盈亏及价格增减调整表（见表5-15）在系统中进行更正。具体操作可采用虚拟出入库的方式，进行账面数据的增减，以使盘点实数与财务人员账卡上的账面数据相符。

表 5-15 货物盘点盈亏及价格增减调整表

货品编号	货品名称	单位	账面资料			实盘资料			数量盈亏				价格增减				差异原因	负责人	备注
									盘盈		盘亏		增加		减少		年 月 日		
			数量	单价	金额	数量	单价	金额	数量	金额	数量	金额	数量	金额	数量	金额			

5.2.3 移库

货物移库是指货物存放地点的变动。某些货物由于业务需要或自身特性需要变更存储场所，从一个仓库转移至另一个仓库时，必须根据有关部门开具的移库单来组织货物出库。移库应根据具体要求，同时满足多种移库规则，例如，同属性货物相邻存放、货物存放货架层数要求、按出入库量大小优先安排同层存放顺序、靠近托盘货架区出入口等条件。

移库的目的是：①优化储位，根据货物属性或指标，进行 ABC 分析，对货物进行储位的移动，以优化库存结构；②提高仓储效率，对不满一个托盘的货物进行拼盘作业，以提高储位的仓储效率。

1. 移库的原因分析

1）进行盘点作业时发现货物损坏或质量下降，要求移库，以对货物分类管理。
2）盘点时发现货物放错地方，需要重新调整。
3）入库时，因托盘不够用而产生拼托，等托盘充足了再进行移库。
4）货物大部分出库后，剩余的部分暂时存放在某处，有新货物入库后要进行重新调整。
5）原先有瑕疵的货物经过简单加工后恢复正常，可以移到正常货物的仓库。
6）原先因为库存紧张，将货物放在别的仓库，现在仓库有充足的储位，将货物移到预想进入的仓库，以方便管理。
7）目前的仓库储量小，而别的仓库仍有充足储位，移库可以方便管理，而且可以节约照明、恒温等资源。

2. 移库工作过程

移库工作过程如图 5-6 所示。

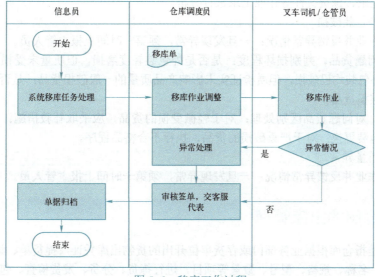

图 5-6 移库工作过程

（1）接收移库任务

仓管员接到主管的移库指令后，需要在系统内完成移库信息的处理，包括新增移库作业单、移库预处理操作、生成移库作业，并将作业指令传递至下一个环节，完成仓库内货品的移库作业。接收移库任务过程如图5-7所示。

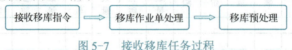

图5-7　接收移库任务过程

（2）执行移库作业

仓管员完成仓储系统内的移库信息处理后，拿着移库单进入作业区进行移库作业操作。仓管员需要先取出移库相关设备，然后到指定原库位进行货物下架操作，最后将货物搬运至指定库位进行上架操作。执行移库作业过程如图5-8所示。

图5-8　执行移库作业过程

（3）移库反馈

仓管员完成移库作业后，将操作完毕的移库作业信息反馈到信息系统，然后向仓库主管汇报移库情况，并由仓库主管在移库单上签字确认。移库反馈过程如图5-9所示。

图5-9　移库反馈过程

3. 常见的移库异常情况处理

（1）货位数量不符

立即停止作业并反馈异常情况：一旦发现异常，须第一时间上报主管人员。

查询库位作业记录，寻找原因：调查需依据系统账、货卡、进出库异常登记、退货返库、差异库位交易记录、拣货文件等作业记录进行分析。

（2）货位外包装破损

立即停止作业并反馈异常情况：一旦发现异常，须第一时间上报主管人员。

及时移出问题货品，判别损坏程度：是否是外包装轻度磨损，但质量未受损的轻微破损货品；是否是内外包装均已破损，但质检证实未影响产品质量的一般破损货品；是否是直接影响产品质量的严重破损货品。

根据指令，对问题货品区别处理：对于轻微受损的货品，应采取补救措施；对于一般破损的货品，进行包装更换；对于严重破损的货品，执行不合格品程序。

（3）货物质量异常

立即停止作业并反馈异常情况：一旦发现异常，须第一时间上报主管人员。

5.3　智慧仓储的出库管理

货物出库是指仓库根据业务部门或存货单位开出的货物出库凭证（提货单、调拨单），按其所列货物编号、名称、规格、型号、数量等项目，进行拣货、分货、发货检查、包装，直到把货物交给存货单位或发运部门的一系列作业过程。

5.3.1 货物出库的基本要求及方式

1. 货物出库的基本要求

（1）出库凭证和手续必须符合要求

出库业务必须依据正式的出库凭证进行，任何非正式的凭证均视为无效凭证，不能作为出库的依据。出库业务程序是保证出库工作顺利进行的基本保证。为防止出现工作失误，在进行出库作业时，必须严格履行规定的出库业务工作程序，使出库业务有序进行。

（2）严格遵守出库的各项规章制度

一般情况下，由于仓库存储商品品种较多，发货时间比较集中，业务比较繁忙，为做到出库商品准确无误，必须加强复核工作，要从审核出库凭证开始直到商品交接为止，每一环节都要进行复核。严格遵守出库的各项规章制度，按照商品出库凭证所列的商品编号、品名、规格、等级、单位、数量等，做到准确无误地出库。

（3）严格贯彻"先进先出，后进后出"的原则

为避免货物长期在库存放而超过其存储期限或增加自然损耗，必须坚持"先进先出，后进后出"的原则。

（4）提高出库效率和服务品质

办理出库手续，应在明确经济责任的前提下，力求手续简便，提高发货效率。一方面，要求作业人员具有较高的业务素质，全面掌握商品的流向动态，合理地组织出库业务；另一方面，还要加强与业务单位的联系，提前做好出库准备，迅速、及时地完成出库业务。

（5）贯彻"三不""三核""五检查"的原则

"三不"是指未接单据不翻账，未经审单不备库，未经复核不出库；"三核"是指在发货时，核实凭证、核对账卡、核对实物；"五检查"是指对单据和实物要进行品名检查、规格检查、包装检查、件数检查、重量检查。在出库时，应严格贯彻"三不""三核""五检查"的原则。

2. 货物出库的方式

出库方式是指仓库用什么样的方式将货物交付收货人。选用哪种方式出库，要根据具体情况，由供需双方事先商定。货物出库的方式有以下几种：

（1）送货

仓库根据货物委托运输部门（铁路、水运、空运、邮政等）运到车站、码头、机场，用户自行提取或仓库使用自有车辆直接将货物送达收货地点。这种发货形式就是通常所称的"送货制"。

（2）自提

收货人或其代理人自派车辆和人员，持货物调拨通知单直接到仓库提货，仓库凭单发货，这种发货形式就是仓库通常所称的"提货制"。为划清交接责任，仓库发货人与提货人在仓库现场对出库货物当面交接清楚，并办理签收手续。

（3）过户

过户是一种就地划拨的形式。货物虽未出库，但是所有权已从原存货户转移到新存货户。仓库必须根据原存货单位开出的正式过户凭证办理过户手续，而仓库管理人员只需要进行单据交割更换户名即可，无须进行实物转移。

（4）转仓

存货单位为了方便业务开展或改变存储条件，需要将库存货物从甲库移到乙库，这就是转

仓的发货形式。因为出库量大，是以整批的方式出库的，所以要求仓库必须根据存货单位开出的正式转仓单办理转仓手续。

（5）取样

存货单位出于对货物质量检验、样品陈列等的需要，到仓库提取货样（一般都要开箱拆包、分割，出库量小），仓库也必须根据正式取样凭证才能发给样品，并做好账务记载。

5.3.2 货物出库的业务流程

不同仓库在货物出库的操作程序上会有所不同，操作人员的分工也有粗有细，但就整个发货作业的过程而言，一般都是跟随着货物在库内的流向或出库单的流转而构成各工种的衔接。以WMS货物出库为例，其流程如图5-10所示。

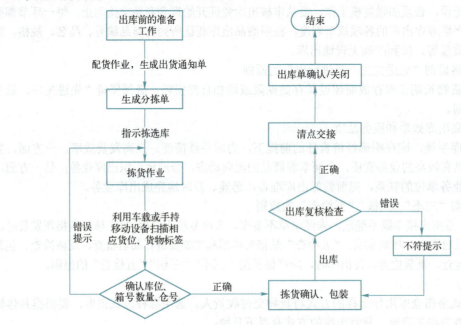

图 5-10　WMS 货物出库流程

这个操作流程包含出库前的准备、配货作业、拣货作业、复核、自动化包装、清点交接和发货后的处理。

1. 出库前的准备

（1）核对出库凭证

发放货物必须有正式的出库凭证，严禁无单或白条发放物品。仓库接到出库凭证后，由业务部门审核证件上的印鉴是否齐全相符，有无涂改，审核提货单的合法性和真实性。然后，按照出库单证上所列的商品品名、规格、数量与仓库料账做全面核对，信息有无错误，同时审核收货单位、到货站、开户行和账号等是否齐全和准确。审核无误后，在料账上填写预拨数后，将出库凭证移交给仓管员。保管员复核料卡无误后，即可做商品出库的准备工作，包括准备随货出库的商品技术证件、合格证、使用说明书、质量检验证书等。

（2）出库信息处理

出库凭证审核无误后，要将出库凭证信息进行处理。仓管员将出库凭证的信息录入计算机后，由出库业务系统自动进行信息处理，并打印生成相应的拣货信息（拣货单等凭证），作为拣货作业的依据。

2. 配货作业

下游分销商订单到达仓库后，仓库服务器通过仓库管理系统自动分析订单，同时控制货位自动识别读写器来读取货位物品信息，通过分析计算出订单所需物品所在的货位并生成配货指令。配货指令生成后，仓库服务器会向叉车发送配货指令，叉车接收到配货指令后会前往相应货位搬运货物，确认无误后搬运货物出货位。

3. 拣货作业

拣选作业的方法主要分为单一拣选和批量拣选。

（1）单一拣选

单一拣选又称按订单拣选、摘果式拣选，即针对每一张订单，拣货人员巡回于存储场所，将客户所订购的每一种商品挑选出来集中在一起，将配齐的商品放置到发货场所指定的货位，即可开始处理下一张订单。

（2）批量拣选

单一拣选又称播种式拣选，即将每批订单的同种商品累加起来，从存储仓位上取出，集中搬运到理货场，并按每张订单要求的数量投入对应的分拣箱，分拣完成后分放到待运区域，直至配货完毕。

单一拣选和批量拣选是两种基本的拣货策略，它们的优缺点及适用范围见表 5-16。

表 5-16 单一拣选和批量拣选的优缺点及适用范围

拣货策略	单一拣选	批量拣选
优点	作业方法简单，前置时间短；拣货后不再进行分类作业；作业人员责任明确	减少了每个单品的巡回拣货时间，增加了单位时间的拣货量，缩短了拣货时行走搬运距离
缺点	货物品种多时，拣货行走路径加长，拣货效率低；拣货区域大时，补货及搬运系统设计困难	由于订单必须累计一定数量才做一次处理，因此对订单无法做出快速反应，容易出现停滞现象，从而延误紧急订单的处理；前置时间长；批量拣选后还需按订单进行二次分货，增加人工搬运次数，且容易出现差错
适用范围	订货数量较多，但货物品种较少的单张订单；用户不稳定，需求波动较大的订单；用户之间因需求差异很大而产生的订单；用户配送时间要求不一，有紧急的，也有限定时间的订单	订单数量庞大的系统；品种较多、重量较轻、数量较少的货品拣选；用户稳定且数量较多的订单拣选；用户的需求有很强的共同性，需求的差异较小的订单拣选；用户配送时间的要求没有严格限制，可以采取计划配送的方法进行拣选的订单

案例 5-2　拣选效率提高 300%，德国卡迪斯智能仓储是如何做到的？

卡迪斯集团（Kardex Group）是全球领先的自动化仓储和检索系统供应商之一，本例介绍了其如何从订单处理、货架、灯光拣选技术上提高拣选效率的。扩展视频参见二维码 015。

二维码 015

（资料来源：物流指闻，2020 年 8 月）

4. 复核

为保证出库商品不出差错，备货后应立即进行复核。复核是防止发货出现差错的关键。发货前由复核员仔细复核出库商品的品名、规格、单位、数量等是否与出库单一致，货物（如机械设备等）的配件是否齐全，以及所附证件、单据是否齐备。核查无误后，由复核人员在出库凭证上签字，方可包装或交付装运。在包装、装运过程中要再次检查外观质量和包装是否完好等。

5. 自动化包装

出库进行的包装一般为了货运需求，通常称为运输包装。运输包装的一般要求需要满足以下几个方面：

1）根据物品的外形特点，选择适宜的包装材料，包装尺寸要便于物品的装卸和搬运。
2）要符合物品运输的要求；包装应牢固，包装的外部要有明显标志，不同运输等级费率的物品应尽量不包装在一起。

3）严禁性质抵触、互相影响的物品混合包装。

4）包装的容器应与被包装物品体积相适应。

5）要节约使用包装材料，注意节约代用、修旧利废。

目前，IT技术、高级自动化机械及智能型检测、控制、调节装置等已被引入物流包装当中，促进了自动包装流水线的发展。自动包装流水线集纸箱成型、自动装箱、自动封箱等功能于一体，可根据客户不同的包装要求进行个性化设计和制造，从而大大提升了包装领域的安全性、准确性，进一步解放了包装劳动力（见图5-11）。实际上，自动包装流水线并非多个不同包装设备的简单组合，而是需要根据企业产品的不同进行适当搭配，从而简化路径和提升效率。

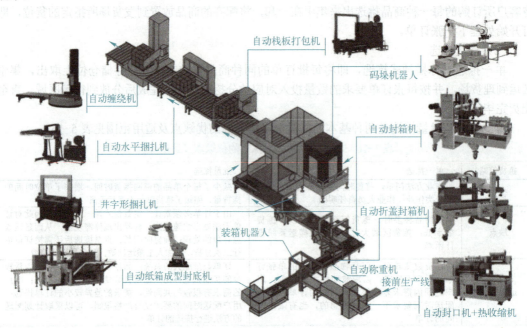

图5-11 自动包装流水线示意

自动包装流水线主要是按照包装的工艺过程，将自动包装机和有关辅助设备用输送装置连接起来，再配以必要的自动检测、控制、调整补偿装置及自动供送料装置，成为具有独立控制能力，同时能使被包装物品与包装材料、包装辅助材料、包装容器等按预定的包装要求和工艺要求与工艺顺序，完成物品包装全过程的工作系统。

采用自动包装流水线，产品的包装不再是以单机一道工序一道工序地完成单个包装工序，而是将各自独立的自动或半自动包装设备和辅助设备，按照包装工艺的先后顺序组合成一个连续的流水线。被包装物品从流水线一端进入，以一定的生产节拍，按照设定的包装工艺顺序，依次经过各个包装工位，通过各工位的包装设备使包装材料与被包装物品实现结合，完成一系列包装工序之后，形成包装成品从流水线的末端不断输出。

6. 清点交接

出库商品无论客户自提，还是交付运输部门发运，发货人必须向收货人或运输人员当面按单逐件交接清楚，划清责任。在得到接货人的认可后，在出库凭证上加盖"货物收讫"印戳，同时给接货人填发出门证，门卫按出门证核验无误后方可放行。

7. 发货后的处理

货物交接后应及时进行发货后的处理工作,包括现场清理和数据更新。经过出库的一系列工作流程之后,有的货垛被拆开,有的货位被打乱,有的库内还留有垃圾和杂物等,所以最后应对现场进行清理。现场清理主要是对库存的货物进行并垛、挪位、整理货位,清扫发货场地、保持清洁卫生,检查相关设施设备和工具是否损坏、有无丢失等。同时,应及时将出库信息通过自动识别设备移动工作平台或手持电子标签读写设备录入仓库管理系统,系统自动更新数据。

5.3.3 货物出库

货物出库时,可以采用叉车出库、输送机出库、AGV 机器人出库,也有些企业采用穿梭车出库。比如某知名药品仓库,首次采用穿梭车出库,货物在装车之前先进入穿梭车库进行暂存,这样不仅可以大大节省空间,而且可以实现自动排车,提高装车效率。

货物出库时,在出库口经过自动识别设备的读写区域,读写器会自动读取货物电子标签信息,同时将数据上传至仓库服务器,仓库服务器通过核对订单和数据信息,确认无误后出库。同时,仓库服务器会根据出库情况自动变更货物库存量。

货物出库后会有电子标签的回收程序,通过专人回收电子标签,回收、登记、核对数量、初始化,检查无误后货物装车。经过上面的一系列程序,货物装车运输到达各地的分销商,具体操作如图 5-12 所示。自动识别技术的应用大大降低了仓库在人力、物力上的投入,在现代化的大型仓储建设中具有重要的作用。

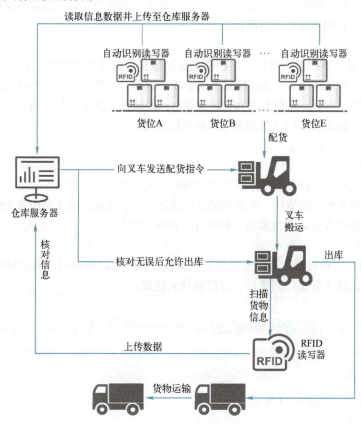

图 5-12 配货出库流程

5.3.4 货物出库过程中的问题与处理方法

1. 出库凭证问题

当出库凭证有假冒、复制、涂改、疑点，或者情况不清楚时，应及时与仓库保卫部门和出具出库单的单位或部门联系，妥善处理。

出库凭证有效期超过提货期限，客户前来提取货物，必须先办理手续，按规定缴足逾期的仓储保管费用后，方可发货，决不能凭无效凭证发货。

提货时，若客户发现规格开错，保管员不得自行调换规格发货，必须通过制票员重新开票方可发货。

如客户遗失提货凭证，必须由客户单位出具证明，到仓储部门制票员处挂失，由原制票员签字作为旁证，然后到仓库出库业务员处报案挂失。如果挂失时，货物已被提走，仓储部门不承担责任，但有义务协助调查；如果货物没有被提走，经业务员查实后，凭上述证明，做好挂失登记，将原凭证作废，缓期发货。

2. 串发货和错发货问题

串发货和错发货主要是指发货人员在对货物种类、规格不熟悉的情况下，或者由于工作中的疏漏，把错误规格、数量的货物发出库的情况。仓库收到客户投诉，发现串发货或错发货后，应及时逐步排查，查明情况并予以解决。

3. 包装问题

包装问题一般是指在发货过程中，因商品包装破损，造成货物渗漏、裸露等问题。仓储部门在发货时，凡原包装经挤压、装卸搬运不慎造成的破损、污损都需重新整理或更换包装，才能出库。出现此类客户投诉，一般是因为在运输途中，因碰撞、挤压或装卸搬运造成的，发货人应与运输部门协商，由运输部门（物流公司）解决此问题。

4. 漏记账和错记账问题

漏记账是指在商品出库作业中，没有及时核销商品明细账，造成账面数量大于或少于实存数量的现象。错记账是指在商品出库后核销明细账时没有按实际发货出库的商品名称、数量等登记，从而造成账物不相符的情况。不论漏记还是错记，一经发现，除及时向有关领导如实汇报情况外，应根据原始出库凭证查找原因调整账目，使账货相符。

5. 退货问题

凡属商品内在质量问题，客户要求退货和换货时，应由质检部门出具质量检查证明、试验记录等书面文件，经主管部门同意后，方可退货或换货。

5.4 智慧仓储信息管理系统的操作——基于 WMS 仓库管理系统

5.4.1 入库操作

货物贴标签流程如图 5-13 所示。

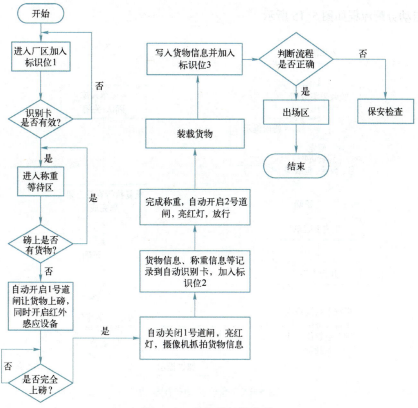

图 5-13　货物贴标签流程

货物入库流程如图 5-14 所示。

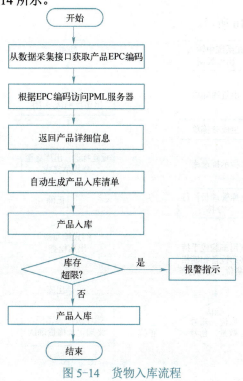

图 5-14　货物入库流程

仓位自动分配流程如图 5-15 所示。

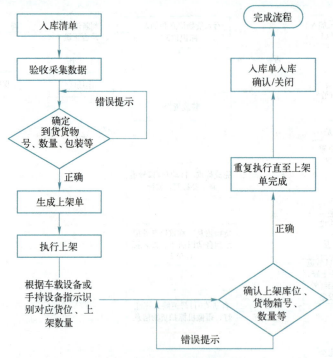

图 5-15　仓位自动分配流程

5.4.2　出库操作

货物出库流程如图 5-16 所示。

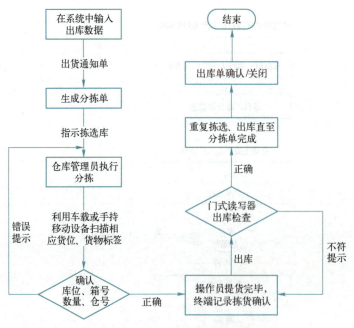

图 5-16　货物出库流程

5.4.3 货物盘点

货物盘点流程如图 5-17 所示。

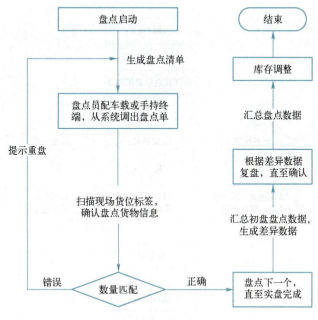

图 5-17 货物盘点流程

5.4.4 货物补货

货物补货流程如图 5-18 所示。

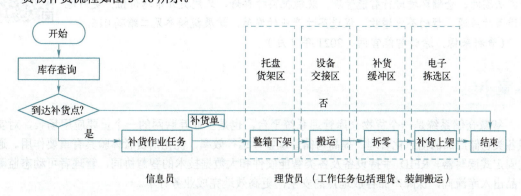

图 5-18 货物补货流程

5.4.5 仓库环境监控

仓库环境监控流程如图 5-19 所示。

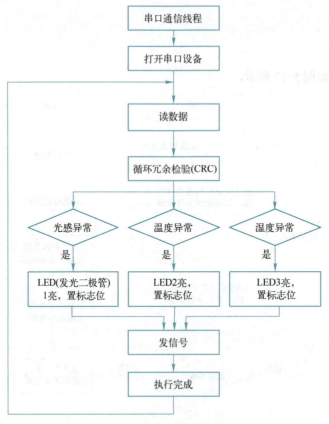

图 5-19　仓库环境监控流程

案例 5-3　武夷山茶叶的智慧仓储

武夷山茶叶的智慧仓储环境监控系统中,利用物联网、大数据等技术,对岩茶生产源头溯源、仓储环境进行智能管理,既能把茶叶存好,又能提升市场价值,更好地促进茶叶流通,帮助茶农增收,促进茶叶产业的发展。扩展视频参见二维码016。

(资料来源:涂鸦智能官网,2021 年 7 月)

二维码 016

本章小结

智慧仓储系统是一个货物仓库管理系统平台,也是工业互联网的一个重要应用场景,对实现各类仓储产品的信息化管理,提高仓储管理整体运行效率,优化消费者体验具有重要作用。通过固定式读写器、RFID 手持设备及各类智能硬件和大数据技术的智慧协同,管理者可动态监测产品出入库流向,保障产品存放地点的安全,更高效地完成业务订单。

智慧仓储的入库作业流程主要包括入库的准备工作、接运卸货、办理交接、入库验收、组织入库等环节,每个环节中所使用的智能设备通过网络将实时采集到的数据信息发送仓库管理后台,后台进行入库信息的实时更新。

因为智慧仓储的具体形式不同,所以不同形式的智慧仓储的入库流程会有所差异,具体操作细节会因所使用的智能设施与设备及智慧仓库的设计不同而有所不同。

货物盘点是仓储管理的核心工作之一,在货物盘点流程中可以通过固定式读写设备和手持读写设备来实现对全库的整体盘点和单货位的盘点。

下游分销商订单到达仓库后,仓库服务器通过仓库管理系统自动分析订单,同时控制货位读写器读取货位物品信息,通过分析计算出订单所需物品所在的货位并生成配货指令。配货指令生成后,仓库服务器会向叉车发送配货指令,叉车接收到配货指令后会前往相应货位搬运货物,确认无误后搬运货物出货位。

当叉车搬运货物出库时,在出库口经过读写区域,读写器会自动读取货物标签信息,同时将数据上传至仓库服务器,仓库服务器通过核对订单和数据信息,确认无误后出库。同时,仓库服务器会根据出库情况自动变更货物库存量。

本章习题

一、思考题

1. 入库前的具体准备工作有哪些?
2. 货物验收的方法有哪些?
3. 货物发生质量变化的类型有哪几类?
4. 货物发生质量变化的因素有哪些?
5. 货物盘点的内容是什么?
6. 货物出库的基本要求是什么?
7. 货物出库的基本程序是什么?

二、讨论题

1. 通过调查了解,智慧仓储有哪几种类型,分别使用什么技术和智能设施设备?
2. 结合出入库的基本作业程序,讨论应用智慧物流技术后出入库作业流程会有什么变化,以及应用智慧物流技术后仓储的优势有哪些。

三、设计与实训

2021年6月21日,某配送中心接到零售商 A 的订货单,订货单内容见表 5-17。

表 5-17 订货单

公司地址		望京南路××号			
电话		010-×××××××(总机)			
传真		010-×××××××			
E-mail			订单日期	2021年6月21日	
负责人联系信息					
姓名	刘某		地址(邮编)	望京南路××号	
电话	010-×××××××		传真	010-×××××××	
手机号码	×××××××××××		E-mail		
货品信息					
序号	货物编码	货物名称	包装规格/mm×mm×mm	产品包装规格	需求数量	单位
1	978779941××××	×××-××-CD	600×400×220	1×100	5	箱
2	978788516××××	×××-××-CD	600×400×220	1×100	5	箱
3	978788516××××	×××-××-CD	600×400×220	1×100	5	箱
备注		请于6月22日15:00前送达				

配送中心需要依据客户零售商 A 的订单需求,完成货物拣选、出库和送货作业,并在客户

零售商 A 指定的时间将货物送到。零售商 A 订购的货物被存储于配送中心一层 EC 区（平面图如图 5-20 所示）的托盘流动货架区。

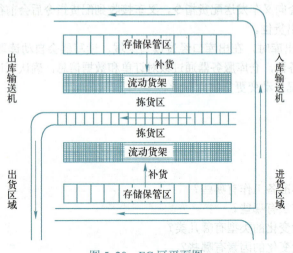

图 5-20　EC 区平面图

请配送中心补货员根据任务需求完成补货作业，并给出补货作业操作流程。

128

第 6 章　智慧仓储运营管理

学习目标

- 能够合理确定智慧仓储的吞吐量、周转率、库存容量等存储目标
- 能够精确分析企业情况并确定适合企业的智慧仓储类型
- 掌握智慧仓储的存储策略、拣选策略和补货策略
- 理解和掌握智慧仓储的库存控制方法
- 理解并掌握智慧仓储的 7S 管理

导入案例

深圳鼎汇商贸集团仓库管理系统突破性优化

鼎汇商贸集团为了提高自身的仓储管理水平及效率，促进资源合理配置利用，实现更高的经济收益，决定进行仓库管理系统的优化建设。本例主要介绍了其具体优化措施，通过仓库管理系统的优化，极大地提高了仓储物流的效率，降低仓储物流成本。扩展视频参见二维码017。

二维码 017

（资料来源：智能仓储管理实战手册，2020 年 1 月）

要构建现代智慧仓储体系，除了需要加强先进硬件和软件的投入，还要创设与智慧仓储体系运行方式相适宜的管理机制，才能使智慧仓储体系的功能得到最大限度的发挥。

6.1　智慧仓储需求分析

6.1.1　智慧仓储市场需求分析

我国经济的持续健康发展和我国物流业的崛起为仓储业的发展提供了巨大的市场需求，加上制造业、商贸流通业外包需求的释放和仓储业战略地位的加强，未来智慧仓储存在巨大市场需求。随着土地使用成本及人工成本的增加，智慧仓储费用也有明显的增加，降本增效是我国仓储行业未来发展的核心。减少人工及土地的使用、降低物流费用是我国仓储行业发展的必经之路。智慧仓储承担着提升效率、提升客户体验、提升企业核心竞争力的重任，随着大数据、物联网、机器人、传感器等技术的不断进步，智慧仓储作为以上技术的载体，有望迎来高速发展。

目前，智慧仓储主要应用于商业配送和工业生产两大领域。头豹研究院做的 2022 年中国智能仓储行业概览报告显示，2021 年中国社会物流总费用达 16.7 万亿元，而中国物流成本费用相对发达国家较高，供应链各环节运作效率较低，上升空间大，仓储环节又是物流全流程的核心节点，所以智慧仓储的应用是仓储环节降本增效的关键。由此催生了对仓储行业自动化、智能化的需求，进一步促进智慧仓储市场规模扩大。2017—2021 年，得益于中国物流行业规模的迅速上升及物流行业仓储环节降本增效的需求不断攀升，中国智慧仓储行业市场规模由 712.5 亿元增至 1145.5 亿元，年复合增长率达到了 12.6%。由于智慧仓储可以有效帮助物流行业降本增效，未来

智慧仓储行业随着物流行业的发展，释放更多的下游需求。早期智慧仓储企业发展多在电商的商业配送领域发力，未来智慧仓储将与更多新兴应用场景深度融合。中国市场广阔，下游应用延伸广泛，吸引不同赛道玩家，未来可能形成高行业集中群。未来随着智慧仓储与更多新兴应用场景深度融合，预计到2026年智慧仓储市场规模有望达到2665.3亿元，2021—2026年年复合增长率可达到18.4%。

智慧仓储利用 5G 模组+5G 专网实现 AGV（自动引导车）在智能仓储和物料配送中的应用，解决了传统 AGV 采用 WiFi 网络控制存在的信号干扰大、稳定性差及覆盖不足的弊端，作业效率大幅提升。

目前，我国正处于智慧仓储升级阶段，由机械化向自动化和智能化不断升级，所以智慧仓储有很大的发展空间。

6.1.2　商品情况分析

仓储的对象是各种商品，不同商品的规格尺寸等都不一样。如果企业有多个仓库，就要做出以下决策：是否所有仓库都存储全部产品，是否每个仓库具有某种程度的专用性，是否将专门存储与通用存储相结合，等等。这些决策对于提高仓库运作效率十分重要，所以在进行仓储布局规划之前，需要先明确仓储对象。

1. **商品的品种数目**

SKU（Stock Keeping Unit，库存量单位或最小存货单位），即库存进出计量的单位，定义为保存库存控制的最小可用单位，可以是以件、盒、托盘等为单位。例如，根据仓储规模的不同，一箱 12 瓶的矿泉水是一个 SKU，单独一瓶矿泉水也是一个 SKU。对某种商品而言，当其品牌、型号、配置、登记号、花色、包装容量、单位、生产日期、保质期、用途、价格、产地等属性与其他商品存在不同时，可以称为一个单品。单品与传统意义上的"品种"不同，用"单品"这一概念可以区分不同商品的不同属性。

在仓储运营管理中，SKU 包含了三个方面的信息：

1）业务管理角度。SKU 含有货品包装单位的信息。

2）信息系统和货物编码角度。SKU 只是一个编码。不同的商品就有不同的编码，而这个编码与被定义的商品做了对应的关联，可依照不同 SKU 的数据来记录和分析库存及销售情况。

3）货品管理角度。SKU 是指单独一种商品，其货品属性已经被确定。只要货品属性有所不同，那么就是不同的 SKU。属性包括很多方面，比如品牌、型号、配置、等级、花色、成分、用途等。同样的货品只要在保存、管理、销售、服务上有不同的方式，就被定义为不同的 SKU。

商品品种数目（也称 SKU 数目）决定了仓库可以处理的商品种类范围。在仓储规划设计中，SKU 数量用来确定存储货位的数目，在商品不混载存储的情况下，每个 SKU 应当有一个或多个存储货位。当为每个商品设置便于拣选的储位时，设计的储位数目应当超过预估的在库 SKU 数目；当为部分商品设置便于拣选的储位时，设计的储位数目应当超过预估的每日发货商品 SKU 数目。

针对商品品种数目的分析，主要内容在于对 SKU 数目的统计和未来预期 SKU 数目的估值。可以用表格的形式对商品 SKU 数目进行统计，出于物流仓储设计的需要，需要对 SKU 数目预期值进行推算，以期满足未来的使用要求。商品 SKU 的数目预测，应当以现状数据为基础，既符合经营发展趋势，又符合行业发展的普遍规律。

2. **商品特性**

主要通过对商品包装特性和商品自身属性的分析来初步确定商品适合的存储货架类型及存储方式。

商品包装特性：根据商品包装样式、包装材料、规格尺寸等判断商品适合的货架类型。

商品自身属性：根据货物自身的规格和特点来选择合适的货架形式，并判断商品适合的存储方式，这样才能提高货架的利用率，同时提高仓库使用的效率。

3. 商品的计量单位

商品实物的计量单位非常重要，常见的有实物计量单位、重量单位、体积单位。物流设计过程是从实物流通的角度出发的，因此物流活动的计量一般分为件数、箱数或托盘数，三者之间存在一定的换算关系，见表6-1。

表6-1 件数、箱数、托盘数之间的换算关系

	换算标准	换算值平均数（示例）
件数与箱数之间的换算	每个商品的包装关系不同，需逐个计算	100件/箱
箱数与托盘数之间的换算	每种商品的码放方式不同，也需分类统计	90箱/托

在仓储物流规划设计之初，首先要确定设计中所使用的计量单位，分析相关活动的计量单位都要与其保持一致。明确物流活动的计量单位是各类物流数据分析的基础，是评价各类物流活动的基准。仓库也可基于不同的存储单位进行分类存储，明确计量单位及其包装换算关系是分类存储的设计前提。

4. 商品的外形尺寸

仓储中心的货物品种数量较大，且每个商品外形尺寸各不相同，但大部分商品的外形尺寸都在合理范围之内。通常将尺寸过大、过长、过宽或形状不规则的商品称为异形商品。

通过分析商品的外形尺寸数据可以找到数据上的特大值，这些数值对应了外形尺寸上超出普通范围的异形商品。同时，确定商品尺寸的合理范围可以确定货架的合适尺寸。根据货物尺寸与货架尺寸的关系，可以确定货架尺寸的最佳选择。

补充小知识

在"货到人"模式的仓储规划作业中，通常主要考虑体积与重量、存放能力、作业效率三个维度。

体积与重量：假设给定某种货架和设备机型，主要考虑SKU每次的补货量能否放到单个货位中；考虑货架装满时，是否低于设备机型的最大承重。

存放能力：考虑机器人的搬运模式，是否为易碎或滚动商品。

作业效率：考虑"货到人"的作业模式，要求SKU为非爆品[一]。

"货到人"模式不适合爆品作业，若某些SKU出现次数过多，会造成含该SKU的货架一直频繁调度于各个站点，站点前调度频繁导致拥堵等状况。在智慧仓储货架的每一个货位一般情况下只允许放置1个SKU，但是1个SKU允许放置在多个货位内。

5. 商品的相关性分析

"货到人"模式下的商品相关性包括品项相关性和货架相关性。

品项相关性是指在一个订单中，如果两个品项同时出现在一个订单中，那么这两个品项相关，出现的次数越多，相关性越强。货架相关性是指订单拣选中，如果完成一个订单需拣选两个货架，那么这两个货架相关，两组货架共同完成的订单数量越多，相关性越强。

关联分析又称关联挖掘，是在交易数据、关系数据或其他信息载体中，查找存在于项目集合或对象集合之间的频繁模式、关联、相关性或因果结构。

商品之间的相关性是货物储位分配的重要影响因素之一，可以通过商品在不同销售时段的

[一] 爆品是指需求异常火爆的物品。

历史订单数据来反映。分析的结果可以用来优化商品在货架内部的存储方式，或提升仓储订单拣选作业的效率。

比如，不同季节销售时段不同，订单数据所反映的商品关联关系存在差异，在进行储位优化时，在不同销售时段内将具有关联关系的商品存储于同一货架。这样一来，可以提升货架的整体内聚度，也可以减少 AGV 仓储机器人访问货架的次数。

6.1.3 库存情况分析

在进行仓储规划设计过程中，需要弄清楚仓库的吞吐能力、库存周转、库存能力等基本情况，然后才能科学合理地进行布局规划。

1. 吞吐能力

仓库的吞吐能力主要是指吞吐量。吞吐量是衡量吞吐规模的量化指标，是指一段时期内进出仓库的货物数量，以实物箱数、件数为计量单位。吞吐能力体现了一个物流系统的内向聚集与外向发散的能力。

与吞吐量相关的统计数据主要包括：一段时期的入库总量与日均量，出库总量与日均量，以及该时期出入库量的峰值。

从表 6-2 中可发现一个统计规律，日均入库量≈日均出库量；若要保证库存始终维持在一定的水平范围内，则一段时期内总体的入库量与出库量必然接近平衡。因此，在实际分析过程中，吞吐量既可以指入库吞吐量，也可以指出库吞吐量，两者在数量上近似相等。

表 6-2 某企业某月的吞吐量统计值

品类	日均入库量（箱）	占比（%）	日均出库量（箱）	占比（%）
A	3399	19.14	3746	20.75
B	2670	15.03	2599	14.40
C	7849	44.20	7927	43.91
D	3200	18.02	3129	17.33
E	641	3.61	651	3.61
合计	17 759	100	18 052	100

在仓库的规划中，仓库的吞吐需求在一定程度上等于其销售出库需求，只需要推算销售的趋势变化，就可以得出仓库吞吐量的估值，即估计销售金额与平均销售价格在将来一段时期内所取得的值，从而估计出库数量的取值，得到吞吐能力目标值。计算公式如下：

$$出库量 \approx 销售数量 \approx \frac{销售金额}{平均销售价格}$$

在衡量仓库吞吐量时，日均值通常比一段时期的出库总数更具有量化意义，即

$$日均出库数量 \approx \frac{出库量}{出库日}$$

出库日为周期内实际发生出库作业的天数。

例 6-1

某药品连锁企业预计 5 年后的经营规模将达到 60 亿元/年，此规模下单箱价格将达到 1160 元。现有配送中心平均入库量是 2641 箱/天，出库量是 2220 箱/天，每月出库配送工作日为 25 天。预测 5 年后该配送中心的吞吐量为多少？

$$出库量 \approx 销售数量 \approx \frac{销售金额}{平均销售价格} \approx 6\,000\,000\,000/1160 \approx 5\,172\,413.79 箱$$

$$日均出库数量 \approx \frac{出库量}{出库日} \approx 5\,172\,413.79/(12 \times 25) \approx 17\,241 箱/天$$

已知,目前的日均入库量(2641 箱/天)>日均出库量(2220 箱/天),说明每月入库活动发生日少于出库配送的 25 天。通过一段时间内入库数量近似于出库数量来推算入库天数,即

$$入库天数(估算值) = \frac{日均出库数量 \times 出库日}{日均入库数量} \approx \frac{2220 \times 25}{2641} \approx 21 天$$

因此,可求得日均入库数量,即

$$日均入库数量 \approx \frac{销售金额}{平均销售价格 \times 入库日} \approx \frac{6\,000\,000\,000}{1160 \times (12 \times 21)} \approx 20\,525 箱/天$$

综上所述,若要支撑未来 60 亿元的年销售额,现有配送中心需进行扩建,使其能满足日均出库 17 000 余箱(月工作 25 天)、日均入库 20 000 余箱(月工作 21 天)的吞吐量需求。

2. 库存周转

库存周转是指商品从入库到出库所经过的时间和效率,库存周转在仓储管理中被广泛地应用。衡量一个仓库库存周转情况的量化指标是库存周转次数和库存周转天数。库存量越大,流动资金占用越多,产生的库存成本越高。反之,库存量越小,产生的库存成本越小,但库存量过小难以保证供应。

(1)库存周转次数

库存周转次数是指一定周期内商品的库存能够周转几次。在物流仓储管理中,分析库存周转的目的在于分析实物的周转情况,因此需要使用销售数量与库存数量的比值大小来计算周转次数。计算的一般公式为

$$周转次数 = \frac{全年销售总量}{平均库存量}$$

平均库存量是指一定时期内某种物资的平均库存数量。物资库存量反映一定时间节点上实际结存的某种物资数量,一般为月末库存量、季末库存量及年末库存量。

$$\overline{X} = \frac{\frac{1}{2}X_1 + X_2 + \cdots + \frac{1}{2}X_n}{n-1}$$

式中,$\overline{X}$ 为平均库存量;$X_1, \cdots, X_n$ 为各月月末库存量;n 为项数。

例 6-2

某仓库年初库存量为 840t,1 月末为 690t,2 月末为 930t,3 月末为 1140t。该仓库平均库存量的计算为

$$平均库存量 = \frac{\frac{1}{2} \times 840 + 690 + 930 + \frac{1}{2} \times 1140}{4-1} = 870t$$

(2)库存周转天数

周转天数表示库存周转一次所需的天数,计算的一般公式为

$$周转天数 = \frac{全年实际工作日}{周转次数}$$

$$周转天数 = \frac{全年实际工作日 \times 平均库存数量}{全年商品销售总量} \approx \frac{平均库存数量}{日均商品销售量}$$

周转天数表示了商品的平均在库天数，周转天数越长表示商品的平均在库天数越多。因此，在说明实际问题时，周转天数比周转次数更容易理解和描述。

在制造业中，周转天数与企业生产经营周期有关，生产经营周期短，表示无须储备大量存货，周转天数相应少。在直接面向消费者的电商行业中，因各类促销活动或季节因素，要保证商品的供应需求，则商品的在库时间短周转天数少。对于一些客户需求相对平稳的行业，商品的在库时间相对较长，周转天数自然较多。

3. 库存能力

库存能力体现一个物流系统的存储能力，库容量是衡量库存能力的量化指标。库存量可以货物数量作为计量，在物流分析中更多地使用货物箱数或件数作为计量。库存能力大小取决于预期库存需求的大小。

库容量是静态的，而库存量是动态的。某个时间点的库存可能因为大量备货而极大或因大量销售而极小。因此，需要统计一段时期的日平均库存，用日平均库存代表库存的水平，某一天或短暂时期的高库存或者低库存并不影响全局。

与吞吐需求随物流系统的改变而发生变化一样，库存需求也会随外部条件的变化而变化。在推算预期库存需求时，需要考虑那些能使库存发生变化的因素，以及这些因素所产生的作用与影响。

在出库量一定的情况下，商品周转速度快，则所需的库存较小；商品周转速度慢，则所需的库存较大。两者之间的关系可以用函数关系来表示：

$$周转次数 \times 平均库存量 = 全年出库总量$$

或

$$周转天数 \times 日均商品出库数量 = 平均库存数量$$

预测今后的预期库存需求，也就是估计平均库存在将来某一时间的取值。可估算周转天数与日均商品销售量等变量在将来时间可取得的值，将估值代入上式，即可推算仓库平均库存的取值。

明确预期库存需求之后，可以推算仓库的库容需求，明确库容需求是确定仓库规模的重要内容。动态变化的库存量与静态的库容量之间存在表 6-3 的关系。

表 6-3 库存量与库容量的关系

表示	意义
库存量<库容量	正常存储中
库存量=库容量	达到存储的峰值
库存量>库容量	可能发生爆仓现象

实践中，若企业期望仓库留有足够的存储弹性与余量，可以取库存需求预测的上限值作为库容量；若企业期望最大限度地避免投资过度，或期望投资较小，可以取库存需求预测的下限值作为库容量。

6.2 订单处理分析

订单处理分析主要是指根据订单数据，对订货单位、订货频率、订单响应时间、订单拆零情况等进行分析。根据订单数据，对订单进行 EIQ⊖分析，可以为仓储规划提供理论依据。

6.2.1 订货单位分析

订货单位是指客户向零售配送中心订购的单位，商品的订货单位不等于其最小可销售单位。常见的订货方式主要有：按托盘订货、按大包装箱订货、按小包装箱订货、按单件订货。

⊖ EIQ 是指订单件数（Entry）、货品种类（Item）和数量（Quantity）。

订货单位分析有助于仓库确定拣选方式。根据某商品在不同业态中的订货单位不同,该商品的拣选方式可设计为拆零拣选或者整箱拣选,也可设计为支持单存储形态拣选或多存储形态拣选。商品的拣选方式一旦确定,便可帮助确定拣选点的数目,拣选点数目设计是智慧仓储规划的主要内容之一。

例 6-3

某企业日用品类商品经过 ABC 分类,分为 AA、AB、AC、B 和 C,共计 5 类,每类的订货单位及预估 SKU 见表 6-4。

表 6-4　某企业日用品订货单位及预估 SKU

类型	订货单位	SKU 数目估值
日用品 AA	箱	10
日用品 AB	箱	30
日用品 AC	箱、中箱	400
日用品 B	箱、中箱	1200
日用品 C	中箱、单件	2500

根据订货单位,针对该企业日用品的拣选设计见表 6-5。

表 6-5　某企业日用品的拣选设计

类型	订货单位	拣选方式
日用品 AA	箱	箱单位拣选
日用品 AB	箱	箱单位拣选
日用品 AC	箱、中箱	箱或中箱单位拣选
日用品 B	箱、中箱	箱或中箱单位拣选
日用品 C	中箱、单件	中箱单位拣选或单件拣选

结合日用品类商品的预估数目,可推算出其拣选点数目,见表 6-6。

表 6-6　某企业日用品的拣选点数目

类型	SKU 数目估值	拣选方式	拣选点数目
日用品 AA	10	箱单位拣选	40
日用品 AB	30		
日用品 AC	400	箱或中箱单位拣选	1600
日用品 B	1200		
日用品 C	2500	中箱单位拣选或单件拣选	2500

6.2.2　订货频率分析

简单而言,订货频率就是多长时间订一次货。客户订货频率规范后,结合仓储物流中心需要配送的客户数,可以估算每天配送客户数量。同时,可以利用订货频率确定集货区域的大小。分批次拣选时,集货区应当可以摆放每一批次客户的待发货商品;不分批次拣选时,集货区域应当可以摆放所有客户的待发货商品。

例 6-4

某零售企业的订货模式改进前后对比见表 6-7。

表 6-7 某零售企业订货模式对比

业态	原有订货模式			改进订货模式		
	大型店	中型店	小型店	大型店	中型店	小型店
订货时间	全天			全天	全天	每周一、三、五或者二、四、六
截单时间	固定时间/配送前			中午 12 点		
订货品种	全品种			全品种		

该配送中心接收的订货频率之前是一天一订,一天作业量超负荷,配送成本高;改进后将小型店订货配送改为隔天一订,订货频率延长一天,并且设置了统一时间作为下单的截单时间。假如该仓库供应小型店客户 2000 家,则需要每天面向 1000 家小型店进行配送,降低了配送成本,也不影响配送效率。

6.2.3 订单响应时间分析

订单响应时间是指从客户下单到货物配送到达之间的间隔时间。订单响应时间的长短影响仓库的安全库存水平,因此需要根据订单响应时间,从整体来确定物流系统所能够达到的水平。订单响应时间越短,仓储的处理能力越强,反之,订单响应时间越长,仓储的处理能力越弱。

例 6-5

假设某零售企业共有 1000 家客户,每天要货量平均达到 5 万箱,其物流中心的日出库配送能力为 5.5 万箱。若设订货响应时间为 24h,则其配送能力必须高于任何一天的配送货量;若订单响应时间为 48h,则其配送能力必须高于任意连续两天的配送货量;以此类推。

6.2.4 订单拆零情况分析

拆零作业是指配送中心在拣选出库时将整箱商品拆散,选取一件货、多件货进行出库的作业。用散件出库占总出库的比例来衡量拆零作业的比例。

在物流中心拆零作业情况可通过下列 3 种指标综合判断:

1. 拆零商品品种

拆零商品品种比例是描述拆零情况的主要衡量指标。通过拆零商品品种的分析,可以确定是否需要设置拆零拣选区。没有拆零或拆零商品品种较少时,无须设置专门拆零拣选区;若某商品既有整箱出库又有单件拆零出库,则必须设置整箱拣选区与零货拣选区。同时,拆零商品品种分析还可以帮助确定拣选点数目。整箱拣选区域的拣选点数目应当超过预期的整箱拣选出库商品 SKU 数;拆零拣选区域的拣选点数目应当超过预期的拆零拣选出库商品 SKU 数。它表达了需要拆散出库商品 SKU 占总出库商品 SKU 的比例。

$$拆零商品品种比例 = \frac{拆零出库商品SKU数}{总出库商品SKU数} \times 100\%$$

例 6-6

某零售企业出库商品合计为 17016 SKU,其中拆零出库商品为 4040 SKU,则拆零商品品种比例为

$$拆零商品品种比例 = \frac{4040}{17016} \times 100\% = 23.74\%$$

拆零商品品种需统计的信息如下:

1) 总出库商品(SKU):不重复的商品总数。
2) 仅拆零出库品种(SKU):只以拆零形式出库的商品。

3）仅整箱出库品种（SKU）：仅以整箱形式出库的商品。
4）拆零和整箱出库品种（SKU）：以整箱形式与拆零形式出库兼有的商品。
5）拆零出库品种（SKU）：仅拆零出库品种拆零和整箱出库品种的合计。
6）整箱出库品种（SKU）：仅整箱出库品种与拆零和整箱出库品种的合计。

2. 拆零订单

拆零订单比例是指订购散件商品的订单占总订单的比例。通过拆零订单分析，可以帮助确定零货的分拣方式。当少量客户存在拆零订货时，分拣方式可设计得较为简单；当大量客户存在拆零订货时，快速、高效地对拆零周转箱分拣将成为必须。同时，拆零订单分析可以帮助确定零货包装台的数目。零散货物一般放置于周转箱或额外包装的纸箱出库。若放置于纸箱出库，则需要设置包装台。包装台的数量取决于包装的快慢与订单的数量。

$$拆零订单比例 = \frac{订购散件商品的订单数}{订单总数} \times 100\%$$

给定订单数据需要统计的信息包括：
1）全部总出库订单（单据数）：全部订单的总数目。
2）仅拆零出库订单（单据数）：仅订购零货的订单数目。
3）仅整箱出库订单（单据数）：仅订购整箱的订单数目。
4）整/零出库订单（单据数）：既订购零货又订购整箱的订单数目。

例 6-7
某物流中心某月出库订单统计情况见表 6-8。

表 6-8　某物流中心某月出库订单统计情况

仅整箱出库订单	仅拆零出库订单	整/零出库订单	总出库订单
225	153	102	480

则该物流中心某月订购散件商品的订单为

仅拆零出库订单+整/零出库订单=255

$$拆零订单比例 = \frac{订购散件商品的订单}{订单总数} \times 100\% = \frac{255}{480} \times 100\% = 53.125\%$$

3. 拆零量

拆零量比例是指商品以零货形式出库的出库量占总出库量的比例。通过拆零量分析，可以帮助确定拣选作业模式。一般以拆零形式出库的量若超过了总出库量 5% 以上，则应该为这部分拆零出库商品设计独立的零货拣选作业区域。同时，拆零量分析可以帮助确定零货作业区域的设备。拆零量的大小决定了搬运设备、存储设备、分拣设备的选择，比如拆零量过大，则需要设计自动化搬运设备。

$$拆零量比例 = \frac{零货形式出库商品量}{出库总商品量} \times 100\%$$

给定订单数据，计算拆零量需要统计的信息包括：
1）总出库量（箱）：订单数据中商品出库量的合计。
2）拆零出库量（箱）：以拆零形式出库的折合整箱合计。
3）整箱出库量（箱）：以整箱形式出库的箱数合计。

例 6-8
某零售企业 1 月拆零量统计见表 6-9。

表 6-9　某零售企业 1 月拆零量统计

月份	整箱出库箱数	百分比（%）	拆零折算箱数	百分比（%）	总箱数
1 月	52 026	76.34	16 128	23.66	68 154

例 6-9

通过对某医药公司 2019 年 9 月—2020 年 1 月数据分析，得出该企业出库单、出库品种结构情况见表 6-10、表 6-11。

表 6-10　2019 年 9 月—2020 年 1 月统计整箱与拆零量（日均）

项目	整箱	拆零
出库量（箱）	209	464
订单行	101	4288

表 6-11　2019 年 9 月—2020 年 1 月出库品种统计（日均）

SKU	整箱 SKU		拆零 SKU		只有拆零没有整箱出库的品种		只有整箱没有拆零出库的品种	
	SKU	百分比	SKU	百分比	SKU	百分比	SKU	百分比
2631	854	32.46%	2604	98.97%	1777	67.54%	27	1.03%

从表 6-10 中可以看出，日均出库量中拆零量占 68.95%，即出库量中约有 2/3 的商品属于拆零出库。因此，在进出库拣选时，需要设置专门的拆零拣选区。从表 6-10 的拆零订单行数可以看出，拆零订单占每日订单量超级大。因此，在进行拣选时，必须快速、高效地对拆零周转箱进行分拣。所以，在拣选时，可设计一些自动化搬运设备，如传输带的使用、"货到人"拣选模式的选择等。

从表 6-11 中可以看出，有 2631-1777=854 个 SKU 的商品存在既有整箱出库又有拆零出库的情况，因此对该部分商品必须同时设置整箱拣选区与拆零拣选区，该企业中需要整箱出库的商品品种数有 27+854=881，即整箱拣选区域的拣选点数量至少应有 881 个，而拆零出库的 SKU 数为 1777+854=2631，所以拆零拣选区域的拣选点数量至少应有 2631 个。

6.3　智慧仓储存储策略

存储策略是根据货物的特点和规划的存储区域而定的，不同的存储策略产生不同类型的拣选环境。合理的货位存储策略能够充分利用存储空间，减少货物出入库移动的距离，进而提高货物拣选效率。

6.3.1　存储方法

货物入库进行存储，存储方法有很多，确定企业仓库管理应用哪种存储方法需要选择适合自己的，在此基础上，既可以合理安排储位，提升仓储作业效率，降低物流成本，同时也能为整个物流供应链带来效益。常用的存储方法有以下五种：

1. 定位存储

定位存储是指每一项物品都有固定的储位，物品在存储时不可互相串位。在采用这一存储方法时，必须注意每一项物品的储位容量必须大于其可能的最大在库量。

适用条件：不同物理、化学性质的物品须控制不同的保管存储条件，或防止不同性质的物品互相影响；重要物品须重点保管；仓库空间大；多品种少批量货物的存储。

优缺点：采用定位存储方式易于对在库物品管理，提高作业效率，减少搬运次数，但需要较多的存储空间。

2. 随机存储

随机存储是指每个物品被分配存储在一个随机的位置中，这个位置可以经常改变，即任何物品都可以存储在任何可用的位置。根据库存货物及储位使用情况，随机安排和使用储位，各种物品的储位是随机产生的。一般由仓管员按照先进先出、周转率等原则，结合存储习惯和经验对货物进行随机的存储。

此策略较适用于以下两种情况：仓库空间有限，需要尽量利用存储空间；少品项或多数量的物品存储。

优缺点：优点是此策略由于共同使用储位，提高了储区空间的利用率。缺点是增加货物出入库管理及盘点工作的难度。周转率高的货物可能被储放在离出入口较远的位置，可能增加出入库搬运的工作量；有些可能发生物理、化学影响的货物相邻存放，造成货物损坏或发生危险。

3. 分类存储

分类存储是指所有的存储物品按照一定特性加以分类，每一类物品都有固定存放的位置，而同属一类的不同物品又按一定的规则来分配储位。分类存储通常按物品相关性、流动性、尺寸或重量、特性来分类。

适用条件：物品相关性大，进出货比较集中；货物周转率差别大；物品体积相差大的情况。

优缺点：便于按周转率高低来安排存取，具有定位存储的优点；分类后各存储区域根据货物的特性选择存储方式，有助于货物的存储管理。缺点是储位必须按各类货物的最大在库量设计，因此储区空间平均使用率仍然低于随机存储。

在"货到人"智慧仓储中可能会出现某类商品频繁拣选的情况，造成 AGV 拣选机器人局部拥堵。

4. 分类随机存储

分类随机存储是指每一类商品有固定存放位置，但在各类存储区内，每个储位的指派是随机的。分类随机存储的优点为：既有分类存储的可区分不同存储区域的货物优点，又可节省储位数量，提高储区利用率。因此，分类随机存储兼有定位存储和随机存储的特点。缺点是在库商品的出入库管理及盘点工作的进行困难度较高。

5. 共同存储

共同存储是指在确定知道各商品的进出仓库时刻，不同的商品可共用相同储位的方式。共同存储在管理上虽然较复杂，但仓库里的存储空间大，有效面积利用率高，搬运成本低，总体来说，其存储空间及搬运时间更经济。

6.3.2 储位分配

储位分配是指在存储空间、存储设备、存储策略、储位编码等一系列前期工作准备就绪之后，用什么方法把货品分配到最佳的货位上。储位分配包含两种：一是为了出入库的物品分配最佳储位（因为可能同时存在多个空闲货位），即入库货位分配；二是要选择待出库物品的储位（同种物品可能同时存放在多个货位）。

1. 储位分配的原则

存储策略必须与货位分配原则有机结合起来才能决定物资存储作业模式。为了科学合理地进行物资的存储作业，在进行物资货位分配时需要遵循以下原则：

1）货架受力情况良好。较重物品存于货架底层，较轻物品存放在高处的货位，使货架受力稳定。分散存放，物品分散存放在仓库的不同位置，避免因集中存放造成货架受力不均匀。

2）加快周转，先进先出。同种物品出库时，应先进先出。以加快物品周转，避免因物品长期积压产生锈蚀、变形、变质及其他损坏造成的损失。按照商品在仓库的周转率来安排储位。商品按照周转率进行排序，然后将其分为若干段，同时储位也根据周转效率分为若干段，将不同区间段周转率的商品指派到固定周转效率段的储位，该法则一般与定位存储策略、分类（随机）存储策略配合使用。

3）提高可靠性，分巷道存放。仓库有多个巷道时，同种物品分散在不同的巷道进行存放，以防止因巷道堵塞影响某种物品的出库，造成生产中断。

4）提高效率，就近出入库。为快速响应出库请求，一般将物品就近放置在出库台附近，即将入库的商品指派到离出库口最近的空储位上。该储位指派法则一般与随机存储策略、共同存储策略配合使用。

5）相关性法则。将商品相关性高的商品尽量存放在相邻位置，商品的相关性是指被同时订购的频次高低。该策略一般与分类（随机）存储策略配合使用，并且该方法一般适用于商品的拣选作业区。

6）同一性法则。它是指把同一种商品存储在同一个保管位置的法则。这种方法有利于商品的管理和盘点，适用于商品种类少的仓库。

7）互补性法则。将具有互补性的商品放于临近的位置，以便缺货情况下另一种商品能够快速替代。

8）尺寸特性法则。在仓库布置时需要考虑商品尺寸和形态，根据商品的存储数量和尺寸对商品安排合理的储位，可以有效地减少搬运时间。

2. 储位分配的要素

储位分配时要考虑的基本要素包括供应商、商品特性、进货规定、数量、品种、储位空间，以及存储、搬运设备等。

1）商品的供应渠道，是本公司生产还是外购，有无行业特性及影响等。

2）商品的体积、重量、单位、包装、周转快慢、季节性分布、自然属性、温湿度要求及气味的影响等。

3）进货规定中的采购提前期、采购作业特殊要求等。

4）商品的生产量、进货量、库存决策、安全库存等。

5）商品的品种类别、规格大小等。

6）商品的摆放方式。

7）储位单位，即储位商品的单位是单品、箱，还是托盘。

8）储位策略，是定位存储、随机存储、分类存储，还是分类随机存储，或者其他的分级、分区存储。

9）储位分配原则，即靠近出口，以周转率为基础。

3. 储位分配的方式

1）人工分配。以人工分配货位，所凭借的是管理者的知识和经验，其效率会因人而异。要求仓管人员必须熟记储位分配原则，并能灵活应用；仓管人员必须按分配单证将商品放在指定储位上，并做好详细记录；实施动态管理，因补货或拣货作业时，仓管人员必须做好登记消除工作，保证账物相符。人工分配货位需要其他设备，费用较少，但人工分配效率较低，出错率高，且需要大量人力。

2）计算机辅助分配。这种货位分配方式是利用图形监控系统，收集货位信息并显示货位的使用情况，提供给货位分配者实时查询，为货位分配提供参考，最终还是由人工下达货位分配指示。

3）计算机自动分配。利用图形监控储位管理系统和各种现代化信息技术（条码扫描器、无线通信设备、网络技术、计算机系统等），收集货位有关信息，通过计算机分析后直接完成货位分配工作，整个作业过程不需要人工分配作业。

6.3.3 存储策略

1. ABC 分类法

ABC 分类法又称帕累托分析法、主次因素分析法、分类管理法、重点管理法等，它是根据分析对象在技术或经济方面的主要特征进行分类排队，分清重点和一般，从而有区别地确定管理方式的一种分析方法。由于它把分析的对象分成 A、B、C 三类，因此又称为 ABC 分析法。ABC 分析法是由意大利经济学家维尔弗雷多·帕累托（Vilfredo Pareto）首创的。1879 年，Pareto 提出了著名的"二八定律"：社会财富的 80%是掌握在 20%的人手中，而余下的 80%的人只占有 20%的财富。这种"关键的少数和次要的多数"的理论，在社会学和经济学中广为应用。在库存管理中，这一法则的运用可有效提高工作效率和效益。

根据 GB/T 18354—2021《物流术语》，ABC 分类法的定义为：将库存物品按照设定的分类标准和要求分为特别重要的库存（A 类）、一般重要的库存（B 类）和不重要的库存（C 类）三个等级，然后针对不同等级分别进行控制的管理方法。

根据销售量、现金流量、订货提前期或缺货成本，依其重要程度将商品库存分成 ABC 三大类：

1）A 类。A 类库存价值高、数量少，会占用大量资金。需要有一套完整的记录，以分析其需求状况（需求数量、需求时间），严格计算订货提前期，需要重点管理，动态盘点库存适时订购，尽量降低其库存量。

2）B 类。不必详细预测 B 类库存的未来需求量，只要每天对库存的增减加以记录，达到订购点，以经济订购量进行订购即可。

3）C 类。C 类库存价值低、数量多，需要的资金少。一般采用大批购买的方式，并用复合式备料物控技术来控制，以免影响工作进度。C 类库存应放在公开的地方，且离作业人员越近越好。

商品 ABC 分类管理目前是订单管理中最常用的一种分类方法，其基本思想是以出库订单的出库数量（品项）占某期间出库总量（品项）的累计百分比进行排序，分清重点和一般，从而经济、合理、有效地使用人力、物力和财力资源，在国内外企业中得到了广泛应用。

ABC 分类法没有固定、严格的标准，通常根据库存物资的项目比重和价值比重进行分类，如图 6-1 所示。

A 类货物管理方法：尽可能缩短订货提前期，对交货期限加强控制。科学设置最低定额、安全库存和订货点，防止缺货发生；与供应商和用户共同研究替代品，尽可能降低单价；制定应急预案和补救措施，每天都要进行盘点和检查。

B 类货物管理方法：采用定量订货方法，订货提前期时间较长；应该每周进行盘点和检查。

C 类货物管理方法：大量采购，获得价格上的优惠。由于所消耗金额非常小，即使多储备，也不会增加太多金额。简化库存管理，每月循环盘点一遍。常用的是"双箱法"，即将某项库存货物分装两个货箱，当第一箱用完时，就意味着必须马上提出订货申请，以补充仓库中已经出库和即将出库的部分。

储位安排方面,把货物需求总量大但使用托盘的数量很少的货物,放在普通货架区,降低设备运营成本。对于拣货区储位安排,将其放置在电子标签拣货区,以便加快拣货速度;对于存储区储位安排,将销售量大的 A、B 类产品存放于立体仓库货架,加快出库效率;将销售量相对较小的 C 类产品放置于普通货架区,降低设备运营成本。

A类货物	B类货物	C类货物
• A类货物是项目比重小(5%~15%)但价值比重大(60%~80%),需要进行重点管理的物资 • 属于"关键的少数",重点管理 • 在保证安全库存的前提下,最好能做到准时制管理,降低库存总量,减少资金占用成本,提高资金周转率。避免物品长时间储存在生产线,造成积压损耗,导致超限额库存,不利于均衡生产和经营	• B类货物是介于重点物资和次要物资之间的项目比重大(15%~30%)、价值比重小(15%~25%),需要进行一般管理的物资 • 对此类货物采取一般程度的控制,可定期或定量订货,并定期进行盘点和检查	• C类货物是项目比重大(60%~80%)但价值比重小(5%~15%),需要进行次要管理的物资 • 简化库存管理。可以多储备一些关键物品,避免发生缺货。定期循环盘点积压物品和不能发生作用的物品,并及时清理

图 6-1　ABC 分类法管理策略

2. EIQ 分析法

所谓 EIQ,是指订单件数(Entry)、货品种类(Item)和数量(Quantity),即利用 E、I、Q 这三个物流关键要素,从客户订单的品项、数量与订购次数等方面出发,来研究配送中心的需求特性,为配送中心提供规划依据。EIQ 的基本思想是:在订单出库资料取样的基础上,运用帕累托图、次数分布图及 ABC 分析法等,对其订单进行订单量(EQ)、订货品项数(EN)、品项数量(IQ)、品项受订次数(IK)等的统计分析,以获取规划信息。

(1) 帕累托图

在一般物流的作业中,如将订单或单品品项的出库量先进行排序,然后绘制 EQ、IQ 二维分布图,并将它们的累积量以曲线的形式表示出来,即为帕累托图,这是最基本的数量分析工具。

(2) 次数分布图

绘制出 EQ、IQ 等帕累托图后,若想进一步分析商品出货量的分布情形,可以将出货量的范围进行适当分组,并计算各种商品的出货量出现在各组范围内的次数。

(3) ABC 分析法

在绘制 EQ、IQ、EN、IK 等统计分布图时,除了可以采用次数分布图找出分布趋势,还可以采用 ABC 分析法将某一特定范围内的订单或产品找出,对其进一步分析和重点管理。一般情况下,先按商品的出货量排序,选出占前 20%和 50%的品项数(或订单件数)的商品,计算其出货量占总出货量的比例,并将结果作为重点分类的依据。如果出货量集中在少数的商品(或订单),则可针对这些商品(品项数不多,但占有重要出货比例)做更详细的分析和规划,从而达到事半功倍的效果。相对而言,对于产品种类很多但出货量很少的商品组,在规划过程中可采取分类分区规划方式处理或暂不考虑,从而简化系统的复杂度,提高设备的利用率和可行性。

(4) 交叉分析

在进行 EQ、IQ、EN、IK 等 ABC 分析后,除了能够分别对订单资料进行分析,还可以根据其 ABC 的分类进行交叉分析。例如,将单日和全年的数据资料进行交叉分析,或 EQ 与 EN、

IQ 和 IK 等均可以进行交叉分析，从而得到有利的分析结果。

6.3.4 储位优化

储位优化是通过一定的分配原则、合适的存储策略为每种品项制定储位，减少拣选时间、路程，从而提高拣选效率。储位优化的目标是最大化货架内品项的相关性和订购频次，减少货架的搬运次数，同时最大化货架间的相关性，减少 AGV 在货架间的行走路程。

AGV 小车作业过程中执行的是双循环作业命令，因此储位优化中要尽可能最大化同一个货架中的品项的相关性和订购频次，让商品进行聚类，将订购频次高、相关性强的品项存储于同一货架上，使得每个货架的内聚度最大，减少货架的搬运次数。

储位优化的步骤如下：

第一步：计算不同商品品类在不同销售时段内被订购的频率，即每类商品的周转率。然后计算商品品类 i 和 j 之间在不同销售时段 t 的相关性系数、商品品类之间的距离。

第二步：根据货架容量等约束及商品品类之间的关联关系，对商品进行聚类。

第三步：在商品的存储过程中考虑货架的稳定性，即将聚类后的商品按照体积大小和重量存放在货架不同的货格内。

第四步：计算每个货架的周转率，等于该货架内部所存储商品的最大周转率。对货架按照周转率由高到低进行排序。

第五步：计算两个货架内部商品依次被同时订购的频率总和，得到两个货架之间的相关性。

第六步：按照仓储区域的货架摆放数量要求，分组摆放货架。利用坐标的形式对存储区域中的每一个存储位置进行定位。

第七步：在货架周转率顺序的基础上，将货架进行分散存储，从靠近拣选站的一侧开始依次向存储区域后方分配货架储位，即在存储区域中货架交叉分散存储。

6.4 智慧仓储拣选策略

仓库拣选作业是配送中心依据顾客的订单要求或配送计划，迅速、准确地将商品从其储位或其他区位拣取出来，并按一定的方式进行分类、集中的作业过程。拣选作业的效率直接影响整个仓储作业的工作效率，因此拣选策略选择是否合理恰当至关重要。

6.4.1 拣选方法

拣选方法有摘果法、播种法和复合拣选。在不同的仓库中和不同的订单类型，选择有效的拣选方法可有效地提高拣选效率。

1. 摘果法

摘果法，也叫拣选法，是针对单个订单，分拣人员按照订单所列商品及数量，将商品从存储区或分拣区拣取出来，然后集中在一起的拣货方式。摘果式拣选作业方法简单，接到订单可立即拣货，且作业前置时间短，作业人员责任明确；但当商品品项多时，拣货行走路径加长，拣取效率低下。摘果法适合订单大小差异较大、订单数量变化频繁、商品差异较大的情况，如化妆品、电器、家具等。摘果法拣选作业流程如图 6-2 所示。

2. 播种法

播种法，也叫分拣式法，是将多张订单集合成一批，按照商品品种类别汇总后再进行拣货，然后依据不同的客户或不同订单分类集中的拣货方式，也称为批量拣取。播种法可以有效缩短拣选商品的行走时间,但是需要订单累积到一定数量才可一次性处理,存在停滞时间。播种法适合订单变化量小、订单数量庞大、商品外形规则且固定的情况。播种法拣选作业流程如图 6-3 所示。

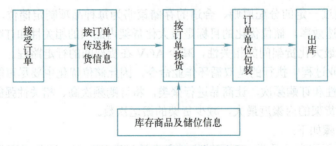

图 6-2 摘果法拣选作业流程

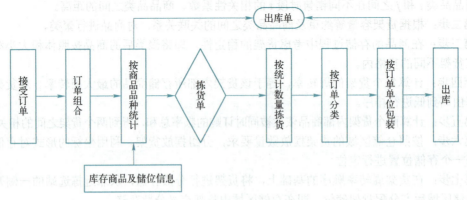

图 6-3 播种法拣选作业流程

智慧仓储拣选货物时,大部分都配套使用"货到人"拣选系统,采用播种法的形式完成货物的拣选工作。

采用播种法拣选具有十分明显的优势,不仅可以有效节约人工成本,也可有效降低作业难度,提高作业效率。采用播种法拣选主要有以下优势:

(1) 拣选高效

首先,采用播种法拣选作业的效率一般是人工拣选的 8~15 倍。其次,采用播种法拣选具有极高的准确性,系统通过配合电子标签、RFID、拣选站台、称重系统等辅助拣选系统,有效地降低拣选的出错率,采用播种法拣选的准确率一般在 99.5%~99.9%。同时,通过拣选站台系统、称重系统等辅助复核,减少了人工复核的强度。

(2) 存储高效

播种法拣选通过密集存储或移动货架进行存储,其存储密度也大大提高。其中,密集存储货架去掉了多余的巷道空间,提高了货架的密度,移动货架根据不同货物的包装规格设计了多种规格的货格,通过不同规格的货格组合,有效提高了货架空间的使用率。

(3) 降低劳动强度

播种法拣选通过智能搬运设备或自动输送设备搬运货物,大幅降低了作业人员的劳动强度。在多层穿梭车系统中,1 个巷道对应 1 个拣选站台,1 个拣选分配 1 个工作人员,整个仓库仅需少量工作人员即可实现全部拣选作业;在智能搬运机器人系统中,一个偌大的仓库仅需少量的工作站台即可完成商品的拣选,主要的搬运工作均由智能机器人来完成。

3. 复合拣选

为综合摘果法和播种法的优点，复合拣选是采取将订单摘果拣选和播种拣选综合起来的复合拣选方式。复合拣选根据订单的品种、数量和出库频次等确定哪些订单适用于摘果拣选，哪些适用于播种拣选，进行分别处理。电商物流中心每天的客户订单数量较大，商品规格较为固定，商品种类虽然繁多但也较为固定，适用于播种法拣选。

6.4.2 拣选策略

拣选策略是影响拣选作业效率的重要因素，对不同的订单需求应采用不同的拣选策略。拣选策略主要有 4 个关键因素：分区、订单分割、订单分批和分类。根据这 4 个关键因素的交互作用，可产生不同拣选策略。

1. 分区策略

分区是指将拣选作业场地区域划分，按分区原则有以下分区方式：

（1）货品特性分区

货品特性分区是根据货品原有的特性将需要特别存储搬运或分离存储的商品进行分区存放。

（2）拣选单位分区

将拣选作业区按照拣选单位进行划分区域，如箱拣选、单品拣选、特殊商品拣选等，其目的是将存储单元和拣选单元分类统一，便于分拣和搬运，使拣选作业单纯化。

（3）拣选方式分区

根据不同的拣选方式，将拣选作业区进行分区。通常以商品销售的 ABC 分类为原则，按照 ABC 分类结果确定拣选方式后确定拣选分区，其目的是使拣选作业单纯一致，减少不必要的重复行走时间。

（4）工作分区

在相同的拣选方式下，将拣选作业场地再做划分，由固定的组员分拣固定区域的商品。工作分区有利于组员对储位的记忆并减少运动距离，减少拣选时间，但是需要投入大量的人力，并且在一张订单需要多区拣选时，还需要二次合并，手续较为烦琐。

在电商物流中心，拣选区根据拣选单位分为大件拣选区和小件拣选区。大件拣选区商品单箱单件，以箱为拣选单位；小件拣选区的商品单箱多件，以件为拣选单位。

2. 订单分割策略

订单分割是指当订单中的商品较多或拣选系统要求及时快速处理时，为使其能在短时间内完成拣选处理，可将订单分成若干个子订单交由不同拣选区域同时进行拣选作业的订单分拣过程。订单分割一般与拣选分区相对应，订单到达物流中心后，首先要根据商品的存储区域进行订单分割，各个拣选区域再根据分割后的子订单进一步处理或直接拣选，在拣选后进行汇总或直接分批出库。

3. 订单分批策略

订单分批是为了提高拣选作业效率而把多张订单集合为一批进行批次处理的过程，通过订单分配可缩短分拣平均行走搬运的距离和时间。在批次处理的过程中，可将批次订单中的同一商品进行统计并统一拣选，再通过分拨将该商品分给各个订单，这样可减少分拣作业的平均搬运距离，减少重复寻找货位的时间，提高拣选效率。订单分批策略如下：

（1）总和计量分批

合计拣选作业前累计的所有订单中每一种商品的总量，再根据这一总量进行分拣以减少拣选路径，但该方法需要强大的分类系统支持。该方法适合固定点之间的周期性配送，可在固定时间段来完成订单收集、订单分批、订单分拣和分类。

（2）时窗分批

时窗分批是指订单按照短时间并且固定的到达时窗进行分批，如 5 分钟、10 分钟等，将此时窗内所到达的所有订单合为一个批次，进行批量分拣。该方法适用于订单比较紧急或时效性较高的商品，一般与分区策略、订单分割策略联合运用，尤其适用于到达时间短且平均，单次订购量和商品种类较少的订单形态。

（3）固定订单量分批

订单分批按先到先处理的基本原则，当累计订单量达到设定的数量时，再进行拣选作业。该方法适用于到达时间平均且单次订购数量和商品种类较少的订单形态，其订单处理速度较时窗分批低，但其作业效率稳定性较高。

（4）智能分批

智能分批是将订单汇总后经过复杂的计算机计算，将其分拣路径相近的订单分为一批同时处理，可大大减少拣选搬运行走距离。该方法一般适用于订单不紧急，可进行累计汇总后进行处理的订单形态，对于紧急插单的情况处理困难。

4．分类策略

采用播种拣选作业方式时，拣选后的商品需要按照订单进行分类。分类方式按照分类时间大致可分为以下两种：

（1）分拣时分类

在分拣的同时将商品按照订单分类，这种方式通常与固定订单量分批和智能分批进行联合使用，一般需要分拣台车或播种货架作为拣选设备，并通过计算机系统辅助完成快速分拣，适用于量少品项数多的订单形态。

（2）分拣后集中分类

分批按照合计数量拣选后再集中进行分类。该方式可采用人工分类，也可使用分类输送机系统进行集中分类，一般采用后一种。当订单商品种类数多时，一般采用分类输送机系统进行分类，可降低分类出错率。

5．拣选策略应用

拣选系统中，拣选策略尤为重要。拣选策略的 4 个主要元素之间相互关联，相互影响。拣选策略组合如图 6-4 所示，通过不同元素的相互配合形成不同策略。

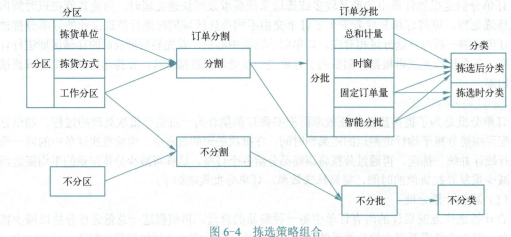

图 6-4　拣选策略组合

6.5 智慧仓储补货策略

补货通常是将货物从保管区移到拣货区的作业过程，保证拣货区有货可拣。补货时可以整件补到流动式货架上，供人工拣货；也可以拆开外包装零货补到自动分拣机上，保证自动分拣机有货可拣。

6.5.1 补货作业目的

补货作业的目的是向拣货区补充适当的货物，以保证拣货出库作业的顺利进行，通常以托盘或箱为单位，从商品的保管区（或称为存储区）将货物移到拣货区的作业过程，如图 6-5 所示。

图 6-5 存储区到拣货区作业过程

6.5.2 补货作业方式

补货作业前一定要仔细地计划，不仅为了确保存量，也要将补货物品安置于方便存取的位置。补货作业方式取决于货物的物品特性及场地、设备等。主要的补货作业方式有拼/整箱补货、托盘补货和货位补货（整栈补货）等。补货作业所需的设备主要为拣选搬运设备，如堆高机、电动式拖板车等。

1. 拼/整箱补货

这种补货方式是由货架保管区补货到流动货架的拣货区，保管区为货架储放区，而动管拣货区为两面开放式的流动棚拣货区。拣货人员在流动棚拣货区拣取单品放入浅箱中之后把货物放入输送机并运到发货区。当动管区的存货低于设定标准时，进行补货作业。

2. 托盘补货

这种补货方式是以托盘为单位进行补货的。根据补货的位置不同，它又分为两种情况：一种是地板至地板，另一种是地板至货架。

1) 地板至地板的整托盘补货。此种补货方式的保管区以托盘为单位，地板上平置托盘堆叠储放物品，动管区也以托盘为单位，地板上平置托盘堆叠储放物品。两者的不同之处在于：保管区的面积较大，储放物品量较多；而动管区的面积较小，储放物品量较少。拣取时，拣货员从拣取区拣取托盘上的货箱，放至中央输送机上出货，或者可使用堆高机将托盘整个送至出货区（当拣取大量种类时）。当拣取后发觉动管拣取区的存货低于设定标准时，要进行补货动作，其补货方式为作业人员以堆高机由托盘平置堆叠的保管区搬运托盘至同样是托盘平置堆叠的拣货动管区。

2) 由地板堆叠保管区补货至托盘货架动管区。此种补货方式的保管区以托盘为单位，地板上平置堆叠储放物品，动管区则为托盘货架储放。拣取时，拣货员在拣取区搭乘牵引车拉着推车移动拣货，拣取后再将推车送至输送机轨道出货。一旦发觉拣取后动管区的库存太低，则要进行补货动作，其补货方式为作业员使用堆高机很快地从地板平置堆叠的保管区搬回托盘，送至动管区托盘货架上储放。此种保管、动管区储放形态的补货方式，较适合体积中等或中量（以箱为单位）出货的物品。

3. 货位补货

此种补货方式为保管区与动管区属于同一货架，也就是将一个货架上的方便拿取之处（中下层）作为动管区，不容易拿取之处（上层）作为保管区。进货时，将动管区放不下的多余货箱放至上层保管区。对动管拣取区的物品进行拣货，而当动管区的存货低于设定标准时，可利用叉车将上层保管区的物品搬至下层动管区补货。此保管、动管区存放形态的补货方式，较适合体积不大，每品项存货量不高，且出货多属中小量（以箱为单位）的物品。

4. 其他补货方式

一是直接补货。与前面介绍的方式不同，直接补货方式是补货人员直接在进货时将物品运至拣选区，物品不再进入保管区的形式。

二是复合式补货。在复合式补货情况下，拣选区的物品采取同类物品相邻放置的方式，而保管区采取两阶段的补货方式。第一保管区为高层货架；第二保管区位于拣选区旁，是一个临时保管区。补货时先将物品从第一保管区移至第二保管区。当拣选区存货降到设定标准以下时，再将物品从第二保管区移到拣选区，由拣选人员在拣选区将物品拣走。

三是自动补货。在一些自动化仓库中，通过计算机发出指令，物品被自动从保管区送出，经过扫描物品及容器条码后，将物品装入相应的容器，然后容器经输送机被运送到旋转货架处进行补货。

6.5.3 补货作业时机

补货作业的发生与否应视拣货区的货物存量是否符合需求，因而究竟何时补货需检查拣货区存量，以避免拣货中途才发觉拣货区的货量不足，影响整个拣货作业。补货时机主要有批次补货、定时补货和随机补货三种方式，配送中心应视具体情况选择适宜的补货作业方式。

在补货作业中，补货时机的选择又是重中之重。补货作业的时机要考虑拣货区的货物数量是否符合一定时间范围内的拣货作业的要求，以避免拣货途中才发觉拣货区货量不足，导致拣货的临时暂停，同时还要考虑临时补货对整个出库作业的影响，具体情况见表6-12。

表6-12 补货时机说明

补货时机	补货作业说明	适用情况
批次补货	每天或者每一批拣货前，由计算机计算所需货品的总拣货量，检查拣货区的库存量，计算差额并在拣货开始前预测需求的情况	适合于每天作业量变化不大，紧急追加订单不多，或者容易预测需求的情况
定时补货	将每天划分为数个时段，补货人员于时间段内检查拣货区货物的存量，若货物低于安全库存，则将货架补满	较适合于分批拣货，而且处理紧急追加订货的时间集中固定的情况
随机补货	指定专门补货人员，随时巡视拣货区的货物存量，发现不足随时补货	较适合每批次拣货量不大，紧急订单较多，一日内作业量变化较大的情况

6.5.4 补货技术

仓库内部常用的补货技术如下所述。这些技术各有特点，既可以在补充存货时单独使用，也可以将几种技术结合起来使用。只要能够适合仓库的具体情况，就能取得很好的效果。

1. 人工视觉检测补货技术

人工视觉检测补货技术相对简单，它通过直接检查现有存货的数量决定是否补货。使用这种方法，只要对存货进行定期的视觉检查，并事先确定补货的规则，就可以进行补货了。如果补货规则规定存货箱半空或只有两盘存货时就应补货，那么在定期检查过程中首先将符合补货规则的存货种类挑出来，然后系统生成订货购置单，交给采购部门审核采购。

2. 双箱补货系统技术

双箱补货系统技术是一种固定数量的补货系统。将存货放到两个箱子（或其他形式的容器）里，其中，一个放在分拣区，另一个放到库房存储区保存起来。当分拣区的箱子空了，库房存储区的箱子就被提到前面来满足顾客需求。空箱子起到了补货驱动器的作用。每箱所要求的数量是在等待补货到达期间服务于需求所必需的最小库存。

3. 定期检测补货系统

在定期检测补货系统中，每一种产品都有一个固定的检测周期，检测结束时做出下一步的产品补货订购决策。只要能够满足产品需求检测周期就可以按天、周、月或季度确定。这种方法被称作固定周期/可变订购量系统。

4. 配送需求计划 DRP 系统

DRP 以优先序列、时间阶段的方法，通过接触顾客并预测需求来对存货进行规划。这种技术也被称为时间阶段订购法。DRP 方法的最大优势在于能及时地将供给与预期需求相匹配，以此决定订购行为。当需求超过供给时，系统会提醒规划者根据预先确定的批量规模订购产品，并使之在预期发生缺货的时候保证够用。此外，DRP 系统运行过程中，系统将不断重新调整供给与需求的关系，为订购者提出一套新的需求订购方案。

6.5.5 补货作业流程

补货作业是拣货作业的前提保障。补货作业环节主要流程包括确定现有库存水平和补货作业方式、确定补货点、制订补货计划和补货。

1. 确定现有库存水平和补货作业方式

拣选区所有商品的补货作业采用定时补货和随机补货共用的补货作业方法。定时补货是指在一般情况下仓库管理员定时对仓库中的商品库存进行查询，发现不足进行补货的作业方式；随机补货是指在作业过程中出现突发的库存量过低而触发的即时补货作业。随机补货具有一定的偶发性，补货作业以定时补货作业为主。

电商物流中心拣选区根据商品规格分为大件拣选区和小件拣选区，大件拣选区以托盘为单位存放商品，小件拣选区以单箱为单位存放商品，根据存放单位不同，大件拣选区采用托盘补货的补货作业方式，小件拣选区采用整箱补货的补货作业方式。

2. 确定补货点

补货点也称订货点，是根据现有库存水平需要发出补货需求的时点，是可以把库存降到某一个特定的水平对应的库存量。补货点的确定要考虑订货提前期内的需求量以及安全库存的需要。补货点库存水平一般用下面的公式确定：

$$补货点库存水平=订货提前期预计需求量+安全库存量$$

从上述公式中可以看出，影响补货点库存水平的因素有三个：销售速度、订货提前期和订货提前期内的销售量。

3. 制订补货计划

补货计划的内容主要包括取货货位、补货站台、搬运设备、补货货位等的确定。WMS 中补货计划具有"一键计划"功能，单击"一键计划"系统可自动计划补货的相关内容。

仓管员接收补货任务要明确补货任务的具体内容，包括需要补货的货物明细、补货区域等。仓管员接收补货任务后需要登录作业系统，进行补货信息的操作，如图 6-6 所示。

图 6-6 接收补货任务

仓管员在系统内处理完补货信息后，取来补货设备，登录手持终端设备的系统界面，进入相应功能模块，找到待补货下架的货位，并从货位上将待补货的货物进行下架，如图6-7所示。

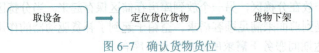

图6-7　确认货物货位

仓管员将下架的货物搬运到操作交接区之后，上架仓管员将待上架货物从交接区搬运至指定库位，并使用手持终端扫描货物及货位，确认货物补货上架后，将正确数量的货物上架到指定货位上，完成补货作业后将设备依次归位，如图6-8所示。

图6-8　执行补货作业

4. 补货

在系统中完成补货计划的制订和审核后，仓库中将进行补货作业。由于大件商品和小件商品的存储形式有所不同，因此补货方式也有所不同。

大件商品的补货过程由自动无人叉车和智能搬运机器人独立完成，无须人工介入。系统自动分配的自动无人叉车和智能搬运机器人开始作业，智能搬运机器人前往补货货位取单层托盘货架送往系统指定中转区货位，自动无人叉车将从取货货位将托盘商品取出，待单层托盘货架放置于中转区货位后，自动无人叉车将托盘商品放置于中转区的单层托盘货架上，智能搬运叉车将载有托盘商品的单层托盘货架放回原货位，至此补货任务完成。

小件商品的补货需要在补货站台依靠人工辅助补货完成。系统自动分配的自动无人叉车和智能搬运机器人开始作业，智能搬运机器人前往补货货位取移动货架，将其送往指定补货站台，自动无人叉车前往取货货位取托盘商品，将其送往指定补货站台，然后由人工补货完成后，智能搬运机器人将移动货架送回原货位，自动无人叉车将托盘商品送回原货位，至此补货任务完成。

常见的补货异常情况处理如下：

情况1：目标货位数量短缺

立即停止作业并反馈异常情况：一旦发现异常，须第一时间上报主管人员。

查询库位作业记录，寻找原因：调查需依据系统账面、货物记录卡、进出库异常登记、退货返库、差异库位交易记录、拣货文件等作业记录进行分析。

根据指令，补充货品数量：如果是货品本身缺货，需从外部供应商处进货；如果只是该货位数量不足，可从SKU的其他货位拿货补足。

情况2：目标货位错放、混放

立即停止作业并反馈异常情况：一旦发现异常，须第一时间上报主管人员。

查询SKU其他货位，确认情况：查看该SKU的其他货位情况，确认指示的货品错放到了别的货位，或者其他地方的货品混入了该货位。

根据指令，调整货品存放位置：如果是错放，就把错放的货品剔除，把应放的货品调整回来。如果是混放，就把混入的货品剔除，其他的保持不动。

情况3：目标货品破损、变质

立即停止作业并反馈异常情况：一旦发现异常，须第一时间上报主管人员。

及时移出问题货品，判别损坏程度：是否是外包装轻度磨损，产品质量未受损的轻微破损货品；是否是内外包装均已破损，但质检证实未影响产品质量的一般破损货品；是否是直接影响产品质量的严重破损货品。

根据指令，对问题货品区别处理：对于轻微破损的货品，应采取补救措施；对于一般破损的货品，进行包装更换；对于严重破损的货品，执行不合格品程序。

6.6 智慧仓储库存控制

库存控制是指对原料、半成品、成品等各种物资进行管理和控制，使其库存水平经济合理，从而创造更多的价值。库存控制管理是库存管理的重要组成部分，企业必须在满足运行需求的前提下，对库存水平进行严格控制，避免库存因占用过多现金流而成为企业的负担。

6.6.1 库存控制方法

库存控制需要考虑物资使用量、采购周期、到货周期、季节性波动等各类因素，因此，为了提高库存控制管理的效率，企业应当引入信息化手段，对每次物资的采购、使用及价值盘点进行分析核算。

1. 库存控制的目标

在设计库存控制方法之前，企业首先要明确库存控制的目标。一般而言，库存控制的目标主要表现在以下几个方面：

1）在保证生产、经营需求的前提下，使库存水平经济合理。
2）动态监控库存量变化，适时、适量地提出订货。
3）减少库存占用资金，提高资金周转率。

2. 库存控制的因素

库存控制管理实际上就是解决三个核心问题，即多久检查一次库存量、何时提出订货（订货点）、订多少货（订货量）。由此可见，库存控制系统的主要控制因素有两个，即时间和数量。企业可通过调整订货的时间和订货数量实现库存控制。

1）在订货数量一定的条件下，订货时间过迟将造成物资供应脱节，生产停顿；订货时间过早将造成物资存储时间过长，存储费用和损失增加。
2）在订货时间一定的条件下，订货数量过少会使物资供应脱节，生产停顿；订货数量过多会使存储成本上升，存储损耗增大。

选择合适的库存模型和库存策略使库存水平在时间和数量上经济合理，是库存理论研究的主要内容。

3. 库存控制系统

基于库存控制的主要目标及核心问题，结合信息化手段，企业主要可以借助 3 种库存控制系统实现库存控制。

（1）定量库存控制系统

定量库存控制系统的订货点和订货量都是固定的，定量库存控制系统如图 6-9 所示。

预先确定一个订货点 Q_k 和订货批量 Q，采用连续盘点，随时检查库存量（即每供应一次就结算一次，得到新的账面数据），经过一段时间，当库存控制系统的现有库存量降到订货点

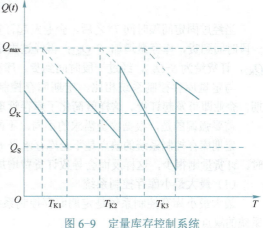

图 6-9 定量库存控制系统

（Q_K）及以下时，企业就向供应商订货，每次订货量均为一个固定的量 Q，即订货提前期（L）所订的物资进入仓库，库存量增加 Q。

订货提前期（L）是从发起订货至到货的时间间隔，其中包括订货准备、发出订单、供应商接收订货、货物发运、货物到库、货物验收和货物入库等过程，订货提前期一般为随机变量。

在定量库存控制系统下，企业要发现现有库存量是否到达订货点，就必须随时检查库存量，并随时发起订货。这样一来，虽然增加了管理工作量，但库存量却能得到严密的控制。因此，定量控制系统适用于重要物资的库存控制。

为了减少管理工作量，可采用双仓系统。双仓系统是将同一种物资分放两仓，其中一仓物资使用完之后，库存控制系统就发起订货。在发出订货后，就开始使用另一仓的物资，直到物资到货，再将物资分两仓存放。

即使如此，由于定量控制系统需要随时监控库存变化，在物资种类很多且订货费用较高的情况下也很不经济。

（2）定期库存控制系统

定期库存控制系统就是每经过一个相同的间隔时间，发起一次订货，以将现有库存补充到最大库存 S，如图 6-10 所示。

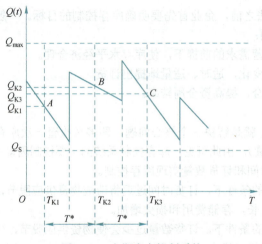

图 6-10　定期库存控制系统

当经过固定间隔时间 T^* 之后，企业发起订货，这时库存量降到 Q_{K1}，订货量为 $S-Q_{K1}$；经过一段时间到货，库存量增加 $S-Q_{K1}$；再经过固定间隔期 T^* 之后，又发起订货，这时库存量降到 Q_{K2}，订货量为 $S-Q_{K2}$，经过一段时间到货，库存量增加 $S-Q_{K2}$。

与定量库存控制系统相比，定期库存控制系统不需要随时检查库存量，经过固定的间隔期，企业即可发起订货。这样就简化了库存管理过程，也节省了订货费。

需要强调的是，根据物资需求的不同，不同物资的最大库存 Q_S 可以不同。

定期库存控制系统的缺点是不论库存水平 Q 降得多还是少，都要按期发起订货，当 Q 很高时，订货量则很少，这样反而会导致订货费增加。

（3）最大最小库存控制系统

最大最小库存控制系统是定期库存控制系统的一种特殊形式，其目的是克服定期库存控制系统的缺点。

最大最小库存控制系统只需确定一个订货点 Q_S，当经过间隔时间 t 时，如果库存量降到 Q_S 及以下，则发起订货；否则，再经过一个间隔时间 t 时考虑是否发起订货。

最大最小库存控制系统如图 6-11 所示，当经过间隔时间 t 之后，库存量降到 L_1，L_1 小于 S，企业订货量为 $S-L_1$，经过一段时间（LT_1）到货，库存量增加 $S-L_1$。再经过间隔时间 t 之后，库存量降到 L_2，L_2 大于 Q_S，不订货。再经过时间 t，库存量降到 L_3，L_3 小于 Q_S 时订货，订货量为 $S-L_3$，经过订货提前期（LT_2）到货，库存量增加 $S-L_3$，如此循环。

与定期库存控制系统相比，最大最小库存控制系统无须在每次检查时订货，因此可以节省订货费，但如果时间 t 被设定为较长时间，则库存量必然小于 Q_S，该系统会失去意义。

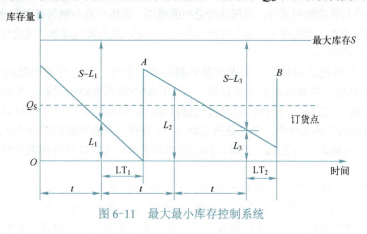

图 6-11　最大最小库存控制系统

6.6.2　库存需求预测

库存控制管理水平的提高，必然需要准确的库存需求预测，这就离不开数据的采集和信息的分析。如果信息出现变化，那么库存控制管理的决策结果同样无法做到精准。因此，在进行库存需求预测时，企业必须妥善处理供应链的牛鞭效应[⊖]，弱化其负面影响。

常用的库存需求预测的方法有 6 种，如图 6-12 所示。

1. 订货分级管理

当企业想要满足销售商的所有订货需求时，其需求预测修正造成的信息变异必将进一步放大，由此导致库存需求差异变大。在供应链运作过程中，客户具有重要的地位和作用。

因此，在解决牛鞭效应时，企业要对客户进行分类，如一般销售商、重要销售商、关键销售商等。在此基础上，企业可对客户的订货实行分级管理。

1) 对一般销售商的订货采取"满足"管理。
2) 对重要销售商的订货采取"充分"管理。
3) 对关键销售商的订货采取"完美"管理。
4) 当货物短缺时优先满足关键销售商的需求。
5) 定期对销售商进行考查，在合适时机剔除不合格的销售商。

图 6-12　库存需求预测方法

2. 合理分担库存责任

造成牛鞭效应不断加剧的一个重要原因就是库存责任失衡，库存积压风险几乎都由制造商

⊖ 牛鞭效应是指供应链上各节点企业只根据其相邻的下级企业的需求信息进行生产或决策时，需求信息的不真实性会沿着供应链逆流而上，产生逐级放大的现象。

和供应商承担。因此，供应链应当加强出入库管理，各企业合理分担库存责任，促使下游企业向上游供应商提供真实的需求信息。

基于相同的原始需求资料，供应链各节点企业得以协同合作，制订相匹配的供需计划。此时，联合库存管理策略也成为解决牛鞭效应的重要方法。在库存责任失衡的状态下，即使销售商存在库存积压的问题，由于销售商无须支付预付款，因此不用承担资金周转压力，库存量大的情况下反而能够发挥融资作用，提高销售商的资本收益率，而其代价则是供应商的库存异常风险加大。因此，供应链应当平衡销售商与供应商的责任，遵循风险分担的原则，在供应商与销售商之间建立合理的分担机制，尤其是在库存成本、运输成本及竞争性库存损失等方面，从而实现成本、风险与效益平衡。

3. 缩短订货提前期

一般而言，订货提前期越短，需求信息就越准确。因此，供应商应当鼓励销售商缩短订货提前期，采取小批量、多频次的实需型订货方式，以减小需求预测的误差。尤其是在当下，借助电子数据交换系统、大数据、云计算等现代信息技术，销售商完全可以及时将需求信息分享给供应商。例如，根据沃尔玛的调查，当订货提前期为 26 周时，需求预测误差为 40%，当订货提前期为 16 周时，需求预测误差为 20%，当销售商按照当前需求，实时订货时需求预测误差仅为 10%。

4. 规避短缺博弈

在短缺博弈中，销售商为了获取更多的供应，倾向于夸大需求信息，进而加剧牛鞭效应。为了规避短缺博弈，供应商应当更改供应策略，以销售商的历史订购数据为基础进行限额供应，而非以订货量作为供应标准。例如，假设市场总供应量是需求量的 50%，如果销售商同期平均销售量为 1000 件，历史最高销售量为 1200 件，那么供应商应当根据销售商的等级计算供应限额，如一般销售商为 500 件，重要销售商为 600 件，关键销售商为 650 件。

5. 合理修正需求信息

供应链各节点企业需求预测修正的夸大，是导致牛鞭效应的重要原因。因此，供应商在进行需求预测修正时，忌一味地以订货量为基础进行放大，而应当根据历史资料和当前环境进行合理分析，从而真正发挥需求预测修正的效用。此外，联合库存、联合运输和多批次发货等形式，也有助于供应商在控制成本的同时满足销售商的需求。

6. 缩短回款期限

牛鞭效应的一个重要的负面影响就是供应商的库存积压，以及随之而来的资金压力。对此，缩短回款期限是消除牛鞭效应负面影响的有效方法。回款期限一般是供应链合作谈判的重要内容，具体而言，在合作谈判中，供应商一方面可以适当缩短回款期限，如定为 1 周或 10 天；另一方面，可以制定价格优惠策略，鼓励销售商积极回款。在供应链的放大效应下，需求信息变异加速放大及由此造成的短缺博弈或短期行为，都会损害供应链各节点企业的利益。因此，供应链各节点企业都应当协同合作，借助现代信息技术，高效地整合供应链管理系统，并采用合适的分销与库存管理方法，以消除牛鞭效应的负面影响，做出准确的库存需求预测。

6.7 智慧仓储的仓库 7S 管理

7S 包括整理（Seiri）、整顿（Seiton）、清扫（Seiso）、清洁（Seiketsu）、安全（Safety）、节约（Save）、素养（Shitsuke）等 7 项内容，因为这 7 项内容（日语和英文）的首字母均为 S，因而被称为7S 管理。

7S 管理的八大效用如下：

（1）亏损为零（7S 为最佳的推销员）

无缺陷、无不良、配合度好的声誉在客户之间口碑相传，忠实的顾客越来越多；知名度很高；大家争着来这家公司工作；人们都以购买这家公司的产品为荣；整理、整顿、清扫、清洁和修养维持良好，并且成为习惯，以整洁为基础的工厂有很大的发展空间。

（2）不良为零（7S 是品质零缺陷的护航者）

产品按标准要求生产；检测仪器正确地使用和保养，是确保品质的前提；环境整洁有序，一眼就可以发现异常；干净整洁的生产现场，可以提高员工品质意识；机械设备正常使用保养，减少次品产生；员工知道要预防问题的发生，而非仅仅是处理问题。

（3）浪费为零（7S 是节约能手）

7S 能减少库存量，排除过剩生产，避免零件、半成品、成品在库过多；避免库房、货架、天棚过剩；避免卡板、台车、叉车等搬运工具过剩；避免购置不必要的机器、设备；避免"寻找""等待""避让"等动作引起的浪费；消除"拿起""放下""清点""搬运"等无附加价值动作；避免出现多余的文具、桌、椅等办公设备。

（4）故障为零（7S 是交货期的保证）

工厂无尘化；无碎屑、碎块和漏油，经常擦拭和保养，机械移动率高；模具、工装夹具管理良好，调试、寻找时间减少；设备产能、人员效率稳定，综合效率可把握性高；每日进行使用点检，防患于未然。

（5）切换产品时间为零（7S 是高效率的前提）

模具、夹具、工具经过整顿，不需要过多的寻找时间；整洁规范的工厂机器正常运转，作业效率大幅上升；彻底的 7S，让初学者和新人一看就懂，快速上岗。

（6）事故为零（7S 是安全的软件设备）

整理、整顿后，通道和休息场所等不会被占用；物品放置、搬运方法和积载高度考虑了安全因素；工作场所宽敞、明亮，使物流一目了然；人车分流，道路通畅；"危险""注意"等警示明确；员工正确使用保护器具，不会违规作业；所有的设备都进行清洁、检修，能预先发现存在的问题，从而消除安全隐患；消防设施齐备，灭火器放置位置、逃生路线明确，如果发生火灾或地震，员工生命安全有保障。

（7）投诉为零（7S 是标准化的推动者）

人们能正确地执行各项规章制度；去任何岗位都能立即上岗作业；谁都明白工作该怎么做，怎样才算做好了；工作方便又舒适；每天都有所改善，有所进步。

（8）缺勤率为零（7S 可以创造出快乐的工作岗位）

一目了然的工作场所，没有浪费、勉强、不均衡等弊端；岗位明亮、干净，无灰尘无垃圾的工作场所让人心情愉快，不会让人厌倦和烦恼；工作已成为一种乐趣，员工不会无故缺勤旷工；7S 能给人"只要大家努力，什么都能做到"的信念，让大家都亲自动手进行改善；在有活力的一流工场工作，员工都由衷感到自豪和骄傲。

6.7.1 整理仓库

因为不整理而产生的浪费，往往会在日常管理中被忽视，日积月累，其造成的浪费足以损害企业竞争力。

整理（Seiri）的核心内容是区分必要物和不要物，并对不要物进行及时处理。整理的具体内容如图 6-13 所示。

整理是永无止境的过程，时时刻刻都要进行，不能在开

图 6-13 整理的具体内容

展活动时为了应付检查而突击整理，做做样子，活动过后又恢复原样，这样就失去了整理的意义。

仓库7S管理的整理，要达到重点区分的效果，需要的留下，不需要的坚决清理。

1. 7S整理的步骤

1) 工作场所（范围）全面检查，包括看得见的和看不见的。
2) 制定"要"和"不要"的判别基准。
3) "不要"的物品清除。
4) 调查"要的"物品的使用频率，决定日常用量。
5) 每日自我检查。

2. "要"和"不要"

7S整理的核心是正确区分和处理"要"和"不要"。

（1）"要"的物品

"要"的物品是必需品，是指经常使用的物品，如果没有它，就必须购入替代品，否则会影响正常工作，如必要的物品、设备、作业工具等。

（2）"不要"的物品

"不要"的物品是非必需品，可分为两种：一是使用周期较长的物品，如1个月、3个月甚至半年才使用一次的物品，如设备的润滑油等；二是对生产无作用，需要报废的物品，如报废的工具、水杯或过期的物品等。

（3）处理方法

"要"的物品（必需品）和"不要"的物品（非必需品）的区分与处理方法见表6-13。

表6-13 必需品和非必需品的区分与处理方法

类别	使用频率	处理方法	备注
必需品	每小时	放工作台上或随身携带	
	每天	现场存放（工作台附近）	
	每周	现场存放	
非必需品	每月	仓库存储	定期检查
	3个月	仓库存储	定期检查
	半年	仓库存储	定期检查
	1年	仓库存储（封存）	定期检查
	2年	仓库存储（封存）	定期检查
	未定	仓库存储	定期检查
	不需要使用	变卖或废弃	定期检查
	不能用	变卖或废弃	定期检查

3. 整理仓库的内容

具体到仓库场景，7S整理主要包含12项内容。

1) 呆滞物品应按规定日期申报处理。
2) 报废物品、有价废料应定期处理。
3) 物品应按规格、型号、产地、购进时间分类存储。
4) 内引线、标签等物品应存放在便于查找的位置。
5) 纸箱、泡沫箱等材料应摆放整齐，剩余的纸隔板应定期处理。

6）客供物品应有专门的区域存放。
7）通道应畅通，整体应整洁有序。
8）文件、各种单据应分类按序摆放。
9）垃圾桶、清洁用具应按规划区域摆放。
10）待拣物品、呆滞物品、报废品、废料分区域放置。
11）退货产品与合格产品应分区摆放。
12）退货产品与产品附件应定期处理。

6.7.2 整顿仓库

整顿（Seiton）的内涵是将"要"的东西依规定位、定量摆放整齐，明确标识。通过 7S 整顿，企业要实现的就是任何人马上就能拿到"要"的东西。对此，企业可以从寻找开始，对企业现状进行检验，如图 6-14 所示。

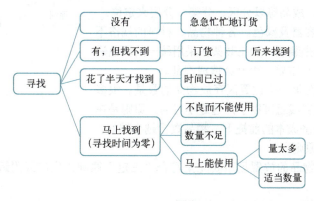

图 6-14　寻找

整顿的核心内容是通过定置管理等工具，确保企业成员可以马上找到所需数量的物品，且马上就能使用。整顿的推行必须遵循一定的流程。整体来说，整顿的 6 个步骤是缺一不可的，如图 6-15 所示。

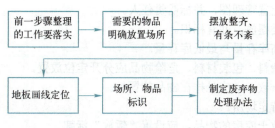

图 6-15　整顿的推行步骤

需要注意的是，整顿必须在整理的基础上进行，如果整理工作没有结束，对"不要"的物品进行整顿就是人力的浪费。

1．整顿的对象

整顿的对象是所有物品，但在实施过程中，企业要区分轻重缓急，对重点对象进行优先整顿。

（1）寻找起来费时费力的物品

整顿就是为了能够立即取出所需物品。现在要花很多时间寻找的物品，通过整顿就会明显减少所花时间,所以要优先对其进行整顿。

(2) 在品质方面有待加强的物品

有些物品虽然不需要花太多时间寻找,但稍不注意就会拿错。在生产过程中发现问题可以及时治理,但如果产品流到客户手中发现问题就会出现投诉,影响公司的信誉。一旦发生事故将带来重大社会影响,危及公司的生存。

(3) 存在安全隐患的物品

超重、超长、锋利的物品在安全上存在隐患,必须优先进行整顿。

2. 整顿的原则

在整顿的推行过程中,除了注重以上步骤,还有两个重要的原则要遵循。

(1)"三定"原则

"三定"原则即定位、定容、定量,如图6-16所示。

1) 定位。材料、成品等以分区、分架、分层来定位。

2) 定容。选定容器及颜色。各种物品、材料的规格不一,要用不同的容器来装载,如工装架;采用统一的颜色进行区分、画线、标识很重要,否则会造成混乱。

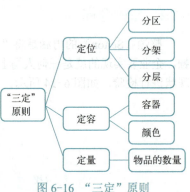

图6-16 "三定"原则

3) 定量。明确在每一个位置区存放物品的数量。很多人认为有定置区和定置线就可以了,这是不对的。原则是在能满足需求和考虑经济成本的前提下,物品数量越少越好。

(2)"三要素"原则

1) 放置场所。物品的放置场所要完全符合"三定"原则,生产线附近只能放真正需要的物品。

2) 放置方法。易取,不超出规定的范围。

3) 标识方法。放置场所和物品要符合一对一原则,设置区域标识和状态标识等,在标识方法上多下功夫。

3. 整顿仓库的内容

具体而言,整顿仓库主要包含12项内容。

1) 制作物品摆放定置管理图,并标明责任人。

2) 产品、物品分类摆放,并有标识。

3) 物品应设置最高库存量与最低库存量。

4) 主料、辅料、杂料、包装材料、危险物品应分开定位放置。

5) 账、卡、物应一致,卡应悬挂在物品放置处。

6) 危险品应放在特定场所。

7) 对一时无法存放于库房的物品,应设置"暂放"标牌。

8) 物品存放区域应符合定置管理图要求。

9) 物品直列放置高度不应超过1.5m,纸箱、泡沫板除外。

10) 常用物品应便于领用和存放。

11) 物品应按分类存储管理。

12) 进出仓记录应按规定操作。

此外,整顿仓库还要特别留意物品放置和物品标识,其注意点见表6-14。

表 6-14 物品放置和物品标识的注意点

注意事项	注意点
物品放置	物品按功能或按种类放置
	可采用架式、箱式、悬吊等方式放置物品
	尽量立体放置，充分利用空间
	应便于物品取放
	在规定区域放置
	库房内物品的堆放高度应有限制，一般不超过 1.5m
	容易损坏的物品要分隔或加垫保管，防止碰撞
	做好防潮、防尘、防锈措施
物品标识	采用不同颜色的油漆、胶带划分区域
	在放置场所标明摆放的物品
	在摆放物体上进行标识
	根据工作需要灵活采用各种标识方法
	标签要内容明确，一目了然
	某些物品要注明存储、搬运注意事项和保养时间、方法
	暂放物品应挂"暂放"标牌，指明管理责任者、时间跨度
	标识 100%实施

6.7.3 开展清扫活动

清扫（Seiso）就是使工作现场处于没有垃圾、没有污脏的状态，虽然已经整理、整顿过，"要"的东西马上就能取到，但是被取出的东西要处于能被正常使用的状态才行。达成这样的状态就是清扫的第一目的，尤其在目前强调高品质、高附加价值产品的制造情况下，更不允许有垃圾或灰尘污染产品。

清扫的重点是自觉保持工作场所干净、整洁，并防止污染的发生。

1. 7S 清扫的步骤

即使没有推行 7S 管理的企业，在现场管理中，也都会进行一般意义上的清扫工作，如图 6-17 所示。

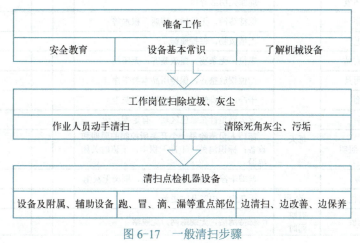

图 6-17　一般清扫步骤

即使是在一般清扫层面,很多企业仍然无法做到极致。尤其是在一些企业中,清扫大多由专门的清扫人员处理,作业人员甚至不会自己动手,而清扫人员也无法真正发现现场存在的问题。

因此,企业在进行 7S 清扫工作时,首先要完成一般的清扫工作,由作业人员动手清扫。在这个基础上,企业才能借助 7S 清扫发现问题,并及时处理问题,维护设备,提高设备性能,减少工业伤害。7S 清扫步骤如图 6-18 所示。

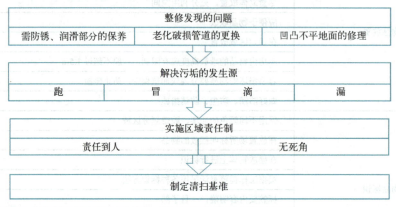

图 6-18　7S 清扫步骤

2. 清扫仓库

仓库的 7S 清扫一般包含 3 个方面的内容。

1) 材料不应脏污、附有灰尘。
2) 墙壁、天花板应保持干净,地面应保持无灰尘、纸屑、水渍。
3) 计算机、电话、电风扇、灯管、物品等表面应无灰尘。

具体而言,根据仓库管理的需求,企业可以制作仓库 7S 清扫要点和要求,并对清扫情况进行检查,具体内容见表 6-15。

表 6-15　仓库 7S 清扫要点和要求

项目	清扫部位	清扫周期	要求	___年___月					
				1	2	3	4	…	31
机器设备	内外部污垢	停机时	眼观干净,手摸无尘						
	周边环境		地面无明显碎屑						
地面	表面	每天	保持清洁,无污垢、碎屑、积水等						
	通道		无堆放物,保持通畅						
	摆放物品		定位,无杂物,摆放整齐,无压线						
	清洁用具		归位摆放整齐,保持用品本身干净						
墙或天花板	墙面	每天	干净,无蜘蛛网,所挂物品无灰尘						
	消防		灭火器指针在绿色区域,有定期点检						
	开关、照明		部门人员清除每一个开关所控制的照明和设备;标识清楚,干净无积尘,下班时关闭电源						
	门窗		玻璃干净,门及玻璃无破损,框架无灰尘						
	公告栏	1次/周	无灰尘,内容及时更新						
	天花板	有脏污时	保持清洁,无蜘蛛网,无脱落						

(续)

项目	清扫部位	清扫周期	要求	年 月					
				1	2	3	4	…	31
工作台、办公桌	桌面	每天	摆放整齐，干净，无多余垫压物						
	抽屉		物品分类存放，整齐清洁，公私物品分开放置						
	座椅、文件		及时归位，文件架分类标识清楚						
箱或柜	表面		眼观干净，手摸无尘，无非必需品						
	内部		分类摆放，整齐清洁						
茶桌	茶杯或茶瓶		摆放整齐，茶瓶表面干净、无污渍						
	表面		保持清洁，无污垢、积水等						
工具设备	表面		不使用时，归位放置，摆放整齐、稳固，无积尘、无杂物，放在设备上的物品要整齐						
组长或区域负责人签字：									

6.7.4 开展清洁活动

简单而言，清洁（Seiketsu）就是将前面 3S 的实施制度化、规范化，从而维持前 3S 管理的实施效果，并通过持续优化达到更好的效果。7S 清洁的推行步骤如图 6-19 所示。

具体而言，清洁仓库的要点主要有以下 3 个环节：

1. 制定清洁手册

整理、整顿、清扫的最终结果是形成清洁的作业环境。要做到这一点，动员全体员工参加整理、整顿是非常重要的，所有的人都要清楚应该干些什么，在此基础上将大家都认可的各项应做工作和应保持的状态汇集成文，形成专门的手册，从而达到确认的目的。

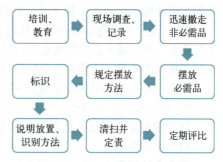

图 6-19　7S 清洁的推行步骤

清洁手册要明确以下 6 项内容：
1) 仓库地面的清洁程序、方法和清扫好的状态。
2) 确立区域和界限，规定完成后的状态。
3) 设备的清扫、检查的进程和完成后的状态。
4) 设备的动力部分、传动部分等部位的清扫、检查进程及完成后的状态。
5) 仓库的清扫计划和责任者。
6) 规定清扫实施后及日常的检查方法。

2. 明确清洁状态

清洁状态包含 3 个要素，即干净、高效、安全。在开始时，要对清洁度进行检查，制定详细的检查表，以明确清洁状态，其内容主要包括以下 6 项：
1) 地面的清洁状态。
2) 窗户和墙壁的清洁状态。
3) 操作台上的清洁状态。
4) 工具和工装的清洁状态。
5) 设备的清洁状态。
6) 货架和放置物资的场所的清洁状态。

只有明确了清洁的状态后,才可以进行清洁检查。

3. 定期检查

比保持清洁更重要的是保持场地高效率作业。为此,不仅要在日常的工作中进行检查,还要定期进行检查。虽然检查对象和检查表中的检查对象相同,但是检查内容不仅包括清洁度,还包括高效的程度。效率是定期检查的要点,这同样需要制定检查表。

检查时要求现场的图表和指示牌设置位置合适;提示的内容合适;安置的位置和方法有利于现场高效率运作;现场的物品数量合适,没有不需要的物品。

维持前 3S(整理、整顿、清扫)的成果,为标准化、制度化、规范化奠定基础,并在此基础上,通过持续改善环境,使精益 7S 管理活动成为惯例和制度,形成积极向上的企业文化。

6.7.5 开展安全活动

安全(Safety)也是生产力。安全第一,预防为主。培养员工的安全意识,强化对各种不安全的人为因素、物为因素的预知、预防,并彻底消除各种不安全因素,创造一个安全、健康、舒适的工作环境,能够增加客户对企业的信心。

7S 安全是指消除各种隐患,排除各种险情,预防各种事故的发生,保障员工的人身安全,保证安全生产,减少意外事故造成的财产损失。安全对所有行业都非常重要,只有保证安全,才能保证项目的实施,才能为企业创造效益。

安全的核心内涵是人身不受伤害,环境没有危险。

1. 防止发生安全事故

防止发生安全事故的重点主要有两点,即消除不安全的行为和不安全的状态。

(1)不安全的行为

不安全的行为主要是指员工工作中可能造成安全事故的行为,主要表现如下:

1)无视安全规则的作业行为。
2)穿着不整齐的服装。
3)在不能确认安全的情况下进行作业。
4)对物品进行粗暴处理,使用违规方法搬运物品。
5)不按照作业标准进行作业。
6)在工作中注意力不集中、嬉戏等。

(2)不安全的状态

不安全的状态主要是指工作现场中可能存在的安全隐患,主要表现如下:

1)整理、整顿不规范。
2)清洁工具、器具等不安全。
3)缺少必要的安全装置,或安全装置损坏。
4)照明不良,没有栏杆或扶手。
5)没有采取防护措施处理有害物品。

2. 做好事前控制

在对待安全问题时,企业始终要明确事后控制不如事中控制,事中控制不如事前预防。很多企业直到安全事故发生时才寻求弥补措施,但此时安全事故已经对企业造成重大损失,再完善的事后控制也只能控制损失,不能挽回损失。

(1)做好安全识别

危险源是指可能导致人员受伤害或患病、物质财产损失、工作环境破坏或这些情况组合的根源或状态因素,如化学品类的有毒害性、易燃易爆性、腐蚀性等的危险物品,特种设备类的电梯、起重机械、锅炉、压力容器、压力管道等。通过技术控制（如消除、隔离）、员工行为控制（如安全培训、安全操作）、管理控制（如安全检查、责任人制度）等可以有效控制危险源。

在日常运营管理中，企业始终要强调安全无小事。任何安全隐患都应当给予最高优先级，尽快予以处理，并给予发现者相应奖励，责任人应承担相应处罚。

(2) 明确安全要点

企业在开展安全活动时，必须明确以下要点：

1) 操作前思考 30s。
2) 按操作规范进行作业。
3) 按要求穿戴劳保用品。
4) 作业前确认工作环境是否安全。
5) 遇到警示标识要按提示行事。
6) 了解生产现场所有危险源。
7) 了解生产现场逃生通道及消防用品位置。
8) 爱护公共物品。
9) 员工应遵守公司的保密制度，确保公司各种资料的安全。

在不同仓库的现场管理中，安全防范措施各有不同，无论如何，企业要认识到安全生产是企业现场管理的基本要求。企业必须始终坚持事前控制，预防为主，并建立健全安全生产保障体系，对劳动纪律、工艺纪律、环境清洁等问题制定明确的规范。

6.7.6 开展节约活动

节约（Save）就是对时间、空间、资源等方面合理利用，以发挥它们的最大效能，从而创造一个高效率的、物尽其用的工作场所。节约活动主要是减少企业的人力、成本、空间、时间、库存、物品消耗等。开展节约活动的目的是使员工养成降低成本习惯，加强作业人员减少浪费意识教育。以自己就是主人的心态对待企业的资源，能用的东西尽可能利用，切勿随意丢弃，丢弃前要思考其剩余的使用价值，秉承勤俭节约的原则，建设资源节约型企业。

开展节约活动就是要消除一切无效劳动和浪费，这也是精益生产的核心。在生产活动中，不增加价值的活动是浪费；尽管是增加价值的活动，所用的资源超过了"最少"的界限，也是浪费。

1. 生产现场的七大浪费

虽然生产的产品不同，但活动中出现的典型浪费是类似的。

1) 等待浪费。人或设备的等待、原材料等待投入或产品在工艺流程中处于停止状态、产品停滞在仓库的情况等都属于等待浪费。
2) 加工本身的浪费。多余的加工、过分精确的加工、加工作业本身是否真的必要等。
3) 动作浪费。生产现场作业动作的不合理导致的时间和人员体力的浪费属于动作浪费，如物品需要长距离取放、反转、对准等，作业人员需步行、弯腰、转身等动作。
4) 库存浪费。仓库产生不必要的搬运、堆积、放置、防护、寻找等浪费的时间、空间和动作属于库存浪费。资金占用及额外的管理费用、物品的价值衰减，变成呆料、废料库存物资占用空间和通道，造成多余的仓库建设投资或租金投入等。
5) 制造不良的浪费。工厂内发生不良品时，需要进行处置所消耗的时间、人力、物力，以及由此造成的相关浪费属于制造不良的浪费。
6) 生产过剩浪费。局部高效率或产能增加仅增加了库存量，是浪费。生产过剩会带来其他浪费，从而隐藏现场发生的问题，是浪费之根。制造过程的浪费在七大浪费中被视为最大的和最容易被忽视的浪费。它会产生搬运、堆积的浪费，需要增加托盘、包装箱等容器，库存量变大，管理成本增加等。

7）搬运浪费。由不合理的仓库布局和生产过剩导致库存等引起的浪费属于搬运浪费。搬运并不直接产生价值，也不对产品附加值做出贡献。

2. 浪费的识别方法

（1）对标法

通过发现"不一致""不均衡"找出浪费，见表 6-16。

表 6-16 对标法

不一致	不均衡
实际与标准不一致 ➢ 违规作业 ➢ 随意作业 ➢ 作业条件与规格不同 ➢ 标准未遵守 ① 使用标准作业票、作业要领书、作业指导书等精益工具，在现场观察操作者的实际作业与标准作业是否一致 ② 将不一致的操作内容找出来进行改善	产品制造不均衡 ➢ 日产量的不均衡 ➢ 作业速度的不均衡 ① 使用生产管理板、山积表、工序能力表等精益工具，查找影响生产线均衡化的瓶颈工序 ② 对瓶颈工序进行分析，找出制约因素

（2）5Why 法

对每一个浪费作业反复问为什么（Why），从而查找浪费的根本问题。5Why 法的目的是以反复 5 次以上的疑问，来寻找问题的根本原因，当然不是说必须反复 5 次以上，而是强调通过反复疑问到找出问题的根本原因。

我们每天都生活在流程中，因此常常无法看清我们身边的浪费。我们必须学会"观察"，也必须问"为什么"。我们为什么要做？为什么我们要这样做？我们的程序和方法通常会随时间而改变，客户的要求也在随时改变，我们需要弄清楚客户需要什么、为何要满足客户需求、如何满足客户需求等。

（3）流程图分析法

流程图分析是识别浪费、也是实施精益生产全过程的基本技术手段，是通过鉴别在设计、订单处理、制造过程中的每一个活动的价值来识别浪费的方法。流程图分析步骤如图 6-20 所示。

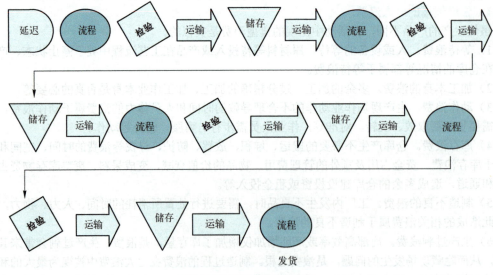

图 6-20 流程图分析步骤

流程图流动分析步骤如下：
1）将流程中的每一步按照先后顺序排列起来。
2）分出增值和非增值步骤。
3）将不增值活动分出不增值和必要的不增值，然后分别进行改善。

通过这个辨别流程，可以找出关键改进项目。这是创造一个旨在高速、高质向客户交付的流程。辨别流程如图 6-21 所示。

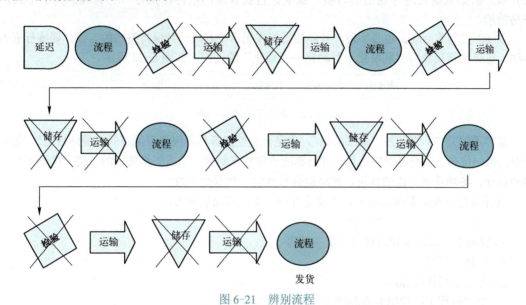

图 6-21　辨别流程

3. 消除浪费控制法

（1）常规控制措施
1）减少库存量，排除过剩生产，避免零件、半成品、成品存货过多。
2）避免库房、货架过剩。
3）避免卡车、台车、叉车、运输线等搬运工具过剩。
4）避免购置不必要的机器、设备。
5）避免出现多余的文具、桌椅等办公设备。

（2）浪费情况公布
将浪费的情况公布出来，使员工熟知，自觉改变浪费的做法。

（3）遵循科学的时间使用法，提高工作效率
消除"拿起""放下""清点""搬运"等不增值的动作。避免因"寻找""等待""避免"等动作而引起的浪费。制定合理的作业标准，并严格执行，从而提高工作效率。

（4）减少能源浪费的措施
1）贴上节约用电指南，提醒员工要节约用电。
2）设置空调合适温度。
3）对光管、风扇进行颜色管理，避免无标识而随意开关的浪费。
4）对各种废物垃圾实施分类处理，回收可用的垃圾。
5）将节约与环境保护结合起来。

6.7.7 开展仓库人员素养活动

素养（Shitsuke）是做人的基本要求。企业开展素养活动的本意是让员工依规定行事，养成良好的工作习惯。在实施过程中，通过持续教育，引导员工养成良好的工作习惯。开展素养活动的目的是提升"人的品质"，培养对任何工作都认真、负责的人。一切活动都靠人来开展，假如人缺乏遵守规则的习惯，或缺乏自我管理的精神，推行 7S 管理易流于形式，不易持续。

前 6S 是基本活动，也是手段，其能使员工在无形中养成一种保持整洁的习惯。要推行素养活动，也必然需要经历"制度化—行动化—习惯化"的过程，如图 6-22 所示。

图 6-22　素养活动推行步骤

素养不仅是 7S 管理的"最终结果"，也是企业经营者和各级主管期望的"最终目的"。如果企业的每一位员工都有良好的习惯，并且都能遵守规章制度，那么工作要求的贯彻、现场工艺纪律的执行、各项管理工作的推进，都将很容易落实，并取得成效。

在开展仓库人员素养活动时，主要进行以下 6 个方面的内容：

1. 建立共同遵守的规章制度

7S 管理中，共同遵守的规章制度主要有 5 点：

1）厂规、厂纪。
2）各项现场作业标准。
3）生产过程工序控制要点和重点。
4）安全卫生守则。
5）服装仪容规定。

2. 7S 管理将各种规章制度目视化

目视化可以让规章制度一目了然，规章制度目视化分为 4 步进行：

1）制成管理手册。
2）制成图表。
3）做成标语、看板。
4）制成卡片。

3. 实施各种教育培训

企业通过以下教育培训，使员工形成 7S 管理理念：

1）对新进人员讲解各种规章制度。
2）对老员工进行新规章制度的讲解。
3）各部门利用早会、晚会时间进行 7S 管理教育。

4. 及时纠正下属的违规行为

一旦发现下属有违规行为，主管要当场予以指正，否则下属可能会一错再错，或把违规行为当作"允许的行为"继续做下去。

5. 改正错误行为

违规者必须立即改正或者限时改正错误行为，违规者改正错误行为之后，主管必须再做检查，直到完全合格为止。

6. 开展各种精神向上的活动

在企业中开展各种精神向上的活动,以调动员工的积极性,这些活动如下:

1)早会、晚会。
2)方针、政策和目标的制定。
3)职业礼仪活动。
4)可帮助员工自主改善的活动。

需要强调的是,很多企业的早会制度普遍受到员工诟病,如形式主义、"打鸡血"等。其实,早会制度有效实施能够帮助员工集中精神、转换心境,并迅速进入工作状态;早会也是传达上级精神的重要方式,有助于进行工作动员、改善内部关系。因此,企业应当充分利用早会时间,发挥早会制度应有的作用。

案例 6-1　老板电器如何打造智能仓储物流中心

老板电器数字化厨电生产制造物流综合性基地是全国最大的厨电生产基地,本例主要介绍了其智能仓储物流中心的运营管理情况。该智能仓储物流中心的成功运营,无疑是其打造生产供应链管理系统,向数字化、智能化方向迈进不可或缺的一步。扩展视频参见二维码 018。

二维码 018

(资料来源:中国专业 IT 社区 CSDN 官网,2018 年 4 月)

本章小结

智慧仓储能够有效利用仓储信息,提高仓储任务分配和执行的效率,优化仓储作业的流程,节约人力和物力,为管理者提供辅助决策依据。智慧仓储设备的应用使人与仓储设备之间的交互更加便捷,减少人为操作错误,提高工作人员的操作准确率。

本章重点介绍了智慧仓储运营管理中的存储策略、拣选策略和补货策略,智慧仓储的库存控制方法,以及智慧仓库的 7S 管理。货物入库的存储方法有很多,确定企业仓库管理应用哪种存储方法需要选择适合自己的,在此基础上,既可以合理安排储位,提升仓储作业效率,降低物流成本,同时也能为整个物流供应链带来效益。"货到人"拣选方式的主要目的是追求效率,降低成本,形成专业性强的物流配送中心,也是现代电商物流仓储的重点技术和发展方向。补货通常是将货物从保管区移到拣货区的作业过程,保证拣货区有货可拣。这些管理策略的实施都离不开科学合理的库存控制,以及智慧仓库的 7S 有效管理。

本章习题

一、思考题

1. 简述五种存储方法的优缺点和适用范围。
2. 储位分配的原则是什么?常用的储位分配方式有哪些?
3. "货到人"拣选的特点有哪些?
4. 智慧仓储的拣选策略有哪些?
5. 补货作业的方式有哪些?什么时候补货最为合适?
6. 常用的库存控制方法有哪些?各自的优缺点是什么?
7. 什么是智慧仓储的仓库 7S 管理?

二、设计与实训

物流仿真设计

以赛促教,以赛促学。本实训项目根据每届百碟杯全国大学生物流仿真设计大赛的比赛要求,让学生以虚拟仿真的物流市场为运营蓝本,以规划设计、仿真建模、对抗经营为过程,考察学生的物流大数据分析、物流设施设备规划、物流运作流程设计、运营管理决策、作业效率优化提升、物流成本分析等物流中心规划与运营的综合管理能力。

具体内容请参见本书电子版实训指导书。

第 7 章　智慧仓储绩效管理

学习目标
- 了解智慧仓储绩效管理的含义、目标和原则
- 理解智慧仓储绩效管理的内容和范围
- 理解智慧仓储绩效管理体系的架构

导入案例

凯乐士智慧仓储高效运营绩效管理

凯乐士科技有限公司（简称"凯乐士"），拥有自己的硬核技术——自主创新研发用于自动化立体仓库的智能存取设备四向穿梭车，其高稳定性和高可靠性的品质得到了客户的广泛认可。本例主要介绍该技术的优势和应用情况，对于智慧仓储的运营绩效管理有一定的借鉴作用。扩展视频参见二维码019。

二维码 019

（资料来源：现代物流网，2019年11月）

绩效管理是企业管理的重要依据，企业需要在智慧仓储管理中引入绩效管理方案。但由于智慧仓储管理内容复杂，且绩效管理本身存在多因、多维、动态等特点，仓储绩效管理也成为企业绩效管理的难点。

7.1　智慧仓储绩效管理概述

7.1.1　智慧仓储绩效管理的定义

智慧仓储绩效管理是指在智慧物流背景下各级管理者和员工为了达到组织目标共同参与的绩效计划制订、绩效辅导沟通、绩效考核评价、绩效结果应用、绩效目标提升的持续循环过程。智慧仓储绩效管理的目的不仅包括持续提升个人、部门和组织的绩效，还包括智慧设备的使用情况。智慧仓储绩效管理是解决仓库无形资产如何有效地创造价值的问题，它针对的是知识、技能和人的管理。

仓库可以利用生产绩效考核指标考核仓库各个环节的执行计划情况，纠正运作过程中出现的偏差。采用科学合理的智慧仓储绩效管理方法，对于智慧仓储管理来说意义重大，具体表现在以下方面：

1. 有利于提高仓储管理水平

经济核算中的每个指标均反映了现代仓储管理的一个侧面，而一个有效的、完整的指标体系能反映管理水平的全貌，通过对比分析能找出工作中存在的问题，提高管理水平。随着物流业的发展，仓储行业的竞争也日益激烈，要使所经营的现代仓储企业始终立于不败之地，就必须优化管理，增强自身竞争力，加强经济核算。

2. 有利于落实岗位责任制

经济核算的各项指标是实行现代仓储管理的岗位责任制，就必须实行按劳取酬，建立并完

善经济核算制度。

3. 有利于仓库设施设备现代化改造

经济核算会促进现代仓储企业优化劳动组织，改变人浮于事、机构臃肿的状况，从而提高劳动效率，降低人工劳动的成本。经济核算还能促进企业改进技术装备和作业方法，找出仓储作业中的薄弱环节，对消耗高、效率低、质量差的设备进行革新、改造，并有计划、有步骤地采用先进技术，提高仓储机械化、自动化水平，逐步实现现代化。

4. 有利于提高仓储经济效益

现代仓储是自负盈亏、独立核算的企业，经济效益的好坏已成为直接关系其能否生存的大事。因此，加强经济核算，找出管理中存在的问题，降低成本，提高效益，应成为现代仓储企业的首要任务之一。

仓库还可以充分利用生产绩效考核指标进行市场开发和客户关系维护，给货主企业提供相对应的质量评价指标和参考数据，具体表现如下：

（1）有利于说服客户，扩大市场占有率

货主企业在仓储市场中寻找供应商的时候，在等价的基础上，服务水平通常是重要因素。这时如果仓库能够提供令客户信服的服务指标体系和数据，则在竞争中占据有利地位。

（2）有利于稳定客户关系

在我国目前的物流市场中，以供应链方式确定下来的供应关系并不是太多，供需双方的合作通常以1年为限，到期客户将对物流供应商进行评价，以确定今后是否继续合作，这时如果客户评价指标反映良好，则将使仓库继续拥有这一合作伙伴。

7.1.2 智慧仓储绩效管理的特点

智慧仓储是现代智慧物流的核心技术之一，由高层货架、巷道式堆垛起重机或多向穿梭车、多种出入库周边设备、电气控制系统、仓库管理系统组成，能实现货物自动存取和管理，提高仓储空间利用率、工作效率和管理水平。仓库管理系统能大大降低物资管理成本，实现仓库物资的最优管理，实现仓库的信息自动化、精细化管理，指导和规范仓库人员日常作业，完善仓库管理，整合仓库资源，并为企业带来以下价值：

1）实现数字化管理，出入库、物料库存量等仓库日常管理业务可做到实时查询与监控。

2）提升仓库货位利用效率，减少对操作人员经验的依赖，转变为以信息系统来规范作业流程，以信息系统提供操作指令。

3）实现对现场操作人员的绩效考核，降低作业人员劳动强度，降低仓储的库存，改善仓储的作业效率。

4）减少仓储内的执行设备，改善订单准确率，提高订单履行率，提高仓库作业的灵活性。

7.1.3 智慧仓储绩效管理的步骤

智慧仓储绩效管理的步骤包括绩效诊断评估、绩效目标确定、绩效管理方案、绩效测评分析、绩效辅导改善、绩效考核实施。

1. 绩效诊断评估（管理诊断，绩效调研）

任何管理系统的设计都有一个由初始状态到中间状态，再到理想状态的循序渐进的过程。如果管理者期望管理系统一步到位，则不仅不能将企业引向理想状态，而且还有可能会将企业引向毁灭。因此，咨询的首要工作是深入、系统地诊断企业管理现状，摸清企业管理水平，才能为企业设计出科学、合理的绩效考核系统。

2. 绩效目标确定（经营计划，工作计划）

所有企业管理系统都是为实现企业战略目标服务的。智慧仓储的绩效管理也不例外，因此，明确企业目标指向，将有助于实现目标、凝聚员工，使员工体验目标实现的成就感。此外，管理者要意识到，没有目标、没有计划，也就谈不上绩效。

3. 绩效管理方案（设计与调整）

这是一个重要的步骤，必须根据每个岗位的特点提炼出关键业绩指标（也就是 KPI 指标），编制规范的考核基准书作为考核的契约。设计绩效考核的流程，对考核的程序进行明确规定，同时要对考核结果的应用做出合理安排，主要体现与绩效奖金的挂钩，同时应用于工作改进、教育训练与职业规划。

4. 绩效测评分析（培训，模拟实施）

这是考核的事务性工作，重点是辅导绩效考核的组织管理部门学会如何进行考核的核算工作。培训绩效管理组织成员熟悉绩效管理工具，这是绩效考核的宣贯、试运行阶段。开展全员培训工作，使每个员工深刻理解绩效考核的意义及操作办法，这是绩效考核的完善阶段，可以根据企业的实际情况和考核的实施情况对考核的相关方案做出一定的调整，以确保考核的实效性与科学性。利用模拟实施阶段的测评核算出绩效成果，并对结果进行分析，挖掘绩效问题并组织相应的绩效面谈，以不断提升绩效。

5. 绩效辅导改善（低绩效问题改善）

通过上一阶段测评分析，企业各个层面的问题得以显现，如目标问题、组织体系问题、工作流程问题、部门或岗位设置分工问题、员工业务能力问题等。根据各方面的问题，咨询专业辅导顾问，并使之进入部门辅导改善。

6. 绩效考核实施（组织实施运行）

企业绩效管理组织部门实施绩效管理与考核，并依据绩效管理方案进行周期性分析评估，持续改进和完善绩效管理。

7.2 智慧仓储绩效管理的内容

7.2.1 智慧仓储绩效管理的范畴

智慧仓储绩效管理的内容主要是基于功能或对象来体现的，智慧仓储绩效管理的对象包括库位管理、分拣管理、过程管理、库存管理等。

1. 库位管理

利用 PDA 设备和条码技术对库位管理的上下架进行扫描，可以对仓位进行快速绑定及释放，实现随时随地的商品库位调整，基于看板能快速实时地显示仓位调整情况。结合智慧仓储设备导出库位管理的相关数据，包括入库数据、在库数据、出库数据及装卸搬运设备的准备、人员的安排、物品的检验情况等。

2. 分拣管理

通常，仓库面积大，人员走动距离比较长，仓库管理系统通过科学的分拣管理，能提高人员效率和分拣准确度，减少后续维护压力。智慧仓储对分拣环节进行绩效管理的主要内容如下：

1）能提示库位信息，分拣无须寻找商品。
2）系统自动排列优先的拣货路径，减少人员走动距离。
3）系统进行自动预警，智能提示补货信息，拣货无须等待。
4）系统上架信息提示，确保入库信息准确。

5）多种盘点方式，支持循环盘点、抽检盘点、日常巡查等。
6）边分边拣，智能体系分拣信息，让作业人员不走"冤枉路"，提升效率。

3. 过程管理

仓库管理系统是面向全过程的控制管理。作业人员通过 PDA 条码扫描器实现分拣操作，可实现全程作业记录（拣货、装箱、发货、收货、上架、补货、盘点等），完成分拣清单后，系统会立即生成多维度的员工绩效报表数据（作业数量、重量、体积等信息，并进行排列），科学、轻松地实现绩效登记和考核。同时，仓库现场看板可以进行信息展示，提高人员积极性，让员工自觉工作。

4. 库存管理

智慧仓储对库存控制进行绩效管理是为了实现物料 SKU 管理、批次管理、唯一管理、箱码管理等，满足企业物料品种批次多、出入库频率高、对保质期和追溯要求高的仓储管理需求。同时，它还可实现库存准确控制，通过设置库存上下区间值、保质期预警天数等，及时掌握货品数量和状态，从而进行合理的采购和销售，达到"零库存"目标。

7.2.2 智慧仓储绩效管理的原则

智慧仓储绩效管理的内容十分繁杂，在制定智慧仓储绩效管理方案时，企业必须掌握核心原则，避免绩效管理失效。

1. 基本原则

着眼于仓储管理本身，智慧仓储绩效管理原则应秉持科学、可行、协调、可比、稳定的原则来制定，具体而言，主要包含以下 5 个方面的内容：

1）突出重点，并对关键绩效指标进行重点分析。
2）采用能反映智慧仓储管理业务流程的绩效指标体系。
3）指标要能反映智慧仓储管理的整体运营情况，而非单个仓库或单个环节。
4）关注智慧仓储管理实时运营情况，尽可能采用实时分析与评价的方法。
5）采用能反映智慧仓储管理及其他部门、合作商之间关系的评价指标。

2. 激励原则

为了进一步发挥智慧仓储绩效管理的效用，企业还需引入激励机制，依据奖惩结合的原则，强化智慧仓储绩效管理效果。

（1）奖励形式

只有当奖励能够激起员工的欲望时，奖励才具有激励作用。因此，企业要充分考虑企业员工的特性，设计合适的奖励形式，以免企业付出了奖励成本却实现不了相应的激励效果。

一般而言，奖励形式应当分为物质奖励和精神奖励两种，常见的奖励形式包括现金、奖品、流动红旗、奖杯、培训机会等。此外，企业还可邀请获奖单位发表获奖心得，进行媒体宣传，以增强激励效果。

（2）处罚机制

应建立奖惩机制，以提高相关人员参与的积极性。

处罚要注意有效性的问题。处罚只是针对责任人，而非整个责任区。适当处罚的目的是让员工引以为戒，吸取教训，不断提高自己的业务水平。

7.2.3 智慧仓储绩效管理的目标

智慧仓储绩效管理的目标是对管理范畴的扩充，亦属于管理的内容，包括人力管理、物料管理、设备管理、土地管理、财务管理等，具体如下：

1. 高架存储，节约土地

智慧仓储装备管理系统利用高层货架存储货物，最大限度地利用空间，可大幅降低土地成本。与普通仓库相比，一般智能立体仓库可以节省 60%以上的土地面积。

2. 无人作业，节省人工

智慧仓储装备管理系统实现无人化作业，不仅能大幅节省人力资源，减少人力成本，还能更好地适应特殊的环境需求，使智慧仓储装备管理系统具有更为广阔的应用前景。

3. 机器管理，避免损失

智慧仓储装备管理系统采用计算机进行仓储管理，可以对入库货物的数据进行记录并监控，能够做到"先进先出""自动盘点"，避免货物自然老化、变质，也能减少货物破损或丢失造成的损失。

4. 账实同步，节约资金

智慧仓储装备管理系统可以做到账实同步，并可与企业内部网融合。企业只需建立合理的库存，即可保证生产全过程顺畅，从而大大提高公司的现金流，减少不必要的库存，同时避免了人为因素造成的错账、漏账、呆账、账实不一致等问题。虽然智慧仓储装备管理系统初始投入较大，但一次投入长期受益，总体来说能够实现资金的节约。

5. 自动控制，提高效率

智慧仓储装备管理系统中物品出入库都是由计算机自动化控制的，可迅速、准确地将物品输送到指定位置，减少了车辆待装待卸时间，可大大提高仓库的存储周转效率，降低存储成本。

6. 系统管理，提升形象

智慧仓储装备管理系统的建立，不仅能提高企业的系统管理水平，还能提升企业的整体形象及其在客户心目中的地位，为企业赢得更大的市场，进而创造更大的财富。

7.2.4 智慧仓储绩效管理的数据获取

智慧仓储绩效管理的内容不仅涉及库位管理、分拣管理、过程管理和库存管理四项，还包括这四项管理涉及的相关数据的获取，包括自动化存储系统、自动化输送系统、自动化作业系统、自动化计算机系统等，具体如图 7-1 所示。

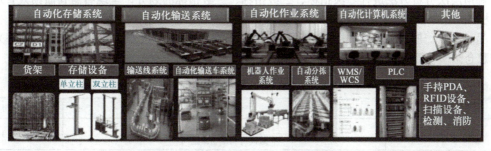

图 7-1 智慧仓储绩效管理数据获取类别

智能化物流仓库管理系统，采用计算机控制和管理技术使自动化立体仓库的功能得以最大限度地发挥，可为企业提供存储、自动化输送、自动化生产、成品配送等服务。该系统数据来自自动化输送系统、自动化立体仓库、AGV 分拣机器人、自动分拣系统、电子标签系统、密集存储系统等。

智慧仓储可将信息安全、准确、高效地上传到系统，方便绩效管理的数据获取。仓管员凭借对设备的智能精确控制和管理精细化，可快速获取智慧仓储各个模块的数据。智慧仓储系统通过自身的数据处理能力，加工处理更多有意义的信息，增加智慧仓储决策参考的依据。

案例 7-1　凯乐士智慧仓储运营绩效数据的获取

凯乐士自主研发的智能穿梭车系统具有高效、高可靠性等特点，该智慧仓储系统运营数据不仅方便存取，还可传至云端，可以更好地完成系统数据的传递、审核等作业。扩展视频参见二维码 020。

（资料来源：中国物流与采购网，2022 年 4 月）

二维码 020

7.3　智慧仓储绩效管理的评价与方法

7.3.1　智慧仓储绩效管理的评价指标

智慧仓储绩效管理从不同的角度可分为不同的评价指标，如从硬件设施、软件环境、实现的功能划分，评价指标如图 7-2 所示。

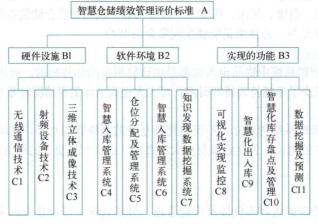

图 7-2　智慧仓储绩效管理评价指标

利用层次分析方法进行一级指标、二级指标、三级指标的划分，呈现智慧仓储绩效管理评价指标。

另外，从一般仓储空间利用率、盘盈盘亏率、仓管费用率、账物一致率和账货一致率来考虑智慧仓储绩效管理的评价标准，见表 7-1。

表 7-1　绩效指标

绩效指标	计算公式	受评部门
仓储空间利用率	$\dfrac{\text{仓储实际利用空间}}{\text{最高可利用仓储空间}}$	仓储部门
盘盈盘亏率	$\dfrac{\text{仓储盘亏金额}}{\text{物料年使用金额}}$	仓储部门
仓管费用率	$\dfrac{\text{年仓储费用}}{\text{物料年使用金额}}$ 或 $\dfrac{\text{年仓储费用}}{\text{物流营业额或年生产额}}$	仓储部门
账物一致率	$\dfrac{\text{账物一致次数}}{\text{进料次数}}$	仓储部门
账货一致率	$\dfrac{\text{账物一致次数}}{\text{交货次数}}$	仓储部门

1. 仓储作业绩效分析

仓储作业绩效分析包括对储位利用率、库存周转率、库存计划绩效、呆废料率的分析,计算方式如下:

1)储位利用率。

$$整体储位利用率 = \frac{已用仓位数}{可利用储位总数} 或 \frac{存货总容积}{储位总容积}$$

$$个别储位利用率 = \frac{该储位存货容积}{该储位最大容积}$$

2)库存周转率。

$$库存周转率 = \frac{年销售金额}{平均库存金额} 或 \frac{年销售的物料成本}{平均库存金额}$$

$$平均库存金额 = \frac{期初库存金额 + 期末库存金额}{2}$$

3)库存计划绩效。

$$库存计划绩效 = 1 - \frac{实际库存金额}{标准库存金额} \times 100\%$$

4)呆废料率。

$$呆废料率 = \frac{呆废料实际处理金额}{(期初呆废料金额 + 期末呆废料金额)/2}$$

2. 资源利用方面的指标

(1)仓库面积利用率

仓库面积利用率是衡量和考核仓库利用程度的指标。仓库面积利用率越大,表明仓库面积的有效使用情况越好。计算公式为

$$仓库面积利用率 = \frac{报告期商品实际堆放面积}{报告期仓库总面积} \times 100\%$$

式中,报告期商品实际堆放面积是指报告期仓库中商品存储堆放所实际占据的有效面积之和;报告期仓库总面积是指从仓库围墙线算起,整个围墙所占有的面积。

注:报告期是统计中计算指数、发展速度等动态指标时,与基期年对比以取得相对指标的计算时期年份。

这个值随着物资的接收量、保管量、发放量、物资的性质、保管的设备、物资的放置方法等而不同。仓库面积利用率越大,表明仓库面积的有效使用情况越好。根据以往的统计资料,仓库面积利用率的理想值见表 7-2。

表 7-2 仓库面积利用率的理想值

仓库库存管理状态	理想值(%)
仓库库存管理水平高	70
仓库库存管理水平中	60
仓库库存管理水平低	50

(2)仓库容积利用率

仓库容积利用率是衡量和考核仓库利用程度的另一项指标。仓库容积利用率越大,表明仓库的利用效率越高。计算公式为

$$仓库容积利用率 = \frac{报告期平均每日实际使用的容积}{报告期仓库的有效容积} \times 100\%$$

$$报告期平均每日实际使用的容积 = \frac{报告期存储商品体积之和}{报告期日历天数}$$

报告期存储商品体积之和等于报告期仓库中每天存储的商品的体积之和。

计算时，通道所占容积包括在仓库总容积中。仓库容积利用率越大，表明仓库的利用效率越高。仓库容积利用率理想值见表 7-3。其中，理想值为 25%～30%时，表示仓库的库存管理水平中等偏低，理想值在 40%～50%时，表示仓库的库存管理水平中等偏高。

表 7-3 仓库容积利用率理想值

仓库库存管理状态	理想值（%）
仓库库存管理水平高	50～60
仓库库存管理水平中	30～40
仓库库存管理水平低	20～25

仓库面积利用率和仓库容积利用率是反映仓库管理工作水平的主要经济指标。考核这两个指标，可以了解货物存储面积与仓库实际面积的对比关系及仓库面积的利用是否合理，也可以挖掘潜力，为提高仓库容积的有效利用率提供依据。

（3）每平方米存储量

每平方米存储量是指仓库每平方米使用面积每日存储商品的数量。这是一个综合评价仓库利用程度和经营管理水平的重要指标，计量单位是 t/m^2。计算公式为

$$每平方米存储量 = \frac{日平均存储量}{仓库使用面积}$$

$$日平均存储量 = \frac{报告期商品存储总量}{报告期日历天数}$$

式中，报告期商品存储总量等于报告期每天的库存商品数量之和；仓库使用面积为库房建筑面积减去外墙、内柱、间隔墙及固定设施等所占的面积。

货场（货棚）使用面积是指货场中可以用来存储商品所实有的面积之和，即货场地坪的总面积扣除排水明沟、灯塔、水塔等剩余的面积之和。计量单位为 m^2。

（4）设备利用率

设备利用率是考核运输、装卸搬运、加工、分拣等设备利用程度的指标。设备利用率越大，说明设备的利用程度越高。计算公式为

$$设备利用率 = \frac{全部设备的实际工作时数}{同期设备日历工作时数} \times 100\%$$

仓储设备是企业的重要资源，设备利用率高表明仓储企业进出业务量大，是经营良好的表现，为了更好地反映设备的利用情况，还可以用以下指标加以详细计算：

1）设备工作日利用率。设备工作日利用率是指计划期内装卸、搬运等设备实际工作天数与计划工作天数的比值，反映各类设备在计划期内的工作日利用情况，其计算公式如下：

$$设备工作日利用率 = \frac{计划期内设备实际工作天数}{计划期内设备计划工作天数} \times 100\%$$

2）设备工时利用率。设备工时利用率是指装卸、运输等设备实际日工作时间与计划日工作时间的比值，反映设备工作日实际利用程度，其计算公式为

$$设备工时利用率 = \frac{设备每日实际工作时间}{设备每日计划工作时间} \times 100\%$$

（5）劳动生产率

劳动生产率是指劳动投入与收益的比值，通常以平均每人完成的工作量或创造的利润额来表示。全员劳动生产率计算公式为

$$全员劳动生产率 = \frac{利润总额}{同期平均全员人数} \times 100\%$$

3. 服务水平方面的指标
（1）客户满意度
客户满意度是衡量企业竞争力的重要指标，客户满意与否不仅影响企业经营业绩，而且影响企业的形象。考核这项指标不仅反映出企业服务水平的高低，同时衡量出企业竞争力的大小，其计算公式为

$$客户满意度 = \frac{满足客户需求数量}{客户要求数量} \times 100\%$$

（2）缺货率
缺货率是对仓储商品可得性的衡量。将全部商品所发生的缺货次数汇总起来与客户订货次数进行比较，就可以反映一个企业实现其服务承诺的状态，其计算公式为

$$缺货率 = \frac{缺货次数}{客户订货次数} \times 100\%$$

（3）准时交货率
准时交货率是满足客户需求的考核指标，其计算公式为

$$准时交货率 = \frac{准时交货次数}{总交货次数} \times 100\%$$

（4）货损货差赔偿费率
货损货差赔偿费率反映仓库在整个收发保管作业过程中作业质量的综合指标，其计算公式为

$$货损货差赔偿费率 = \frac{货损货差赔偿总额}{同期业务收入总额} \times 100\%$$

4. 能力与质量方面的指标
（1）货物吞吐量
货物吞吐量是指计划期内进出库货物的总量，一般其单位为 t 表示。计划期限通常以年吞吐量计算。计算公式为

计划期内货物吞吐量＝计划期内货物总进库量＋计划期内货物总出库量＋计划期内直拨量

（2）商品存储总量
商品存储总量是指在一定时期内（通常为月度或年度）入库商品的总量。它是考核和评价仓库经营管理成果的基本指标之一，计量单位是 t。计算公式为

商品存储总量＝实重商品吨数＋轻泡商品吨数

式中，实重商品是指重量达 1000kg 而体积不足 $2m^3$ 的商品。计算商品存储总量时，实重商品吨数按其实际重量吨数计算。轻泡商品指的是体积达 $2m^3$ 而重量不足 1000kg 的商品。计算商品存储总量时，轻泡商品吨数按其体积数的一半，计入商品存储总量，即每 $4m^3$ 计算为 1000kg。

（3）账货相符率
账货相符率是指仓储账册上的货物存储量与实际仓库中的保存货物数量之间的相符，通常采用账货相符笔数和库存货物总笔数的比值来表示。在对仓储货物盘点时，逐笔与账面数字核对。账货相符率指标反映仓库的管理水平，是避免企业财产损失的主要考核指标，其计算公式为

$$账货相符率 = \frac{账货相符笔数}{库存货物总笔数} \times 100\%$$

（4）进发货准确率
进发货准确率是仓储管理的重要指标，进发货的准确与否关系到仓储服务质量的高低。因

此，应严格考核进发货准确率指标，将进发货准确率控制在99.5%之上，其计算公式为

$$进发货准确率 = \frac{期内货物吞吐量 - 进发货差错总量}{期内货物吞吐量} \times 100\%$$

（5）商品缺损率

商品缺损主要由两种原因造成：一是保管损失，即因保管养护不善造成的损失；二是自然损耗，即因商品易挥发、失重或者破损造成的损失。商品缺损率反映商品保管与养护的实际状况，考核这项指标是为了促使商品保管与养护水平的提高，从而使商品缺损率降到最低，其计算公式为

$$商品缺损率 = \frac{期内商品缺损量}{期内库存商品总量} \times 100\%$$

5. 库存效率方面的指标

（1）用周转天数表示的库存周转率

$$库存周转率 = \frac{360}{货物年周转次数} \times 100\%$$

货物年周转次数越少，则周转天数越多，货物周转越慢，库存周转率就越低，反之则库存周转率就越高。

（2）商品周转率

商品周转率是用一定期间的销售额除以该期间的平均库存额得到的，表示商品的周转情形，该指标能提供适宜而正确的库存管理所需要的基本资料。由于使用周转率的目的不同，商品周转率的计算公式有差异，可按照表7-4选择计算公式。

表7-4 商品周转率的计算公式

成本方法	$商品周转率 = \frac{销售成本}{平均库存额(按成本)} \times 100\%$
数量方法	$商品周转率 = \frac{销售数量}{平均库存数量} \times 100\%$
销售金额方法	$商品周转率 = \frac{销售金额}{平均库存额} \times 100\%$
利益与成本法	$商品周转率 = \frac{总销售额}{手头平均库存额(按成本)} \times 100\%$

6. 商品存储效益指标

（1）平均仓储收入

平均仓储收入是指在一定时期内仓储保管一吨商品的平均收入，该指标常以月度为时间计算单位。平均仓储收入的计算单位是元/t。计算公式为

$$平均仓储收入 = \frac{商品仓储营业收入}{平均存储量}$$

该指标是现代仓库主要的经济核算指标之一，综合反映了仓库的生产经营成果、劳动生产率、保管费用的节约情况、管理水平等。

（2）平均仓储成本

平均仓储成本是指一定时期内平均仓储一吨商品所需支出成本额，常以月度或年度为计算时期。该指标的计量单位是元/t。计算公式为

$$\text{平均仓储成本} = \frac{\text{商品仓储成本}}{\text{平均存储量}}$$

（3）仓储收入成本率

仓储收入成本率是指一定时期内商品仓储收入中成本支出所占的比率。计算公式为

$$\text{仓储收入成本率} = \frac{\text{商品仓储成本费用}}{\text{商品仓储收入}} \times 100\%$$

（4）每吨保管商品利润

每吨保管商品利润是指在报告期存储保管每吨商品平均所获得的利润。计量单位是元/t。计算公式为

$$\text{每吨保管商品利润} = \frac{\text{报告期利润总额}}{\text{报告期商品存储总量}}$$

其中，报告期商品存储总量一般是指报告期间出库的商品总量，而非入库的商品总量。

（5）资金利润率

资金利润率是指仓储企业在一定时期实现的利润总额占全部资金的比率。它常用来反映仓储企业的资金利用效果。计算公式为

$$\text{资金利润率} = \frac{\text{利润总额}}{\text{固定资金} + \text{流动资金}} \times 100\%$$

（6）收入利润率

收入利润率是指仓储企业在一定时期内实现的利润总额占仓储收入的比率。计算公式如下：

$$\text{收入利润率} = \frac{\text{利润总额}}{\text{仓储收入}} \times 100\%$$

（7）人均实现利润

人均实现利润是指报告期仓储企业平均每人实现的利润，它是利润总额与仓库中全员人数之比。计量单位是元/人。计算公式为

$$\text{人均实现利润} = \frac{\text{报告期利润总额}}{\text{报告期全员人数}}$$

案例 7-2　M 公司仓储管理绩效考核标准

本例主要介绍了 M 公司仓储管理考核的内容、标准；库存物资考核内容、标准；仓储信息管理考核内容、标准。扩展视频参见二维码 021。

（资料来源：百度文库）

二维码 021

7.3.2　智慧仓储绩效管理的方法

现代智慧仓储企业的各项考核指标是从不同角度反映某一方面的情况。仅凭其一项指标很难反映事物的总体情况，也不容易发现问题，更难找到产生问题的原因。因此，要全面、准确地认识智慧仓储企业的现状和规律，把握其发展的趋势，必须对各个指标进行系统而周密的分析。通过各项指标的分析，能够全面了解智慧仓储企业各项业务工作的完成情况和取得的绩效，发现存在的问题及薄弱环节，可以全面了解智慧仓储企业设施设备的利用程度和潜力，可以掌握客户对智慧仓储企业的满意程度及服务水平，可以认识智慧仓储企业的运营能力、运营质量及运营效率。现代智慧仓储企业的智慧仓储绩效管理的具体评估方法有对比分析法、价值分析法、行为法、结果法等。

1．对比分析法

（1）对比分析法的含义

对比分析法又称比较分析法，是把客观事物加以比较，以达到认识事物的本质和规律并做

出正确的评价。

对比分析法通常是把两个相互联系的指标数据进行比较,从数量上展示和说明研究对象规模的大小、水平的高低、速度的快慢,以及各种关系是否协调。在对比分析中,选择合适的对比标准是十分关键的步骤。选择合适,才能做出客观的评价;选择不合适,评价可能得出错误的结论。

(2) 智慧仓储绩效考核指标的分析

1) 库存周转率的评价方法和同行业比较评价法。在与同行业相互比较时有必要将计算公式的内容统一起来,调整到同一基础进行计算才有真正的比较价值。

① 参考以往绩效评价的方法。参考自己公司以往的绩效,用周转率大的绩效值进行比较分析。另外,周转率和周转时间的标准值因商品的分类不同而各不相同,所以除过去的绩效外,最好不要参照其他相关因素来决定。

② 期间比较评价法。根据统计资料计算的周转率仅能用来当作一个概略的标准,应将重点放在本公司内各期间的比较来评价良莠,这才是正确的方法。另外,计算周转率时最好按月随着库存的动态变化而换算为月间周转率,作为相对期间来比较更为客观。

统计资料显示,各种中小型企业的库存周转率见表 7-5。

表 7-5 各种中小型企业的库存周转率

行业名称	统计的企业数/个	平均员工数/人	原材料周转率/年	在制品周转率/年	制成品周转率/年	销售类别总利润率(%)
制造业	3277	71	74.2	78.5	61.0	23.0
食品工业	453	54	58.3	90.6	62.1	27.6
纤维工业	446	77	47.0	59.6	45.9	19.6
木材工业	141	56	25.8	98.3	54.9	18.4
家具工业	89	53	32.2	120.1	73.8	21.1
造纸业	150	68	72.4	115.7	66.1	22.6
印刷业	213	42	117.2	—	—	29.8
化学工业	89	70	45.3	112.3	41.8	27.3
皮革业	14	146	46.3	58.1	54.2	19.0
橡胶业	45	136	68.1	106.6	61.3	19.5
窑业	149	77	102.0	125.8	58.6	27.8
非铁金属业	89	120	39.6	59.9	59.5	15.9
锻造工业	120	64	94.5	67.0	67.0	19.3
金属制品业	323	66	58.4	77.3	55.2	22.3
机械制造业	375	70	79.4	60.6	60.5	26.3
电气仪表业	182	90	59.2	78.3	76.9	20.8
运输机械业	161	94	67.9	75.9	98.9	18.9

2) 库存周转率分析。周转率高时,经济效益好。此时销售额增加并且远远超过存货资产,企业获得较好的利润,或者企业决策合理而缩短了周转期。

库存周转率虽高,经济效益却不佳。当销售额超过标准库存的拥有量,会产生缺货现象,若缺货情形远远超过允许缺货率而丧失销售机会,将带来损失,因此经济效益不高;当库存调整过度(即减少库存量),而超过销售额降低的估计,也会产生缺货,进而减少效益;还有可能是结算时将其粉饰,而在账上把不良库存都卖掉了,以此来提高销售数额而压低库存。

周转率虽低，但经济效益好。这种情况主要是：对不久的将来，确实能够预测大幅涨价的商品，有了估计库存，库存量增大；或者对有缺货风险的商品，有计划地增加适当的库存；或者对将来销售额的增加已有正确的估计，而在周密计划之下持有储藏较多的存货。

周转率低，经济效益也低。这具体表现为销售额明明减少而未做库存调整，或者库存中不良品、长期保管品、品质低下品或过时品等不断增加。

总之，周转率是灵活的，当我们通过周转率观察经营状态时，应该先参照上述原则，然后结合实际情况做出正确的判断。

2. 价值分析法

要提高智慧仓储的经营效益，无非是采用开源节流的方法，降低成本便是为了节流。在降低成本开支的分析方法中，价值分析是一种比较实用的方法。所谓价值分析，就是通过综合分析系统的功能与成本的相互关系寻求系统整体最优化途径的一项技术分析方法。采用价值分析的方法主要是通过对功能和成本的分析，力图以最低的寿命周期成本可靠地实现系统的必要功能。

（1）价值分析的基本思想

在各种经济活动中，无论制订计划还是生产制造，无论销售商品还是设备的选用，都期望以最低的价格实现最大的价值，即为了实现最佳效益要进行各种讨论和分析，这个过程称为价值分析。价值分析大体按下列顺序进行：

1）使用此物品是否必要。
2）研究所使用的这些物品，其价值与效用是否相当。
3）为满足这种用途，是否还有其他方法或者代用品。
4）物品所有的性能是否都是必要的。
5）质量要求是否过高。
6）形状、尺寸是否浪费。
7）重量是否浪费。
8）能否使用标准件和通用件。
9）物品的成本相对于用途是否必要或是否适宜。
10）能否采用更适宜、更经济的方法进行生产。

（2）价值分析在智慧仓储管理中的应用

智慧仓储管理的内容有库存管理方针、库存品种的确定、库存品的分类、库存数量计算、库存量的控制及库存时间、库存方法、库存设备、库存费用、库存运营等，这些都是价值分析所要研究的对象，因为每一项都与价值有直接关系。例如，库存品种的确定是智慧仓储经营的一项重要决策，如果所选物品在仓储经营中效用很低，甚至在仓库中存在对企业的运营毫无影响的物品，说明库存的价值不能得到体现。

又如，库存量的控制。通常库存量过多不行，过少也不行，我们追求的是合理的库存量。但对某些物品而言，有的物品允许缺货，而有的物品绝对不允许缺货。因此，如果不能明确地将两类物品加以区别，往往在价值方面就要遭受损失。

采用不同的管理方法，可以获得不同的价值。如果保管不当，物品的价值必然下降，在考虑库存方法时，如果不把保证物品的良好质量作为重点之一，就会出现质量下降、效率降低等现象，这将导致价值减少。相反，如果保管方法好，物品的质量不降低，就等同于价值相对增高。

3. 行为法

智慧仓储绩效管理的行为法是一种试图以员工为有效完成工作所必须表现出来的行为进行界定的绩效管理方法。这种方法的主要内容是：首先利用各种技术来对这些行为加以界定，然后要求管理者对员工在多大程度上显示出了这些行为做出评价。

（1）关键事件法

关键事件法是客观评价体系中最简单的一种形式。在应用这种评价方法时，负责评价的主管人员把员工在完成工作任务时所表现出来的特别有效的行为和特别无效的行为记录下来，形成一份书面报告。评价者在对员工的优点、缺点和潜在能力进行评论的基础上提出改进工作绩效的意见。

（2）行为锚定等级评价法

行为锚定等级评价法是一种将同一职务工作可能发生的各种典型行为进行评分度量，建立一个锚定评分表，以此为依据，对员工工作的实际行为进行测评。

行为锚定等级评价法实质上是把关键事件法与评级量表法结合起来，兼具两者之长。

（3）关键业绩指标法

关键业绩指标法是指运用关键业绩指标进行绩效考评，这是现代企业受到普遍重视的办法。这一办法的关键是建立合理的关键业绩指标。

关键业绩指标法之所以可行，是因为它符合一个重要的管理原理，即"二八原理"。建立关键业绩指标体系时，应当遵循以下几项原则：

1）目标导向原则。关键业绩指标必须依据工作目标确定，包括企业目标、部门目标、职务目标。把个人和部门的目标同公司的整个战略联系起来，以全局的观点思考问题。

2）注重工作质量原则。工作质量是企业竞争力的核心要素，而往往又难以衡量，因此，对工作质量设立指标进行控制特别重要。

3）可操作性原则。关键指标再好，如果难以操作，也没有实际价值。必须从技术上保证指标的可操作性，对每一个指标都给予明确的定义，建立完善的信息收集渠道。

4）强调输入和输出过程的控制。在设立关键业绩指标时，要优先考虑流程的输入和输出状况，将两者之间的过程视为一个整体，进行端点控制。

5）指标一般应当比较稳定，即如果业绩流程基本不变，则关键指标的项目也不应有较大的变动。

6）关键指标应当简单明了，容易被执行者理解和接受。

运用关键业绩指标法进行绩效管理，大致包含如下程序：

1）绩效管理部门将企业的整体目标及各个部门的目标传达给相关员工。

2）各部门将自己的工作目标分解为更详细的子项目。

3）对关键业绩指标进行规范定义。

4）根据企业绩效考评制度有关规定，由各相应权限部门进行考评操作，得出考评结果。

5）将考评结果所得的数据应用于管理工作的有关方面，改进组织效率。

（4）行为观察评价法

行为观察评价法是行为锚定等级评价法的一种变体。与行为锚定等级评价法一样，行为观察评价法也是从关键事件中发展而来的一种绩效评价方法。

行为观察评价法与行为锚定等级评价法在两个基本方面有所不同。首先，行为观察评价法并不剔除那些不能代表有效绩效和无效绩效的大量非关键行为。其次，行为观察评价法并不是要评价哪一种行为最好地反映了员工的绩效，而是要求管理者对员工的评价期内表现出来的每一种行为的频率进行评价。

（5）对行为法的评价

行为法可以是一种非常有效的绩效评价方法。第一，它可以将公司的战略与执行这种战略所必需的某些特定的行为类型联系在一起。第二，它能够向员工提供关于公司对于他们的绩效期望的特定指导及信息反馈。第三，大多数行为法的技术都依赖深度的工作分析，因此被界定出来及被衡量的行为都是很有效的。第四，由于使用这一系统的人也参与该系统的开发和设计，因此其可接受性通常也很高。

4. 结果法

（1）目标管理法

目标管理法是员工与上司协商制定个人目标（比如，生产成本、销售收入、质量标准、利润等），然后以这些目标作为员工评估的基础。

为了使目标管理法取得成功，企业应该将目标管理计划看作仓储管理体系的一个组成部分，而不单单是经理人员工作的附加部分。经理人员必须将制定目标的权力下放给员工，给员工自行决断的自由。以下几点提示可能会有所帮助：

1）经理人员和员工必须愿意一起制定目标。
2）目标应该是长期和短期并存，且可量化和可测量。
3）预期的结果必须在经理人员的控制之中。
4）目标必须在每一个层次（高级管理人员、经理人员和员工）上保持一致。
5）经理人员和员工必须留出特定的时间来对目标进行回顾和评估。

（2）生产率衡量与评价系统法

生产率衡量与评价系统法的主要目标是激励员工向着更高的生产率水平前进。它是一种对生产率进行衡量及向全体员工提供反馈信息的手段。生产率衡量与评价系统方法主要包括四个步骤：第一，企业中的人共同确定企业希望达到什么样的产出，以及执行或达成何种系列活动或目标。第二，大家一起来界定代表产出的指标有哪些。第三，大家共同来确定所有绩效指标的考核评分标准。第四，建立一套反馈系统，来向员工和工作群体提供关于他们在每一个指标上所得到的特定绩效水平的信息。第五，总体的生产率分数可以在对每一指标上的有效得分进行加总计算的基础上获得。

（3）对结果法的评价

结果法的优点之一是由于它所依赖的是客观的、可以量化的绩效指标，因而能够将主观性降到最低限度。这样，它对于管理者和员工双方来说都是极容易被接受的。结果法的另一个优点是，它将一位员工的绩效结果与企业的战略和目标联系在一起。结果法的一大缺点是，即使是客观绩效衡量，有时也会存在缺失，即由于员工绩效的多因性，员工的最终工作结果不仅取决于员工个人的努力和能力因素，也取决于宏观的经济环境和微观的工作环境等多种其他因素，因此，以结果为导向的绩效考评很可能缺乏有效性。

7.4 智慧仓储绩效管理的策略

7.4.1 加强进出库管理

1）制定智慧仓储管理办法，适当拟定智慧仓储作业时间规定。
2）分类、整理、保管作业体系化。
3）注意料账记录的完整性。
4）选择物料搬运方式（如善用各式搬运车以减少人工操作等）。
5）改善点收工作（如重量换算、定容器的运用等）。
6）确保物料进出必要表单的原则。
7）善用协力厂商交货的配合（如大型料件卸货至现场指定地点）。

8）运用发料制。

7.4.2 提高货物验收效率

1）事先制定不同类别物料的标准包装及载运方式，便于点收。
2）建立标准验收程序并知会协力厂商严格遵守，包括暂收区的指定、搬运设备的借用、栈板的堆放方式及卸货手续等。
3）物料尽可能直接送至使用地点。
4）建立厂商的品质等级。
5）运用计算机管理以简化验收文书作业。
6）其他（如验收时间的规定、退料迅速办理等）。

7.4.3 提高补给效率

1）运用 ABC 重点管理，将 C 项物料交由现场人员管制。
2）推行发料制并考虑省略点交手续。
3）加强发领补料时间的管理。
4）妥善规划现场物料暂存区并指定送料地点。
5）考虑定容。
6）运用颜色灯等事前发出欠料信号，提示发料作业。
7）研究与改善发料量，以减少发料次数及现场存量。
8）运用机械设备自动发料（如运用无人搬运车送料等）。

案例 7-3　智慧仓储绩效管理的一般情况

智慧仓储绩效管理涉及的面比较广，一般情况下包括自动化输送系统、自动化立体仓库、AGV 分拣机器人、自动分拣系统等方面的绩效评价。本案例对智慧仓储绩效管理进行了介绍。扩展视频参见二维码 022。

（资料来源：中国叉车产品网，2021 年 11 月）

二维码 022

本章小结

建立和健全一套行之有效的考核指标体系，对于加强智慧仓储绩效管理，提高经济效益有着十分重要的意义。智慧仓储指标考核对内可以加强管理，降低智慧仓储成本；对外可以进行市场开发，接受客户评价。所以，智慧仓储指标体系主要包括以下几个方面：仓储作业绩效分析、资源利用指标、服务水平指标、能力与质量指标、库存效率指标、商品存储效益指标。对于指标考核可以采取下面的分析方法：对比分析法、价值分析法、行为法和结果法。另外，在绩效考核的过程中，企业要引进标杆管理的思想。

本章习题

一、思考题

1. 简述智慧仓储绩效管理的意义。
2. 结合实际，论述智慧仓储绩效管理的流程。
3. 智慧仓储绩效管理的主要功能有哪些？

4．智慧仓储绩效管理的指标有哪些？
5．常用的智慧仓储绩效管理的评估方法有哪些？
6．如何提升智慧仓储的绩效管理？
7．智慧仓储绩效管理的重点是什么？

二、设计与实训

Y 公司绩效考核管理制度

建立和健全一套行之有效的考核指标体系，对于加强智慧仓储绩效管理，提高经济效益有着十分重要的意义。本实训项目针对 Y 公司绩效考核管理制度的资料，分析该公司的绩效管理情况，并根据所学知识，为该公司进行绩效管理优化，进一步提高绩效管理的水平。

具体内容请参见本书电子版实训指导书。

第 8 章　智慧仓储中仓库安全管理

学习目标
- 了解智慧仓储中仓库安全管理的概念
- 理解智慧仓储中仓库安全管理的基本任务和目标
- 了解智慧仓储中仓库安全管理与传统仓库安全管理的区别
- 掌握智慧仓库信息系统安全管理的内容
- 掌握智慧仓库智能设备安全管理的内容

导入案例

京东无人仓：人脸识别才能进

京东在上海的无人仓，从商品入库、存储，到包装、分拣，真正实现全流程、全系统的智能化，整个流程中到处都是机器人的身影。进入大门，严苛到"令人发指"的安检，除了常规的扫描设备，行李箱要办理寄存，连双脚都要脱掉鞋子扫描。安保系统可谓滴水不漏。扩展视频参见二维码023。

二维码023

（资料来源：百度，2018年5月）

仓库是企业物资供应体系的一个重要组成部分，是企业各种物资周转储备的场所，同时担负着物资管理的多项业务职能。保管好库存物资，做到数量准确、质量良好、确保安全、收发迅速。面向生产的供应是公司不可缺少的一环，而安全对于仓库来说尤其重要。仓库安全管理就是要及时发现并排除各种危险隐患，有效防止灾害事故的发生，保护仓库中人、财、物的安全。"无人仓"是智慧物流仓储中非常重要的一环，如何保证智慧仓储最大程度的安全是打造智慧物流系统不可或缺的一部分。

在仓库安全管理中，企业应根据自身特点及常见事故做好预防措施，完善仓库安全管理信息系统，不断改善，促进安全作业。

8.1　智慧仓储中仓库安全管理的概念、基本任务和目标

仓库安全管理旨在保障员工人身安全、保证安全作业，减少因各种安全事故带来的人身和经济损失。智慧仓储中仓库安全管理也是一样，虽然加了"智慧"二字，但最终目的与任何其他仓储安全管理完全一致，也是为了保障人身、作业、设备和系统各方面的安全。

在这样的目标下，智慧仓储中仓库安全管理必须着眼于仓库作业的每一个细节，识别安全风险、做好安全防护，确保流程中的每个环节都符合企业安全规范、标准。

具体而言，根据管理对象的不同，智慧仓储中仓库安全管理可从人、物、作业、网络系统和智能设备五个角度出发。智慧仓储中仓库安全管理的基本任务如图8-1所示。

图 8-1 智慧仓储中仓库安全管理的基本任务

8.1.1 智慧仓储中仓库安全管理的概念

仓库安全管理是指针对物品在仓储环节对仓库建筑要求、照明要求、物品摆放要求、消防要求、收发要求、事故应急救援要求等采取的综合性管理措施。

智慧仓储中仓库安全管理是指针对物品在仓储环节对智慧仓库建筑要求、照明要求、物品摆放要求、消防要求、收发要求、事故应急救援要求等采取的综合性管理措施。

智慧仓库安全实际上就是在传统仓库安全的基础上增加对配备的智能设备的安全性能进行维护和保养。但这并不意味着只是增加对设备相关安全进行管理，智能设备的增加会使仓库信息系统、平台等方面全面升级，因此也会带动仓库整体的安全要求大幅增加。如何使智慧仓库能够安全、平稳地进行日常操作是现代智慧仓库必须研究的问题，而对智慧仓库整体进行的安全控制就是安全管理最重要的核心工作。

8.1.2 智慧仓储中仓库安全管理的基本任务和目标

1. 人的方面

智慧仓储中仓库安全管理目标的实现，需要由上而下的层层推动，以及日常的监督与指导。因此，在人的方面，智慧仓储中仓库安全管理着重考察管理人员对下级、作业，安全教育及钻研、创新的指导。

（1）对下级的指导

1）对下级的要求是否了解。

2）对安全教育的必要性是否努力去发现。

3）是否有教育计划。

4）是否根据教育计划进行了指导，如新职员教育、特别教育等。

5）对象为特殊货物或特殊操作时是否进行了重点教育。

6）有无教材或规范手册。

7）对执行结果有无评价。

8）有无补充指导。

9）对合作公司和包工单位是否有联合指导。

10）教育过程材料是否留存归档。

（2）对作业的指导

1）是否按计划巡视了现场，例如：员工是否穿戴整洁，有统一的工作服，是否清楚本企业仓库内的安全标准。

2）对新员工是否关心。

3）在工作岗位上是否有好的人际关系。

4）指示、命令是否适当。

5）用词、语气是否符合要求。

6）是否关心下级的健康状况。

（3）对安全教育的指导

1）有目的的安全教育活动效果如何，如宣传画、早会、岗位会议、安全作业表彰等。

2）是否有计划地持续实行安全教育。

3）是否动员员工积极参加预防活动、危险预报活动和安全作业会议。

（4）对钻研、创新的指导

1）工作时是否愿意抱着发现问题的态度。

2）是否努力培养改进小组。

3）合理化建议制度的执行效果如何。

4）工作场所会议和安全作业会议是否经常召开。

2．物的方面

物的方面主要关注仓库中的货物、环境及卫生三个方面的安全管理。

（1）货物保存安全

1）为使货物出入库方便，货物是否面向通道保存。

2）库内是否保持干爽，内外清洁，货物堆放整齐。

3）仓库外是否有火种，易燃物品接近。

4）仓库内电源距物品是否大于 1m。

（2）作业环境条件的保持和改进

1）仓储的布局是否合理。

2）放置方法是否合理，如高度、数量、位置等。

3）是否配备安全装置，如灭火器等。

4）是否有好的保管方法，特别是对危险品、有害物品、有毒货物的保管。

5）地面有无油、水、凸凹不平的现象。

6）亮度是否足够。

7）温度是否合适。

8）有害气体、水蒸气、粉尘是否在允许浓度范围内。

9）防止噪声的措施有无做好。

10）安全通道和场所是否有保证。

11）安全标识是否科学。

12）是否努力改进环境。

（3）卫生安全检查

1）是否制订定期自主卫生检查计划。

2）是否定期进行自主卫生检查。

3）作业开始前是否进行了卫生检查。

4）是否根据检查标准进行检查，是否有检查表，检查日期、检查者、检查对象、检查部位、检查方法是否准确。

5）是否规定了检查负责人。
6）是否改进了不良部位。
7）是否保存检查记录。

3. 作业方面

作业方面的管理核心就是改进，通过对作业流程、作业人员及异常情况的关注，不断排除作业环节的安全风险。

（1）作业流程方面的改进
1）是否抱着发现问题的态度管理作业。
2）在作业方法上是否与下级商量。
3）对不恰当的作业是否进行改进。
4）研究改进方案时是否把安全放在优先地位。

（2）适当安排作业人员的工作
1）是否有无资质者在进行相关作业。
2）是否有中高年龄层的员工正在从事高空作业的情况。
3）是否有让经常发生事故者从事危险作业的情况。
4）是否有让没有经验的人从事危险作业的情况。
5）是否有让身体情况异常者工作的情况。

（3）发生异常情况时的措施
1）是否努力尽早发现异常情况。
2）是否规定异常时的处理措施标准。
3）是否掌握常规异常问题及其处理方法。
4）是否掌握非常情况下库内机器设备的停止方法。
5）是否掌握非常情况下的躲避标准。
6）是否掌握发生紧急情况时的处理方法（急救措施）。
7）是否有事故的原因分析方法。
8）是否保存了异常事故全过程的记录。

4. 网络系统方面

仓储网络系统主要包括两部分：仓储运作信息系统和仓库安全防御系统。

（1）仓储运作信息系统
1）系统是否能够支持智能设备、装置和人员的配合工作。
2）是否经常为信息系统进行调试，使之能更好地调整库内作业流程规划。
3）是否有专业的员工进行操作、维护和检修。
4）是否开设系统讲座对全体员工进行培训。
5）系统中是否有相关安全设置，以便应对库内人员因操作失误或智能设备故障产生的突发状况，如事故突发暂停按钮等。
6）是够配备安全监控系统，以便随时监控库内作业异常情况产生。

（2）仓库安全防御系统
1）仓库是否配备专门的安全防御系统，用以实现防御外企入侵，如开发适合本仓库的防火墙、IDS（网络入侵检测系统）、IPS（入侵防御系统）。
2）是否时常为信息系统进行调试使之最大化本仓库安全，如仓库数据安全等。
3）仓库安全防御系统是否能很好地兼容仓储运作信息系统。
4）是否有专业的员工进行操作、维护和检修，并且在异常发生时有能力尽快拦截、处理。

5. 智能设备方面

智能设备主要是各设备运行前的准备、运行时和运行后的维护与保养三方面的安全管理。

（1）智能设备运行前的准备

1）检查设备、机械、装置本体是否安全。
2）防护用具是否有好的性能。
3）设备是否有安全装置。
4）设备、装置是否有预防、预测或预知性维护，如定期维护传送带、AGV 小车等。
5）机械电气装置管理如何，如动力传导装置保护如何，叉车装备是否完整等。
6）工作人员是否熟悉设备操作流程。

（2）智能设备运行时

1）是否按照程序设定流程进行。
2）是否全程有监控。
3）如遇到设备故障能否马上查出问题所在。

（3）智能设备运行后的维护与保养

1）设备是否有定期或不定期的检查和保养。
2）对有问题、出故障的设备是否能够及时修理。
3）设备任务完成、每日工作结束时是否对设备、装置进行检查。
4）是否对新的智能设备设置专门的安全培训，让员工充分了解使用注意事项。

8.2 传统仓库安全管理的内容

仓储管理工作中居于首位的是仓库安全管理。仓库安全管理工作是物品存储与仓储管理工作的前提和基础。如果仓库管理不善，就可能发生火灾等危险事故。对企业来说，这不仅会对库房、货物等带来巨大的经济损失，也给国家和人民的生命财产造成无法计算的损害。

加强仓库安全管理，提高安全技术水平，及时发现和消除仓库中的不安全因素，对于杜绝各类事故的发生，具有十分重要的意义。

传统仓库的安全管理主要包括四部分内容：消防安全管理、库区环境安全管理、仓库作业安全管理及仓库人员安全管理。

8.2.1 摆脱安全管理的误区

一说到安全，很多人在认识上有一个误区，认为企业安全管理"只有投入，没有产出"，是一桩赔本的买卖。这是对安全管理实质的一个极大误解。之所以产生这种误解主要有三个方面的原因：

1）忽视安全效益。把安全和生产、质量、成本等放在一起比较，把它作为一种单纯的投入。安全看似对企业的效益没有任何作用，甚至还有负面的影响，但其实无论对企业还是个人，安全是最根本的基础和前提。

2）只顾眼前利益。因被眼前利益所蒙蔽，对安全工作的漠视而招来灭顶之灾的例子数不胜数。

3）安全责任感淡漠。企业安全工作者一直在讲"人的生命是无价的""安全是最大的效益"等，但安全管理具体能给企业带来的好处有哪些呢？除对人的生命和健康有好处以外，还有什么好处？很多企业并没有清楚的意识，因此安全责任感淡漠。

需要指出的是，以消除缺陷和现场浪费为抓手的仓库安全管理，带来的收益不仅是人的安全意识的提高，以及隐患的排除和事故的减少，同时也能带来相应的经济效益。

8.2.2 仓库安全管理的关键

仓库安全管理直接关系到货物的安全、作业人员的人身安全及作业设备和仓库设施的安全。因此，仓库安全管理是企业经济效益管理中不可或缺的重要组成部分。具体而言，仓库安全管理主要包括以下四个方面：

（1）安全管理制度化

仓库安全管理是仓库日常管理的重要项目。企业必须制定科学、合理的作业安全制度和操作规程，并明确安全责任制度，从而通过严格监督，确保仓库安全管理的落实情况。

（2）加强劳动安全保护

劳动安全保护着重于作业人员的人身安全，企业应当采取各种直接或间接措施对员工人身进行保护。《中华人民共和国劳动法》（以下简称《劳动法》）是劳动安全保护的底线，企业首先要遵守《劳动法》的相关规定。此外，《中华人民共和国民法典》中合同篇等也有相关规定，企业需遵守各项国家规定，保证员工的安全。

加强劳动安全保护主要可以从劳动工时、劳动工具、工场和其他四个角度出发，如图 8-2 所示。

1）控制工作人员的工作时间，避免员工疲劳作业，如每周工作不可超过 40h、依法安排加班、保证安排足够的休息时间等。

2）提供合适和足够的劳动保护用品，如劳保鞋、安全帽、安全手套、工作服等。

3）确保工作场地适合仓储作业，保证通风、照明、防滑等，并采用安全系数较高的仓储设备、机械和工具。

4）规避其他安全隐患，如在不安全环境作业或冒险的仓储作业等，尤其需要规避工作人员带伤带病作业情况的出现。

图 8-2　加强劳动安全保护

（3）加强安全培训和资质管理

仓库安全管理是一项长期性的工作，必须融入每位作业人员的工作习惯当中。因此，企业必须定期或不定期组织安全培训，进行安全作业宣传和教育，并通过严格的检查强化安全培训效果。对某些特种作业，作业人员必须通过专门的培训取得相关资质，才能最大程度保证作业安全。

（4）安全监控电子化

信息技术的不断发展使传统仓库安全管理能应用更多的信息手段，尤其是仓库安全监控技术的应用，能够增加安全管理的科技含量。通过监控电子化对安全作业进行严格监督和检查，如发现违规或无视安全规范的行为，则可以给予严厉的惩罚，从而强化员工的安全责任心。

8.2.3 仓库安全管理的主要内容

1. 消防安全管理

消防安全管理涉及很多内容，如火灾报警、灭火器使用、灭火器检查、火灾扑救、消防培训等。每项工作都应该按照相关流程进行。消防安全管理要点如图 8-3 所示。

（1）消防培训

仓库集中存储着大量的物品，从仓库不安全的因素及危害程度来看，火灾造成的损失最大。因此，仓库消防管理是仓库安全管理的重中之重。仓库消防管理必须认真贯彻"预防为主，防消

图 8-3　消防安全管理要点

结合"的消防方针,学习和执行《中华人民共和国消防法》和公安部制定的《仓库防火安全管理规则》,做好全体员工的培训工作。消防培训要点见表 8-1。

表 8-1 消防培训要点

要点	具体说明
制订培训计划	计划是行动的基础与前提,因此必须有针对性地做好消防培训计划
选定授课人	明确授课人,由人力资源部指派,多为消防管理负责人或当地消防管理部门的仓管人员
确定地点与时间	选择授课地点,确定授课时间
明确培训内容	明确授课内容:防火知识、灭火常识、火场的自救与救人、灭火的基本方法与原则
培训考核	培训结束后,应对参加人员进行考核
记录存档	必须做好相关培训记录并存档,用以作为员工日后绩效考核的重要依据

(2)火灾报警

消防工作实践证明,报警晚是酿成火灾的重要原因之一。仓库应配备可靠的报警系统,一旦仓库中某处发生火情,报警装置能及时报警,仓库保卫部门就能迅速报告消防队和通知全体仓库员工,以便及时组织扑救,避免火势的蔓延。

不论火势大小,只要发现失火就应立即报警。报警时应根据火势选择既快又好的方式。首先,向身边人员发出火警信号,同时迅速将火情报告公安部门。然后再通知其他人员和有关部门。报警越早,损失越小。报警后应有人到路口接应消防车到达火灾现场,并说明火势蔓延情况。

(3)火灾扑救

通常可采用的各类灭火方法见表 8-2。

表 8-2 各类灭火方法

灭火方法	具体说明
冷却灭火法	将灭火剂直接喷射到燃烧物上,以增加散热量,降低燃烧物的温度于燃点以下,使燃烧停止;或者将灭火剂喷洒在火源附近的物体上,使其不受火焰辐射热的威胁,避免形成新的火点。冷却灭火法是灭火的一种主要方法,常用水和二氧化碳作为灭火剂冷却降温灭火。灭火剂在灭火过程中不参与燃烧过程中的化学反应。这种方法属于物理灭火方法
拆移灭火法	又称"隔离灭火法",将火源处或其周围的可燃物质隔离或移开,燃烧会因缺少可燃物而停止 具体方法有: 1)把火源附近的可燃、易燃、易爆和助燃物品搬走 2)关闭可燃气体、液体管道的阀门,以减少和阻止可燃物质进入燃烧区 3)设法阻拦流散的易燃、可燃液体 4)拆除与火源相毗连的易燃建筑物,形成防止火势蔓延的空间地带
窒息灭火法	窒息灭火法是阻止空气流入燃烧区或用不燃烧区或用不燃物质冲淡空气,使燃烧物得不到足够的氧气而熄灭的灭火方法 具体方法有: 1)用沙土、水泥、湿麻袋、湿棉被等不燃或难燃物质覆盖燃烧物 2)喷洒雾状水、干粉、泡沫等灭火剂覆盖燃烧物 3)用水蒸气或氮气、二氧化碳等惰性气体灌注发生火灾的容器、设备 4)密闭起火建筑、设备和孔洞 5)把不燃的气体或液体(如二氧化碳、氮气、四氯化碳)喷洒到燃烧区域内或燃烧物上
抑制灭火法	又称"化学中断法",就是使灭火剂参与燃烧反应过程中,使燃烧过程中产生的游离基消失,而形成稳定分子或低活性游离基,使燃烧反应停止。如使用 1211(二氟一氯一溴甲烷)、1202(二氟二溴甲烷)、1301(三氟一溴甲烷)等灭火剂进行抑制灭火时,一定要将灭火剂准确地喷射在燃烧区内,使灭火药剂参与燃烧反应

防火检查应包括以下内容:

1)各项消防安全制度和消防安全操作规程的执行和落实情况。

2）防火巡查、火灾隐患整改措施落实情况。
3）安全员消防知识掌握情况。
4）室内仓储场所是否设置办公室、员工宿舍。
5）物品入库前是否经专人检查。
6）存储物品是否分类、分组和分堆（垛）存放，防火间距是否满足要求，存放是否影响消防安全的物品等。
7）火源、电源管理情况，用火、用电有无违章。
8）消防通道、安全出口、消防车通道是否畅通，是否有明显的安全标志。
9）消防水源情况，灭火器材配置及完好情况，消防设施有无损坏、停用、埋压、遮挡、圈占等影响使用情况。
10）其他需要检查的内容。

2. 库区环境安全管理

仓库除了要注意消防安全，还要注意几类常见的库区环境安全管理事项，具体见表8-3。

表8-3 库区环境安全管理事项

管理事项	具体说明
防潮措施	仓库应通风良好，防潮防霉 每日上班后，仓管员应打开窗户通风1~2h，并做好"仓库通风记录" 仓库所有物品应按保存要求分别放置于货架或密闭容器中，避免受潮 仓库根据需要设置温湿度控制设施（或系统），以保证物品正常的存储条件，并做好"仓库温湿度记录"
防汛/防台风措施	积极防范，有备无患；全员参与，防范损害；不断改善仓库条件
防雨湿措施	仓库有足够的防雨建筑；仓库具有良好的排水能力；做好货垛衬垫；及时苫盖货物
防虫措施	仓库进出口处上方安装灭蚊灯，防止飞虫进入 一旦发现有昆虫，应立即用灭蝇拍消灭 对在保质期内的物品应加强检查并进行必要的防虫、灭虫措施；已超过保质期的货物应妥善处理，以免污染周围环境 每日上班后，仓管员应开启灭蚊灯，诱杀蚊蝇，下班关闭
防震措施	结合当地地质结构，判断发生地震的可能性，在投资上予以考虑 在情报信息上，要密切关注毗邻地区与地震部门的预测和预报资料 在组织抢救上，要做充分的人力、物力、财力和精神上的准备

仓库存储管理应做到：
1）仓储场所存储物品的火灾危险性应按 GB 50016—2014《建筑设计防火规划（2018年版）》的规定分为甲、乙、丙、丁、戊5类。
2）仓储场所内不应搭建临时性的建筑物或构筑物。因装卸作业等确需搭建的，应经消防安全责任人或消防安全管理人审批同意，并明确防火责任人，落实临时防火措施，作业结束后应立即拆除。
3）物品入库前应有专人负责检查，确认无火种等隐患后，方准入库。
4）库房存储物品应分类、分堆、限额存放。每个堆垛的面积不应大于 $150m^2$。库房内主通道的宽度不应小于 2m。
5）库房内堆放物品应满足以下要求：
① 堆垛上部与楼板、平屋顶之间的距离不小于 0.3m（人字屋架从横梁算起）。
② 物品与照明灯之间的距离不小于 0.5m。
③ 物品与墙之间的距离不小于 0.5m。
④ 物品堆垛与柱之间的距离不小于 0.3m。

⑤ 物品堆垛与堆垛之间的距离不小于1m。

6）库房内需要设置货架堆放物品时，货架应采用非燃烧材料制作。货架不应遮挡消火栓、自动喷淋系统及排烟口。

3. 仓库作业安全管理

仓库作业安全管理是指在物品进出仓库装卸、搬运、存储和保管过程中，为了防止和消除伤亡事故，保障员工安全和减轻繁重的体力劳动而采取的管理措施。它直接关系到员工的人身安全和生产安全，也关系到仓库的劳动生产率能否提高等重要问题。

仓库的机械化、自动化程度日益提高，为避免在使用设备过程中发生事故，员工在工作中需采取一系列安全技术措施，并遵循安全操作规程。

4. 仓库人员安全管理

由于企业仓储作业的主要内容是装卸搬运货物及接触不同特性的货物，因此必须注意做好仓管人员的人身安全管理工作。一般可以从以下几方面着手：

1）树立安全作业的意识。为使仓库能安全地进行作业，树立安全作业意识是非常重要的。为此，仓管员应该做好表8-4所列的工作。

表8-4 树立安全作业的意识

工作要点	具体说明
强化安全意识	仓管员应主动接受安全作业方面的培训，从思想上重视安全作业。同时，通过提高仓储设备的技术水平，减少人工直接装卸、搬运，更多地采用机械设备和自动控制装置，来提高作业安全性，如现代自动化立体仓库的使用使作业的安全性大大提高
提高操作技能	作业技术水平的提高，可以有效降低事故的发生。因此，仓管员要接受企业提供的岗位培训和定期技能考核。这样既能提高企业的生产效率，又能提高自身劳动的安全性
认真执行安全规程	仓库作业的安全操作规程是经过实践检验能有效减少事故发生的规范化的作业操作方法。因此，仓管员应严格执行操作规程，并对不按照安全操作规程的行为严肃处理

2）进行安全教育培训。为了使仓库作业过程在符合安全要求的物质条件和工作秩序下进行，防止伤亡事故、设备事故和各种灾害的发生，企业需要对仓管员开展安全培训。仓库员工安全培训的主要内容如图8-4所示。

(1) 自觉遵守安全生产规章制度和劳动纪律，不违章作业并随时制止他人违章作业

(2) 遵守有关设备维修保养制度的规定

(3) 爱护和正确使用机器设备、工具，正确佩戴防护用品

(4) 关心安全生产情况，向有关领导或部门提出合理化建议

(5) 发现事故隐患和不安全因素要及时向组长或有关部门汇报

(6) 发生工伤事故，要及时抢救伤员，保护现场，报告领导并协助调查工作

图8-4 仓库员工安全培训的主要内容

3）加强个人安全防护。个人安全防护用品是指防止一种或多种有害因素对自身的直接危害所穿用或者佩戴的器具的总称。仓库工作人员正确使用个人安全防护用品，可避免操作过程中对身体造成直接危害。例如，佩戴安全帽可防御物体对头部造成冲击、刺穿、挤压等伤害；佩戴绝

缘手套可使作业人员的手部与带电物体绝缘，免受电流伤害；穿着劳保鞋可保护作业人员的脚部安全等。

8.3 智慧仓库体系构成相关安全管理

智慧仓储中仓库安全管理与传统仓库安全管理在总体上是类似的，都直接关系到货物的安全、作业人员的人身安全及作业设备和仓库设施的安全。因此，智慧仓储中仓库安全管理同样是企业经济效益管理中不可或缺的重要组成部分。特别是作业设备和仓库设施方面，智慧仓库较传统仓库而言对这方面的安全管理应该更加注意。

因此，在传统仓库安全管理所有内容的基础上，智慧仓库的安全管理还要新增两部分内容：智慧仓库信息系统安全管理和智慧仓库内设备与技术的安全管理。

智慧仓储体系最大的特点之一就是多功能集成，除了传统的库存管理，还要实现对流通中货物的检验、识别、计量、保管、加工和集散等功能，而这些功能得以顺利实现，都依赖于智慧仓库信息系统的强大。

从宏观来看，现代社会已逐渐进入大数据时代，社会中的人利用计算机犯罪很难留下犯罪证据，这也大大刺激了计算机高技术犯罪案件的发生。计算机犯罪率的迅速增加，使计算机系统特别是网络系统面临着很大的威胁，并成为严重的社会问题之一。因此，如何使智慧仓库信息系统能够时刻防御外来风险显得十分重要。

而从微观看，对智慧仓库内部管理而言，能够顺利进行日常作业是最基本的要求。所以，如何利用高科技在确保库内安全的前提下实现系统化、设备化的作业流程是智慧仓库最先需要解决的问题，其中就包括网络系统的安全和机械设备使用的安全。这里说的"网络系统安全"指的是系统能否实现对库内所有运作流程进行合理的组织安排，使库内作业有条不紊地持续下去，避免机械设备自主运行故障而导致的机毁货亡，进而真正实现安全无人化仓库管理。

8.3.1 智慧仓库信息系统的安全管理

智慧仓库信息系统安全管理包括两大部分：对外防御外来风险和对内组织库内安全运作。

1. 基本功能

（1）对外防御系统
1）硬件控制功能，如是否允许使用某些硬件设备。
2）软件控制功能，如是否允许运行计算机里已经安装的应用程序。
3）网络控制功能，如是否允许上网。
4）日志记录功能。
5）实时监控功能，如在库区内各个角落安装监控设备，随时派工作人员进行监管。
6）软件防火墙功能。
7）人员安全识别功能。

（2）对内组织运作系统
1）作业管控功能，可以对各个环节做出明确的指示，降低对人员的操作要求，提升作业效率。
2）工作分配管控功能，可根据任务的先来后到顺序对任务进行排列，安排运作流程。
3）数据管控功能，如通过对信息进行分析，帮助仓库的管理者了解已知的可预计的出库、入库的货量等。

2. 智慧仓库信息系统安全管理的具体内容

（1）对外防御系统

1）硬件控制。允许/禁止使用 USB 移动存储设备（如 U 盘、移动硬盘、MP3、MP4、数码相机、DV、手机等）、光盘驱动器（如 CD、DVD、刻录机、雕刻机等）、打印机（如 LPT、USB、红外线、IEEE 1394、共享、虚拟打印机等）备份计算机信息文件；允许/禁止使用计算机声卡。

2）软件控制。允许/禁止运行计算机里已经安装的应用程序，有效控制聊天（QQ、MSN 等）、玩游戏、看电影、听音乐、下载文件、炒股，以及运行一切与工作无关的应用程序。

3）网络控制。允许/禁止上网，或只允许/禁止访问指定网站，设置信任站点；允许/禁止通过 Outlook、Hotmail 等收发电子邮件，允许/禁止通过网站收发邮件，只允许/禁止指定邮件地址收发电子邮件；允许/禁止基于 HTTP 或 FTP 的上传下载；允许/禁止通过 QQ 等聊天工具传输文件；允许/禁止收看网上视频等。

4）日志记录。准确记录聊天工具（如 QQ、MSN 等）的聊天内容、网站访问日志、基于 HTTP 的文件上传下载日志、FTP 连接访问日志、基于 FTP 的文件上传下载日志、邮件收发日志（包括邮件正文及附件）、应用程序运行日志、应用程序网络连接日志、消息会话日志、被控端连接日志等。

5）实时监控。实时跟踪被控端计算机桌面动态、控制端与被控端之间相互消息会话（类似于 QQ 聊天工具）、锁定被控端计算机、随时发布警告通知、异地跟踪被控端计算机桌面、对被控端计算机进行远程关机、注销、重启操作、被控端进程管理、被控端软硬件资源、被控端网络流量及会话分析等。

6）防火墙。对可疑端口或 IP 进行封堵，禁止可疑程序连接网络，限制访问非法网站，有效防范网络攻击及净化网络环境。

7）人员安全识别。通过人脸、指纹或瞳孔等方式对进出仓库人员身份进行识别，禁止外来未登记人员进入或进入时报警等。

（2）对内组织运作系统

库内组织运作系统的正常运转离不开 WMS 和 WCS 的配合。一个高效的智慧仓库运作需要一个量身定制的智能仓库管理和控制系统。一个与仓库配套的信息系统从组织纲要到具体细节把控都能做到面面俱到，才能使人员和机械设备配合得好。

1）作业管控。智慧仓库信息管理系统可以通过精准的设定，在收货聚集、上架建议、拣货策略、出货规范、库存盘点等环节都做出明确的指示，降低对人员的操作要求，最大限度地协调机械设备自行运作，从而提升作业效率。

2）工作分配管控。智慧仓库信息管理系统可根据任务的顺序对任务进行排列，并支持根据任务的重要和紧急程度进行设置和排序，从而保证任务有序进行，增强任务安排的灵活性，提高任务时效性。同时，在分配任务时，系统还需要能按照给定的规则和算法给出最优方案。

3）数据管控。通过系统的查询功能，可以将各分仓、作业区域、库位、停车场、作业人员、货物、设备等信息展现在用户眼前。通过对这些信息进行分析，能够帮助仓库的管理者了解已知的可预计的出库、入库的货量，并结合现有的货量进行实时分析。在爆仓情况发生前，提早做出预警，避免不必要的损失。通过仓库信息管理系统的应用，实现了仓储的信息化、精细化管理。

8.3.2 智慧仓库智能设备的安全管理

除了对智慧仓库信息系统进行安全管理外,对库内所有设备与技术的安全也需要进行彻底的管理。智慧仓库,顾名思义,库内的机械设备多而人少,有些智慧仓库已经实现无人化运作。所以,对智慧仓库而言,机械设备的重要性不言而喻。如何保证各种设备运行前、运行时和运行后的各种安全是整个仓库正常运作的关键所在。

1. 电子标签系统设备

电子标签是一种非接触式的自动识别技术,它通过射频信号来识别目标对象并获取相关数据,识别工作无须人工干预,作为条码的无线版本,RFID 技术具有条码所不具备的防水、防磁、耐高温、使用寿命长、读取距离大、标签上数据可以加密、存储数据容量更大、存储信息更改自如等优点。电子标签系统中常用设备有标签、读取器和天线(见图 8-5)。

图 8-5 电子标签系统组成

使用电子标签系统设备需要注意以下几点:

1)选择与打印机(编码器)匹配的标签类型。选择的标签种类必须与打印机(编码器)及应用环境匹配,这是 RFID 超高频电子标签成功应用的关键。数据传输的速率、存储器、天线的设计、标签的写入功能等方面都需要进行评估,确保标签能够工作正常。有些标签供应商也可能会有不同的规格说明,或者增加一些与应用有关或者无关的专利功能,这时就应该要求供应商推荐最适合自己应用的超高频电子标签。

2)在大批量订购 RFID 电子标签前进行小批量测试。在订购电子标签前,必须从打印机(编码器)制造商那里取得有关对应答器(即 RFID 标签)设置位置的要求。在试样测试或者小批量测试阶段,这些标签必须能够完全满足应用需要,然后再决定是否大批量订购。

3)RFID 标签的存储温度应该适当,其存储温度应该在-60~203°F(-51~95℃),环境条件应该稳定。不可让标签暴露在静电环境中,否则会影响标签性能。在低湿度环境应用 RFID 超高频电子标签时,最好使用防静电布或者防静电垫子以消除静电影响。

4)培训员工使标签打印取得成功。标签打印机(编码器)有许多针对使用环境的参数设置,有各自的特点和特殊的 RFID 技术要求,必须事先对员工进行充分培训,才能避免 RFID 标签打印可能出现的差错。

5)对标签打印机(编码器)进行校正,保证打印正确。标签开始打印前先调整打印机(编码器),保证标签卷带在打印机(编码器)内有正确的引导间隙和节距(两个标签之间的距离)。对每一批新的标签卷带,开始打印前必须调整一次。如果是某种标签的专用打印机,各项参数、间隙已经设定完成,就可以免去这项校正操作。有的标签打印机(编码器)具有自动校正功能,校正操作就会简单一些。

6)避免使用金属箔片基质的标签,因为金属箔片会反射无线电波信号,对 RFID 会产生干扰。带有金属薄片或者含金属墨水的标签会严重影响准确打印（编码），也会严重影响读取距离。

7）注意标签表面的水气。水气或者其他液体可以成为 RFID 性能发挥的障碍，因为液体可以吸收无线电信号，从而限制读取距离或者使标签的读写操作困难。标签的黏合剂也是一种液体，某些黏合剂或者标签材料会吸收水分，也会影响标签性能的发挥。

8）适当隔离 RFID 设备。无线电设备如果距离太近就会互相干扰，标签打印机应该与同一波段的其他产品如天线、读取器、无线网或者其他标签打印机保持足够的距离。

9）采用打印机管理软件，发现经常出现的故障。理想的状态是打印机能够一次完成标签打印任务，但也会常常出现首次打印不成功的情况。如果经常出现这种情况，说明打印机可能存在缺陷。应该在整个 RFID 架构内安装管理软件，一旦出现小的故障就会发出警告，这样可以避免产生严重后果。

10）把超高频电子标签设置在货盘货箱的最佳读取位置。在完全自动化的流程中，要使货箱标签能够持续准确读出，标签的位置是关键。与标签的位置有关的因素有多个，其中最主要的是读取器的位置。通过相对现有读取器的标签最佳位置测试，可以决定标签应该设置在货箱的什么位置才能保证最高的读取率。

2. 自动化运输系统设备

自动化运输系统主要是由输送线完成其物品的输送任务。在环绕库房、生产车间和包装车间的场地，设置有由许多带式输送机、辊子输送机等组成的一条条输送链，经首尾连接形成连续的输送线。在物品的入口处和出口处设有路径叉口装置、升降机和地面输送线。这样在库房、生产车间和包装车间范围内形成了一个既可顺畅到达各个生产位置同时又是封闭的循环输送线系统。所有生产过程中使用的有关材料、零件、部件和成品，都须装在贴有条码的托盘箱里才能进入输送线系统。在生产管理系统发出的生产指令的作用下，装有物品的托盘箱从指定的入口进入输送线系统。输送线主要包括带式输送线、辊子输送机和托盘输送线等，用于纸箱和周转箱的输送。

1）带式输送线又称带式输送机，运用输送带的连续或间歇运动来输送各种轻重不同的物品，既可输送各种散料，也可输送各种纸箱、包装袋等单件重量不大的件货，用途广泛，如图 8-6 所示。

图 8-6 带式输送机

带式输送机使用的注意事项如下：

① 带式输送机的载重范围。若物品超过载重范围会造成整条线体不能正常运作。

② 防静电系数。输送带一般都是防静电的，防静电系数会随着使用时间的延长而降低，企业需要在定制前明确要在多久的时间里确保防静电系数在一定范围内。

③ 滚筒工位。整条输送带中间部分的工位滚筒数量根据线体的长短、载重量等因素确定，工位量不够，同样会影响输送机的正常运作。

④ 启动和停机时，输送机一般应在空载的前提下启动。在顺次安装数台带式输送机时，应采用可以闭锁的起动装置，以便通过集控室按一定顺序启动和停机。除此之外，为防止突发事故，每台输送机还应设置就地启动或停机的按钮，可以单独停止任意一台。为了防止输送带因为某种原因而被纵向撕裂，当输送机长度超过 30m 时，沿着输送机全长，应距离一定间隔（如 25～30m）安装一个停机按钮。

⑤ 为了保证带式输送机运转可靠，应及时发现和排除可能发生的故障。为此，操作员必须随时观察运输机的工作情况，如发现异常应及时处理。机械工人应按期巡视和检查任何需要留意的情况或部件，这是很重要的。例如，一个托辊并不显得十分重要，但输送磨损物品的高速输送带可能很快把它的外壳磨穿，形成一个"刀刃"，这个"刀刃"就可能严重地损坏一条价格昂贵的输送带。

受过训练或有经验的工人能及时发现即将发生的事故，并防患于未然。带式输送机的输送带在整个输送机价格里占相当大的比重。为了减少更换和维修输送带的用度，必须对操作员和维修人员进行输送带的运行和维修培训。

2）辊子输送机是能够输送单件重量很大的物品，或承受较大的冲击载荷的机械（见图 8-7）。它适用于各类箱、包、托盘等件货的输送，散料、小件物品或不规则的物品需放在托盘上或周转箱内输送。它主要由传动滚筒、机架、支架、驱动部等部分组成。它具有输送量大、速度快、运转轻快，能够实现多品种共线分流输送的特点，还可按客户要求特殊设计，以满足各类客户的需求。

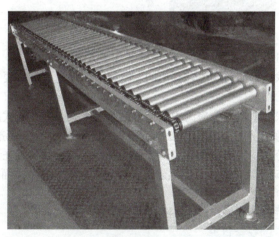

图 8-7 辊子输送机

辊子输送机使用的注意事项如下：

① 固定式辊子输送机应按规定的安装方法安装在固定的基础上。移动式辊子输送机正式运行前应将辊子用三角木楔住或用制动器刹住。以免工作中发生走动，有多台输送机平行作业时，机与机之间，机与墙之间应有一米的通道。

② 辊子输送机使用前须检查各运转部分、胶带搭扣和承载装置是否正常，防护设备是否齐全。胶带的涨紧度须在启动前调整到合适的程度。

③ 辊子输送机应空载启动，等运转正常后方可入料，禁止先入料后开车。

④ 有数台输送机串联运行时，应从卸料端开始，顺序起动。全部正常运转后，方可入料。

⑤ 输送机上禁止行人或乘人。
⑥ 停车前必须先停止入料，等存料卸尽方可停车。

3）托盘输送线又称托盘输送机，是由各种自动输送机组成的托盘自动化输送系统。托盘输送机有辊道式、链式、滚轮式、板式、升降台等多种形式，在自动化仓库系统中，为了满足系统对托盘货物的能力要求，一般选用运输效率较高的辊道式、链式输送机组成托盘自动化输送系统。根据自动输送的需求，可以用单一类型的输送机组合成具有特定功能的托盘自动化输送系统，也可以根据需要，由几类输送机混合组成具有特定功能的托盘自动化输送系统。托盘输送机如图 8-8 所示。

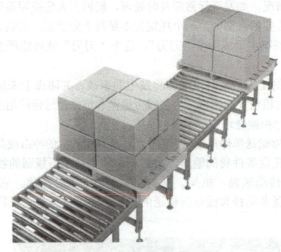

图 8-8 托盘输送机

选择和确定托盘输送机的布置形式，应从以下几个方面考虑：

① 须满足工艺要求，即应符合工艺提出的运输路线、输送量和需要在其上面完成的工艺作业等要求。

② 在满足工艺要求的前提下，应力求最简单的布置形式。布置形式越简单，输送机线路的转折越少，其运行阻力就越小，从而可降低制造成本，提高其使用的经济性。

③ 布置时，应充分考虑输送机与各有关专业工种的关系，如安设在地坑中的托盘输送机，容易和土建、水道、通风及除尘等设备发生矛盾，故应综合研究各个方面的情况，求得整体布置的合理性和经济性。

④ 托盘输送机在进行倾斜输送时，不得超越允许的倾角范围。

3．自动化立体仓库的安全管理

自动化立体仓库是由立体货架、有轨巷道堆垛起重机、出入库托盘输送机系统、尺寸检测条码阅读系统、通信系统、自动控制系统、计算机监控系统、计算机管理系统，以及其他如电线电缆桥架配电柜、托盘、调节平台、钢结构平台等辅助设备组成的复杂的自动化系统。运用一流的集成化物流理念，采用先进的控制、总线、通信和信息技术，通过以上设备的协调动作进行出入库作业。

自动化立体仓库使用的注意事项如下：

1）安全问题。自动化立体仓库是自动化的设备，在使用过程中人为干预的工作很少，对于一些贵重物品的仓库管理就需要注重安全问题，对产品的保护需要升级。同时，还需要注意的是自动化立体仓库中的机械设备在运行中对人有没有安全隐患。

2）安装性能问题。自动化立体仓库的安装是一个大的工程，需要在安装前确定地面的性质，在整个场地先规划好再进行安装和操作。

3）进行专业的技能操作，仓管员按说明书培训操作，严禁违规操作。

4）对自动化立体仓库进行定期维护和保养，减少故障的发生。

案例 8-1　某企业自动化立体仓库安全使用管理制度

本例介绍了某企业自动化立体仓库安全使用管理制度的具体条款和内容，对于仓库安全管理具备一定的参考价值。扩展视频参见二维码024。

（资料来源：百度，2020年1月）

二维码 024

4. 智能分拣系统设备

智能分拣系统（Automatic Sorting System）是先进配送中心所必需的设施之一，具有很高的分拣效率，通常每小时可分拣商品 6000~12 000 箱。可以说，智能分拣机是提高物流配送效率的一项关键因素，如图 8-9 所示。

图 8-9　智能分拣机

智能分拣设备使用的注意事项如下：

1）机械运行时，禁止吸烟。定期检查设备制动装置，加强班前安全教育培训和生产过程监管。

2）禁止人员用湿毛巾清洗带电设备，禁止非设备管理员擅自检修设备，设备管理员检修设备必须停机，现场要指定监护人员，定期检查、保养和维护电气线路。

3）人员不准站在小车轨道上，禁止人员在小车通道上行走，指定二层下方中间通道为人行通道，并进行宣传教育培训，加强作业期间安全监管，对违规人员纳入安全考核。

4）进行班前安全提示，张贴禁止性安全警示标识，加强现场过程监管。

5）禁止人员从分拣线下方空隙穿行，从一层通道上二层时，小心碰头，对员工进行危险源防范知识培训，加强现场监管，对违规人员纳入三级考核。

6）作业前穿作业服，换上橡胶底鞋，工作时加强自我安全防范意识，走斜坡或不平坦处要格外小心，禁止在巡线时快走和跑步。加强现场安全监管和考核。

7）开箱时，人员必须带劳动保护手套，禁止开箱时使用蛮力或动作幅度太大。作业后，关闭刀刃，将刀具定置存放。

5. 机器人分拣系统设备

机器人分拣系统设备又称分拣机器人（Sorting Robot），是一种具备传感器、物镜和电子光学系统的机器人，可以快速进行货物分拣，如图8-10所示。

图8-10 分拣机器人

分拣机器人使用的注意事项如下：

1）安全第一，机器人启动前，务必确保机器人作业区域内没有人。生产时如有必要进入作业区，务必征得监护人员的同意，拔掉护栏安全栓，打开安全门，进入安全门打开的区域，严禁穿越压力机进入安全门未打开的区域。若要处理压力机内模具问题，务必停止该压力机前后两台机器人，保证人身安全。

2）每天使用机器人之前，务必将机器人导轨擦拭一遍，防止过度磨损。严禁用脚踩机器人导轨。观察润滑油脂是否够用，工作时留意机器人工作导轨及齿轮导轨的润滑情况。

3）更换吸盘时，要留意观察机器人R1轴前端定位销是否松动、暗伤、开裂，机器人气管接头是否松动漏气，吸盘上紧固螺钉是否松动，橡胶吸盘是否拧紧。

4）生产前要观察机器人运动区域内是否有其他物体（踏板、支架等）与其干涉；生产中要注意观察机器人的运动轨迹及运动声响是否有异常，如有异常现象，务必做记录。

5）起吊模具时要注意对传感器接线盒的保护，防止将接头撞坏，影响正常生产。

6）强化7S管理，提升现场的管理水平，保证机器人、机器人控制柜、安全护栏及周边环境清洁美观。

7）做好对分拣机器人的周期性维护。

除以上各系统智能设备的安全使用外，在各系统每次使用前都应对所有相关设备进行安全检查，包括硬件设备和软件系统的完好程度。在使用后也需要对所有设备进行检查，确保设备下次能够正常使用，并确认电源、电闸全部关闭。每隔一段时间都应对各类别设备进行分批次的维护与检修，间隔时间可以是固定的，也可以是不固定的，达到随时对设备都心中有数的程度。相关领导也应随时对设备安全状况进行抽查，这种行为会在一定程度上让员工对安全问题更加注意，让他们知道安全问题的重要性。

8.4 人工智能技术支撑下的安全管理

将人工智能应用到智慧仓储安全管理领域可以帮助仓库管理员提高工作效率，相较于传统的安全技术，不论速度上、效率上还是可操作性上都显著提高。

8.4.1 智能安防

安防系统是实施安全防范控制的重要技术手段，在当前安防需求提高的形势下，其在安全技术防范领域的运用也越来越广泛。以前所使用的安防系统主要依赖人的视觉判断，缺乏对视频内容的智能分析。

智能安防系统可以简单理解为图像的传输和存储、数据的存储和处理准确而选择性操作的技术系统。一个完整的智能安防系统主要包括门禁、报警和监控三大部分。智能安防与传统安防的最大区别在于智能化，我国安防产业发展很快，也比较普及，但是传统安防对人的依赖性比较强，非常耗费人力，而智能安防能够通过机器实现智能判断，从而尽可能实现人想做的事。

智能安防系统包括以下几方面：

1. 视频监控系统

视频监控系统（Video Monitoring System）是采用图像处理、模式识别和计算机视觉技术，通过在监控系统中增加智能视频分析模块，借助计算机强大的数据处理能力过滤掉视频画面无用的或干扰信息，自动识别不同物体，分析抽取视频源中关键有用信息，快速准确地定位事故现场，判断监控画面中的异常情况，并以最快和最佳的方式发出警报或触发其他动作，从而有效进行事前预警、事中处理和事后及时取证的全自动、全天候、实时监控的智能系统。视频监控系统作用如下：

（1）强大的机芯功能可以更精确地报警

多倍光学变焦、数字变焦、自动光圈、自动聚焦、自动白平衡等功能，可以轻松查看任意位置画面。强大的图像处理功能和高级智能的算法，使安全人员可以更加精确地定义安全威胁的特征，有效地发现异常报警事件或潜在的威胁，大大降低误报和漏报现象的发生。

（2）全天候可靠监控

通过智能分析模块或软件对所监控的画面进行不间断分析，实现对异常事件和疑似威胁的主动式编码、报警和保存，彻底改变了以往完全由监控人员对监控画面进行监视和分析的方式。

（3）支持远程监控和对讲功能

可以随时随地进行远程监控，可以通过手机、计算机、平板观看监控场景，随时随地了解监控场景动态。

（4）快速响应

拥有比普通网络视频监控系统更强的智能特性，能够识别可疑活动。例如，当有人在公共场所遗留了可疑物体，或者有人在敏感区域停留时间过长时，能立即提示安全工作人员关注相关监控画面，这样使安全部门有足够的时间为潜在的威胁做好准备工作。

（5）智能存储方便查询

能够比普通视频监控系统更加节省存储空间，可只存储出现可疑情况或报警时的监控图像和场景信息，能减少大量无用数据的传输和存储，并能够对存储的监控信息提供基于内容的快速查询。

此外，视频监控系统也可以和报警系统结合成视频监控报警系统常规应用于建筑物内的主要公共场所和重要部位进行实时监控、录像和报警时的图像复核。视频监控报警系统的前端是各种摄像机、视频检测报警器和相关附属设备；系统的终端设备是显示/记录/控制设备，通常采用独立的视频监控中心控制台或监控报警中心控制台。安全防范用的视频监控报警系统应与防盗报警系统、出入口控制系统联动，由中央控制室进行集中管理和监控。独立运行的视频监控报警系统，画面显示能任意编程、自动或手动切换，画面上必须具备摄像机的编号、地址、时间、日期等信息显示，并能自动将现场画面切换到指定的监视器上显示，对重要的监控画面应能长时间录像。

2. 智能门禁系统

智能门禁系统（Intelligent Access Control System）是新型现代化安全管理系统，集微机自动识别技术和现代安全管理措施于一体，涉及电子、机械、光学、计算机技术、通信技术、生物技术等诸多新技术。它是解决重要部门出入口实现安全防范管理的有效措施，适用于银行、宾馆、机房、军械库、机要室、办公间、智能化小区、工厂等。在该系统的基础上增加相应的辅助设备可以进行电梯控制、车辆进出控制，物业消防监控、保安巡检管理、餐饮收费管理等，真正实现区域内一卡智能管理。

最近几年随着感应卡技术、生物识别技术的发展，门禁系统得到了飞跃式的发展，进入了成熟期，出现了感应卡式门禁系统、指纹门禁系统、虹膜门禁系统、面部识别门禁系统、乱序键盘门禁系统等各种技术的系统，它们在安全性、方便性、易管理性等方面都各有特长，应用领域也越来越广。

（1）门禁系统的基本功能

1）对通道进出权限的管理。对每个通道设置哪些人可以进出，哪些人不能进出。

进出通道的方式：对可以进出该通道的人进行进出方式的授权，进出方式通常有密码、指纹（生物识别）、读卡三种。

进出通道的时段：设置可以进出该通道的人在什么时间范围内可以进出。

2）实时监控功能。系统管理人员可以通过微机实时查看每个门区人员的进出情况（同时有照片显示）、每个门区的状态（包括门的开关、各种非正常状态报警等），也可以在紧急状态下打开或关闭所有的门区。

3）出入记录查询功能。系统可存储所有的进出记录、状态记录，可按不同的查询条件查询，配备相应考勤软件可实现考勤、门禁一卡通。

4）异常报警功能

在异常情况下可以实现微机报警或报警器报警，如非法侵入、门超时未关等。

（2）门禁系统的特殊功能

1）反潜回功能。持卡人必须依照预先设定好的路线进出，否则下一通道刷卡无效。本功能是防止持卡人尾随别人进入。

2）防尾随功能。持卡人必须关上刚进入的门才能打开下一个门。本功能与反潜回实现的功能一样，只是方式不同。

3）消防报警与监控联动功能。在出现火警时门禁系统可以自动打开所有电子锁，让里面的人随时逃生。报警与监控联动通常是指监控系统自动将有人刷卡时（有效/无效）的情况录下来，同时也将门禁系统出现警报时的情况录下来。

4）网络设置管理监控功能。大多数门禁系统只能用一台微机管理，而技术先进的系统则可以在网络上任何一个授权的位置对整个系统进行设置监控查询管理，也可以通过互联网进行异地设置管理监控查询。

5）逻辑开门功能。简单地说，逻辑开门功能就是同一个门需要几个人同时刷卡（或其他方式）才能打开电控门锁。

3. 停车场管理系统

停车场管理系统（Parking Management System）是通过计算机、网络设备、车道管理设备搭建的一套对停车场车辆出入、场内车流引导、收取停车费进行管理的网络系统。它是专业车场管理公司必备的工具。停车场设备——出入口控制机如图 8-11 所示，停车场出入口全图如图 8-12 所示。

图 8-11　停车场设备——出入口控制机

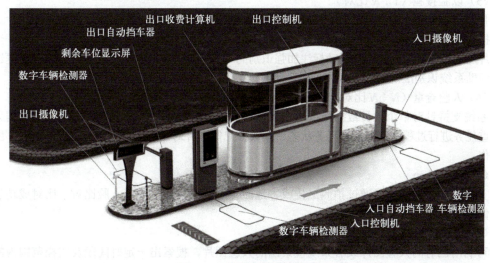

图 8-12　停车场出入口全图

停车场管理系统通过采集记录车辆进出信息和场内位置，实现车辆出入和场内车辆的动态和静态的综合管理。前期系统一般以射频感应卡为载体，使用光学数字镜头车牌识别方式代替传统射频卡计费，通过感应卡记录车辆进出信息，通过管理软件完成收费策略，实现收费账务管理、车牌识别、道闸设备控制等功能。

停车场管理系统配置包括停车场控制机、自动吐卡机、远程遥控、远距离读卡器、感应卡（有源卡和无源卡）、自动道闸、车辆感应器、地感线圈、通信适配器、摄像机、传输设备、停车场系统管理软件等。

4．人脸识别系统

人脸识别系统（Face Recognition System）作为一种新兴的安防智能化产品，其技术始于20世纪60年代，直到20世纪90年代才进入了真正的机器自动识别阶段。目前，在安防监控领域，人脸识别主要是基于对可见光图像的人脸识别。

人脸识别系统的作用如下：

（1）实时抓拍

基于前端高清摄像机或人脸抓拍相机，通过系统或抓拍相机在实时视频中检测人脸，跟踪人脸运动轨迹，截取到最清晰的一帧进行存储。抓拍的人脸照片、经过的时间和相机位置信息等被记录在路人数据库中。抓拍并存储的人脸信息可作为检索数据库使用。支持按树形目标选择抓拍通道,并同时查看一张或多张实时人脸图片抓拍。支持下载背景图片及小图片。

(2)实时预警(人脸卡口)

支持抓拍图片与黑名单数据库的实时比对。支持预警接收的设置,在预警设置中,可选择预警接收的布局任务和布局范围。

(3)历史警示

支持按布局任务、布局范围、布局对象、相似度、时间、报警确认形式进行单一条件或组合条件的查询。支持设置查询结果按时间或相似度排序。

(4)人脸查询

支持对动态抓拍数据库、静态名单库的人脸查询。查询照片支持原图查看、详细信息查看、前后视频预览。人脸图像及相关结构化信息可导出成 Excel 文件。

(5)以脸搜脸($1:N$ 比对)

用户可以选择某张人像图片,在抓拍数据库或静态名单库中寻找相似度高的人像图片。系统根据相似度高低来排序。待比对的图片可以本地上传,也可以是抓拍图片或者静态图片。当上传图片过于模糊时,支持用户手动标注加强识别的功能,通过网站界面手动标注特征点或框选范围,帮助系统识别准确的人脸位置,提高比对准确率,改善模糊照片的比对效果。

(6)人脸查重($N:N$ 比对)

系统支持针对单个人员数据库或两个人员数据库之间的重复人员查询,并返回查重结果。在查重任务进行过程中,可查看任务状态、相关信息等,并对已完成的查重任务进行查看、删除等操作。

(7)人脸 App

支持人脸检索功能,通过拍照上传或本地图片上传的方式,进行人脸比对,比对成功后,按相似度返回相应的人脸检索结果。

(8)人员轨迹分析

可利用已有的人脸图片或者系统检索出的人脸图片,搜索出一定时间段及监控范围内的相似人脸图片,选择目标人员人脸图片,分析目标人员"从哪里来、到哪里去、沿途经过哪里"。

5. 入侵报警系统

智能安防报警系统是同企业、家庭的各种传感器、功能键、探测器及执行器共同构成企业、家庭的安防体系,是企业、家庭安防体系的"大脑"。报警功能包括防火、防盗、煤气泄漏报警及紧急求助等功能,报警系统采用先进智能型控制网络技术,由微机管理控制,实现对匪情、盗窃、火灾、煤气、紧急求助等意外事故的自动报警。

入侵报警系统(Intrusion Alarm System)分为周界防卫、建筑物区域内防卫、单位企业空旷区域内防卫、单位企业内实物设备器材防卫等。系统的前端设备为各种类别的报警传感器或探测器;系统的终端是显示/控制/通信设备,它可应用独立的报警控制器,也可采用报警中心控制台控制。不论采用什么方式控制,均必须对设防区域的非法入侵进行实时、可靠和正确无误的复核和报警。漏报警是绝对不允许发生的,误报警应该降低到可以接受的限度。考虑到值勤人员容易受到作案者的武力威胁与抢劫,系统应设置紧急报警按钮并留有与 110 报警中心联网的接口。

6. 无线对讲系统

无线对讲系统(Wireless Intercom System)具有机动灵活、操作简便、语音传递快捷、使用经济的特点,是实现生产调度自动化和管理现代化的基础手段。无线对讲系统是一种独立的、放射式的双频双向自动重复方式通信系统,解决了由使用通信范围或建筑结构等因素引起的通信信号无法覆盖的问题。因此,可以使用它来与安全、工程、运营及服务人员沟通,以便在管理场所内非固定的位置执行任务。

无线对讲系统包括：①手提对讲机；②信号中转设备；③信号放大设备；④低损耗通信电缆；⑤高增益通信天线；⑥其他信号传输设备。

7. 保安巡更系统

生活小区、酒店、卖场等物业管理的重要工作的一环，便是保安的巡更。巡更非常重要，是增加业主、住户、商户安全感的重要手段，也是提升物业管理服务的主要方面。所以，如果安排好保安的巡更，就能提升物业管理的服务质量。

规模小的小区、写字楼通常保安不多，很多保安一般只配置对讲机，没有其他过多的设备，一般的模式是保安按路线到达某个检查点，在这个检查点上有一个登记表，保安就在上面记录一下、签上字，管理员通常过一段时间收集登记表信息，并打印出新的登记表换上，这样的日志信息表无法做到准确及时，管理员也无法及时地了解各个巡更点的巡更情况。

保安信息化管理系统一般会以"平台+终端""数据+语音"的规划思路，提供保安管理、紧急报警、远程通信、人员定位等信息化的管理支撑。基于中国移动 TD、GSM、LBS、GPS、MSM 等通信技术，通过"管理平台"与"保安信息机"，将物业保安等用工单位有机结合起来，组建实时保安应急报警、管理、监控及联网的保安系统管理体系。

有信息化管理系统作为支撑，保安巡更系统就可以和其他系统相连接，将数据实时传送到智能安防总系统中，实现数据同步化。

8. 智能广播系统（主要针对消防系统）

智能广播系统是扩声音响系统的一个分支，而扩声音响系统又称专业音响系统，是涉及电声、建声和乐声三种学科的边缘科学。所以，智能广播系统最终效果涉及合理、正确的电声系统设计和调试，良好的声音传播环境（建声条件）和精确的现场调音三者最佳的结合，三者相辅相成，缺一不可。

智能广播系统作为一个系统问题，在系统设计中必须综合考虑上述问题。在选性能良好的电声设备基础上，通过周密的系统设计，仔细的系统调试和良好的建声条件上，达到声音悦耳、自然的音响效果。智能广播系统可以非常方便地切换各种音源、各个播放区，可在不同的播放区域播放不同的音源。

智能广播系统按用途可分为以下几类：

（1）室外广播系统

室外广播系统主要用于体育场、车站、校园、艺术广场、音乐喷泉等。它的特点是服务区域面积大，空间宽广；背景噪声大；声音传播以直达声为主；要求的声压级高，如果周围有高楼大厦等反射物体，扬声器布局又不尽合理，声波经多次反射而形成超过 50ms 以上的延迟，会引起双重声或多重声，严重时会出现回声等问题，影响声音的清晰度和声像定位。室外系统的音响效果还受气候条件、风向和环境干扰等影响。

（2）室内广播系统

室内广播系统是应用最广泛的系统，包括各类影剧院、体育场等。它的专业性很强，既能非语言扩声，又能供各类文艺演出使用，对音质的要求很高，系统设计不仅要考虑电声技术问题，还要涉及建筑声学问题。房间的形状等因素对音质有较大影响。

（3）公共广播系统

智能广播系统为宾馆、商厦、港口、机场、地铁、学校提供背景音乐和广播节目。近年来，公共广播系统还兼做紧急广播，可与消防报警系统联动。

（4）会议系统

随着国内外交流的增多，电视会议和数字化会议系统（DCN）发展很快。会议系统广泛用于会议中心、宾馆、集团和政府机关。会议系统包括会议讨论系统、表决系统、同声传译系统和电视会议系统。它要求音视频（图像）系统同步，全部采用计算机控制和存储会议资料。

不管哪一种广播音响系统，都可以基本分为四个部分：节目源设备、信号的放大和处理设备、传输线路和扬声器系统。

在安防中的广播系统主要是消防广播系统，又称应急广播系统，是火灾逃生疏散和灭火指挥的重要设备，在整个消防控制管理系统中起着极其重要的作用。在火灾发生时，应急广播信号通过音源设备发出，经过功率放大后，由广播切换模块切换到广播指定区域的音箱实现应急广播。

一般的广播系统主要由主机端设备［如音源设备、广播功率放大器、火灾报警控制器（联动型）等］和现场设备（输出模块、音箱）构成。

消防广播系统特点如下：

（1）实用性

消防广播系统设计力求简洁明了，操作简单易学，管理方便易行，满足客户的实际需要，突出保证常用功能的可靠性。少用或几乎不用复杂易错难学的功能，也降低了单位投资。系统功能齐全强大。

（2）经济性

充分利用原有设备，加入必要的配置即可升级。使用高品质的组合系统节省投资，具有较大的价格优势。

（3）可靠性

硬件上增加了抗干扰能力和容错能力。采用多通道技术，不会因为一个终端发生故障导致整个系统瘫痪。很多功能都有应急措施，使得单位在使用中万无一失。

（4）扩充性、开放性

系统留有扩展接口，保证系统扩展时直接接入相应设备就可完成系统扩展。在系统升级改造中，负责原有设备兼容，支持企业、家庭的发展和系统更新。

此外，还有综合门禁、人脸识别等多功能的出入口控制报警系统。它是采用现代电子信息技术，在建筑物的出入口对人（或物）的进出实施放行、拒绝、记录和报警等操作的一种自动化系统。这种操作系统通常由出入口目标识别系统、出入口信息管理系统、出入口控制执行机构等三个部分组成。系统的前端设备为各类出入口目标识别装置和门锁开启闭合执行机构；传输方式采用专线或网络传输；系统的终端设备是显示/控制/通信设备，常规采用独立的门禁控制器，也可通过计算机网络对各门禁控制器实施集中监控。出入口控制报警系统通常要与防盗报警系统、闭路视频监控报警系统和消防系统联动，才能有效地实现安全防范。出入口目标识别系统可分为对人的识别和对物的识别。以对人的识别为例，它可分为生物特征系统和编码标识别系统两类。

8.4.2 机房环境监控系统

机房环境监控系统是一个综合利用计算机网络技术、数据库技术、通信技术、自动控制技术、新型传感技术的计算机网络，提供了一种以计算机技术为基础、基于集中管理监控模式的自动化、智能化和高效率的技术手段，系统监控对象主要是机房动力系统和环境设备等（如配电系统、UPS 电源、空调设备、机房温湿度、漏水检测、烟雾报警、视频监控、门禁监控、防雷系统、消防系统等）。

1）配电系统。主要对配电系统的相电压、相电流、线电压、线电流、有功功率、无功功率、频率、功率因数等参数和配电开关的状态进行监视。当一些重要参数超过危险界限后进行报警。

2）UPS 电源（包含直流电源）。通过由 UPS 厂家提供的通信协议及智能通信接口对 UPS 内部整流器、逆变器、电池、旁路、负载等各部件的运行状态进行实时监视，一旦有部件发生故障，机房动力环境监控系统将自动报警。系统中对UPS的监控一律采用只监视不控制的模式。

3）空调设备。通过实时监控，能够全面诊断空调运行状况，监控空调各部件（如压缩机、风机、加热器、加湿器、去湿器、滤网等）的运行状态与参数，并能够通过机房动力环境监控系统管理功能远程修改空调设置参数（温度、湿度、温度上下限、湿度上下限等），以及对精密空调的重启。空调机组即便有微小的故障，也可以通过机房动力环境监控系统检测出来，及时采取措施，防止空调机组进一步损坏。

4）机房温湿度。在机房的各个重要位置需要装设温湿度检测模块，记录温湿度曲线供管理人员查询。一旦温湿度超出范围，即刻启动报警，提醒管理人员及时调整空调的工作设置值或调整机房内的设备分布情况。

5）漏水检测。漏水检测系统分定位系统和不定位系统两种。所谓定位系统，是指可以准确报告具体漏水地点的测漏系统。不定位系统则相反，只能报告发现漏水，但不能指明位置。系统由传感器和控制器组成。控制器监视传感器的状态，发现水情立即将信息上传给监控计算机。测漏传感器有线检测和面检测两类，机房内主要采用线检测。线检测使用测漏绳将水患部位围绕起来，漏水发生后，一旦水接触到检测线就会发出报警。

6）烟雾报警。烟雾探测器内置微计算机控制，故障自检，能防止漏报误报，输出脉冲电平信号、继电器开关信号。当烟尘进入电离室时会破坏烟雾探测器的电场平衡关系，报警电路检测到浓度超过设定的阈值发出报警。

7）视频监控。机房环境监控系统集成了视频监控，图像采用MPEG4视频压缩方式，集多画面预览、录像回放、视频远传、触发报警、云台控制、设备联动于一体，视频系统还可与其他的输入信号进行联动，视频一旦报警，可同时与其他设备（如双鉴探头、门磁）联动进行录像。

8）门禁监控。门禁系统由控制器、感应式读卡器、电控锁和开门按钮等组成，若是联网门禁系统，则需外加通信转换器。读卡方式属于非接触读卡方式，系统对出入人员进行有效监控管理。

9）防雷系统。通过开关量采集模块来实现对防雷模块工作情况的实时监测，通常只有开和关两种监测状态。

10）消防系统。对消防系统的监控主要是消防报警信号、气体喷洒信号的采集，不对消防系统进行控制。

机房环境监控系统的主要功能包括以下几方面：

1. 实时监控功能

传统的机房管理采用的是每天定时巡视的制度，比如早晚各检查一次，并且将设备的一些核心运行参数进行人工笔录后存档。这样取得的数据只限于特定时段，工作单调而且耗费人力。机房环境监控系统实时监控功能可解决此问题。

系统具有通过遥信、遥测、遥控和遥调，所谓"四遥"功能，对整个系统进行集中监控管理，实现少人值守和无人值守的目标。

系统可实时收集各设备的运行参数、工作状态及告警信息。系统能对智能型和非智能型的设备进行监控，准确实现遥信、遥测、遥控及遥调"四遥"功能，即既能真实地监测被监控现场对象设备的各种工作状态、运行参数，又能根据需要远程地对监控现场对象进行方便的控制操作，还能远程地对具有可配置运行参数的现场对象的参数进行修改。

系统设置各级控制操作权限。如果需要并得到相应授权，系统管理人员可以对系统监控对象、人员权限等进行配置；系统值班操作人员可以对有关设备进行遥控或遥调，以便处理相关事件或调整设备工作状态，确保机房设备等在最佳状态下运行。

2. 告警功能

1）无论监控系统控制台处于何种界面，均应及时自动提示告警，显示并打印告警信息。所有告警一律采用可视、可闻声光告警信号。

2）不同等级的告警信号应采用不同的显示颜色和告警声响。紧急告警标识为红色标识闪烁，重要告警为粉红色标识闪烁，一般告警为黄色标识闪烁。

3）发生告警时，应由维护人员进行告警确认。如果在规定时间内（根据通信线路情况确定）未确认，可根据设定条件自动通过电话或手机等通知相关人员。告警在确认后，声光告警应停止，在发生新告警时，应能再次触发声光告警功能。

4）系统具有多地点、多事件的并发告警功能，无丢失告警信息，告警准确率为100%。

5）系统能对不需要做出反应的告警进行屏蔽、过滤。

6）系统能根据需要对各种历史告警的信息进行查询、统计和打印。各种告警信息不能在任何地方进行更改。

7）系统除对被监控对象具有告警功能外，还能进行自诊断（例如，系统掉电、通信线路中断等），能直观地显示故障内容，从而具有稳定的自保护能力。

8）系统具有根据用户的要求，能方便快捷地进行告警查询和处理功能。

9）系统告警可以根据不同的需求进行配置，如告警级别、告警屏蔽、告警门限值等。

10）系统具有电子化闭环派单功能，实现派单、接单、维护、复单、销单的故障全处理过程。

3. 配置管理功能

1）当系统初建、设备变更或增减时，系统管理维护人员能使用配置功能进行系统配置，确保配置参数与设备实情的一致性。

2）当系统值班人员或系统管理维护人员有人事变动时，可使用配置功能对相关人员进行相应的授权。

3）在系统运行时，系统管理维护人员也可使用系统配置功能，配置监控系统的运行参数，确保监控系统高效、准确运行。

4）系统管理维护人员也可使用系统配置功能，对设备参数的显示方式、位置、大小、颜色等进行配置，以达到美化界面的效果。

5）配置管理操作简单、方便，扩容性好，可进行在线配置，不会中断系统正常运行。

6）监控系统具有远程监控管理功能，可在中心或远程进行现场参数的配置及修改。

7）系统按片区、按专业进行配置，按片区、按专业进行显示。

4. 安全管理功能

1）系统提供多级口令和多级授权，以保证系统的安全性；系统对所有的操作进行记录，以备查询；系统对值班人员的交接班进行管理。

2）监控系统有设备操作记录，设备操作记录包括操作人员工号、被操作设备名称、操作内容、操作时间等。

3）监控系统有操作人员登录及退出时间记录。

4）监控系统有容错能力，不能因为用户误操作等使系统出错、退出或死机。

5）监控系统具有对本身硬件故障、各监控级间的通信故障、软件运行故障进行自诊断的功能，并给出告警提示。

6）系统具有来电自启动功能。

7）系统具有系统数据备份和恢复功能。

5. 报表管理功能

1）系统能提供所有设备运行历史数据、统计资料、交接班日志、派修工单及曲线图的查询、报表、统计、分类、打印等功能，供电源运行维护人员分析研究之用。

2）系统具有用户自定义报表功能。

3）系统可对被监控设备相关的信息进行管理，包括设备的各种技术指标、价格、出厂日期、运行情况、维护维修情况、设备的安装接线图表等，可以收集、显示并记录管辖区内各机房监视点的状态及运作数据资料，为管理人员提供全方位的信息查询服务。

在信息化建设中，机房运行处于信息交换管理的核心位置。机房内所有设备必须时时刻刻正常运转，否则一旦某台设备出现故障，对数据传输、存储及系统运行构成威胁，就会影响全局系统的运行。如果不能及时处理，更有可能损坏硬件设备，耽误业务系统运转，造成的经济损失是不可估量的。

从现阶段一些数据中心的实际使用情况来看，机房环境监控系统的管理优势已经得到体现，帮助用户解决了机房内很多环境保障问题。通过监控平台，用户可以管理机房内大部分系统，大大节约了人力和物力。机房弱电集成监控项目的建设，对机房的环境结构、设备内容、服务需求和管理模式等 4 个基本要素及其内在联系进行了优化组合，从而提供了一个稳定可靠、投资合理、高效方便、舒适安全的机房环境。机房环境监控系统正在为今天智慧仓储的正常运转提供可靠和一流的技术保障手段。

8.4.3 智能仓库监测系统

随着经济文化水平的显著提高，人们对生活质量及工作环境的要求也越来越高。与此同时，为了管理大量的物品，仓库也大量出现，仓库的管理问题随之提上了日程。仓库大量增加，其管理难度也越来越大，如何优化仓库的日常管理也就成为一个大众化的课题。传统的仓库管理一般依赖于一个非自动化的、以纸张文件为基础的系统来记录、追踪进出的货物，完全由人工实施仓库内部的管理，因此仓库管理的效率极其低下。在这个背景下，利用基于 ZigBee 无线射频技术的仓库智能管理系统应运而生。该系统能够增强库房作业的准确性和快捷性，减少整个仓库物资出入库中管理不到位造成的非法出入库、误置、偷窃和库存、出货错误等损失，并最大限度地减少存储成本，保障仓库物资的安全。

智能仓库监测系统功能如下：

1. 数据采集及分析

将温湿度传感器布置在仓库和存储产品内部的适宜位置，可以实时测量仓库各处的温度和湿度并及时传送到云平台，将测量数据实时显示，历史数据在平台存储，以保证管理人员能够全面了解仓库的情况。

异常情况多种报警：一旦某点温度、湿度及其他因素超过预定设置，系统将迅速通过电话、短信、邮件等方式向管理人员报警，详细显示仓库具体的异常温湿度等变化，以有效预防因素变化引起的仓库产品质量安全等各种事件发生。

2. 智能工控作用

一旦环境内的湿度数值超限，系统会第一时间给 M88 工控模块发送联动开启除湿设备的命令，实现自动化控制；一旦环境内的温度数值超限，系统会第一时间给 M88 工控模块发送联动开启空调命令制冷或制热，实现自动化控制。

3. 保障环境的安全

仓库环境监测系统通过在仓库内安装烟雾报警和入口处安装红外探测仪，将防火报警和防盗装置结合起来，实现监测环境温湿度检测室内易燃气体、非法闯入报警等系统功能，这样形成一个全方位的仓库环境安全监测系统，可以有效地保障生产安全。

仓库实时监测管理系统把环境监测、安防、视频监控三者相结合，进行有效联动，形成网络智能化监测系统，具有实时性好、可靠性高、操作简便的特点，有效解决了仓库的安全隐患（防火、防水、防潮、防盗、防入侵），还为存储提供了有利的数据支持，既降低了安全隐患，还有利于仓库存储物的保存。

8.4.4 信息系统安全管理问题

信息系统是基于计算机系统和通信系统的十分复杂的现代信息资源网络系统。其中，计算机系统是信息系统的核心，由软件和硬件组成，用以完成对信息的自动处理过程；通信系统由工作站、计算机网络和通信网络构成，可以通过线路与计算机之间或通过线路与终端设备之间进行数据传输。计算机系统和通信系统的结合，使具有动态、随机和瞬时发生等特性的信息传输和处理跨越了地理位置的障碍，实现了全球互联互通。

随着信息技术的发展，信息系统在运行操作、管理控制、经营管理计划、战略决策等社会经济活动各个层面的应用范围不断扩大，发挥着越来越大的作用。信息系统中处理和存储的，既有日常业务处理信息、技术经济信息，也有涉及企业或政府的计划、决策信息，其中相当部分是属于极为重要并有保密要求的。社会信息化的趋势导致了社会的各个方面对信息系统的依赖性越来越强。信息系统的任何破坏或故障都将对用户乃至整个社会产生巨大的影响，信息系统安全的脆弱性表现得越来越明显，信息系统的安全日显重要。

已在智慧仓储管理中广为应用的信息系统极其脆弱。频繁发生的系统安全隐患有：

1）数据输入隐患。数据通过输入设备进入系统的过程中，输入数据容易被篡改或掺假。

2）数据处理隐患。数据处理的硬件容易被破坏或盗窃，并且容易受电磁干扰或因电磁辐射而造成信息泄露。

3）通信线路隐患。通信线路上的信息容易被截获，线路容易被破坏或盗窃。

4）软件系统隐患。操作系统、数据库系统和程序容易被修改或破坏。

5）输出系统隐患。输出信息的设备容易造成信息泄露或被窃取。

信息系统的实体安全是指为保证信息系统的各种设备及环境设施的安全而采取的措施，主要包括场地环境、设备设施、供电、空气调节与净化、电磁屏蔽、信息存储介质等安全。信息系统的技术安全即在信息系统内部采用技术手段，防止对系统资源非法使用和对信息资源的非法存取操作。信息资源的安全性分为动态和静态两类。动态安全性是指对数据信息进行存取操作过程中的控制措施；静态安全性是指对信息的传输、存储过程中的加密措施。

目前，我国针对信息系统安全出台了《中华人民共和国网络安全法》等多项相关法律法规。此外，很多企业针对自身情况研发了信息安全系统，维护公司数据平台。这些都是信息系统安全管理的有力保障。

案例 8-2 仓储物流中心的"安全生产自动化"关怀

仓储物流中心里的各种仓储物流自动化设备在运行的过程中，不可避免地也要注意安全问题。本例主要从物流设施和设备在初始产品设计时就考虑安全因素方面阐述安全管理的方法。扩展视频参见二维码025。

二维码 025

（资料来源：知乎网，2018 年 6 月）

本章小结

智慧仓库管理工作中居于首位的是安全管理。安全管理工作是物品存储与仓储管理工作的前提和基础。如果仓库管理不善，就可能发生火灾等危险事故。对企业来说，这不仅会给库房、货物等带来巨大的经济损失，也给国家和人民的生命财产造成无法计算的损害。

加强安全管理，提高安全技术水平，及时发现和消除仓库中不安全的因素，对于杜绝各类事故的发生具有十分重要的意义。

本章主要介绍了智慧仓储中仓库安全管理的概念、基本任务和目标、智慧仓储中仓库安全管理的主要内容，以及人工智能技术支撑下的智慧仓储安全管理的技术应用。其中，智慧仓储中仓库安全管理内容又分为智慧仓库信息系统的安全管理和智慧仓库智能设备的安全管理。重点介绍了电子标签系统设备、自动化运输系统设备、自动存取系统设备、智能分拣系统设备和机器人分拣系统设备的安全管理。最后介绍了智能安防、机房环境监控、智能仓库检测系统、信息系统安全管理等内容。如何将这些内容真正应用到实际工作中是非常重要的课题。

本章习题

一、思考题

1. 什么是智慧仓储中仓库安全管理？它的意义何在？
2. 与传统仓库安全管理相比，智慧仓储中仓库安全管理有哪些新的内容？
3. 智慧仓储中仓库安全管理的基本任务有哪几个方面？请说出几个具体的内容。
4. 仓库安全管理的误区有哪些？
5. 智慧仓储中仓库安全管理包括哪几方面？
6. 智慧仓库信息系统安全管理包括哪几方面？请解释说明。
7. 请举例说明应如何对智慧仓库内设备与技术进行安全管理。

二、讨论题

1. 通过调查了解，介绍我国现有智慧仓储中仓库安全管理的实际情况。
2. 通过资料查找等方式，了解全球知名智慧仓储中仓库安全管理现状，对比我国相关信息，对它们的特征和异同进行阐述。

三、设计与实训

通过实训，了解智慧仓储中仓库安全管理实施情况，体会安全管理对智慧仓库的重要意义。

要求：（1）以某一真实智慧仓库为调查对象，调查了解该仓库安全管理的基本情况。
（2）分析思考该仓库安全管理存在的问题有哪些，并提出自己的改良建议。

四、案例分析

亚马逊自动化仓库事故，机器人失手戳破有毒喷雾，24 名工人被送医院

亚马逊自动化仓库，又在欧美受到舆论压力了。

2018 年 12 月 5 日，亚马逊自动化仓库发生机器人事故，造成 24 名员工直接受伤被送医院，1 名员工进重症监护室，50 多名员工受影响。原因是亚马逊机器人在意外戳破了一罐驱熊喷雾。

虽然目前事故现场已经处理妥善，仓库运营又重新开始，但欧美工会组织又针对自动化展开了批评。

事情发生在美国新泽西州，亚马逊在郊区建立了一个庞大的仓库，占地 12 万 m^2，其中有 3000 名人类员工，但更主要的劳动力是各式各样的机器人。

比如，有运输的机器人（见图 8-13），也有伸抓拿取的机械臂（见图 8-14）。

这些机器人极大提升了亚马逊仓库的自动化和效率，但也被欧美工会组织视为"威胁"，因为自动化仓库不仅会抢占人类工作，而且人类的工作环境也会因自动化而变差。

图 8-13 运输的机器人

图 8-14 伸抓拿取的机械臂

就在该新泽西仓库运营中,亚马逊机器人就意外戳破了一罐防熊喷雾——有毒气液马上弥散开来,人类员工猝不及防。其实这罐防熊喷雾只有 255g,高浓度气液主要成分是辣椒素,但还是让人类员工呼吸困难,咽喉产生灼热感。在戳破喷雾后,机器人"浑然不觉",但附近的人类员工立马就受伤了。最终,6 辆救护车赶到仓库,50 多名员工受伤,24 名员工被进一步送往医院,1 人还进了重症监护室(ICU)。

事故发生后,亚马逊官方也做了说明:首先,称事故已经得到了控制,现场清理完毕,送医院的员工也只是为了"以防万一";其次,仓库未受进一步影响,又如常工作了;最后,再次强调安全始终是第一位的。但这依然引发了欧美工会组织批评。

美国零售、批发和百货公司联盟的工会主席 Stuart Appelbaum 说:"亚马逊的自动机器人将人类置于威胁生命的危险之中。这是公司把利润置于员工健康和安全之上的又一个无耻的例子,我们不能容忍。这个世界上最富有的公司置辛勤工作的人的生命于危险之中,不能让其继续逍遥法外。"

亚马逊在英国的数据也被翻了出来,资料显示,从 2015 年到 2017 年,救护车被呼叫到亚马逊仓库 600 次。

但亚马逊并不认为其仓库工作条件恶劣,也暂时未对机器人"失手"背后原因给出解释。或许也是习惯了欧美工会组织和舆论对于自动化的批评,而且按照贝佐斯的个性,这点批评压根不算什么,更何况自动化是贝佐斯坚定的发展进程。一点意外,不会让贝佐斯改变些什么。

(资料来源:界面新闻网,2018 年 12 月,经整理加工)

根据案例回答问题:

(1)你认为亚马逊自动化仓库事故频发的原因有哪些?真如欧美工会组织认为的是自动机器人将人类置于威胁生命的危险之中的吗?为什么?

(2)结合所学知识,请为亚马逊自动化仓库安全管理的改进提供合理的建议。

第 9 章 智慧仓储典型应用

学习目标
- 了解无人仓的运营管理
- 了解智慧云仓的运营管理
- 通过实际典型案例，认识整个智慧仓储规划、建设和运营管理的过程

9.1 无人仓的运营管理

无人仓指的是货物从入库、上架、拣选、补货，到包装、检验、出库等物流作业流程全部实现无人化操作，是高度自动化、智能化的仓库。

无人仓的运营流程因企业不同而有所差异，但是主要作业环节基本相同。无人仓的一般运营流程如图 9-1 所示。

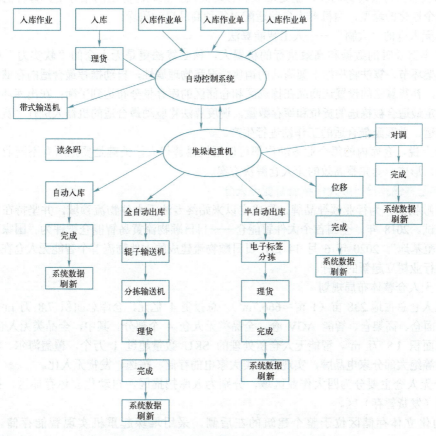

图 9-1 无人仓的一般运营流程

（1）无人仓之"眼"——数据感知

由人、设备和流程等元素构成的仓库作业环境会随时随地产生大量的状态信息。过去，这些信息只能通过系统中数据的流转来进行监控，缺乏实时性，也难以对业务流程进行指导。传感器技术的进步带来了新的数据感知技术，让仓库中的各种数据都可以迅速、精准地获取。将传感器获取的信息转化为有效数据，这些数据成为系统感知整个仓库各个环节状态的依据，通过大数据、人工智能等系统模块，生成决策指令，指导库内作业单元工作。

（2）无人仓的"四肢"——机器人

从商品入库、存储到拣货、包装、分拣、装车的环节都无须人力参与，形态各异的机器人成了无人仓的主角，机器人融入是无人仓的重要特色之一。占据仓库核心位置的立体货架可以充分利用空间，让仓储从"平房"搬进"楼房"，有效利用土地面积。在狭窄货架间运转自如的料箱穿梭车是实现高密度存储、高吞吐量料箱进出的关键。它在轨道上高速运行，将料箱精准放入存储位或提取出来，送到传送带上，实现极高的出入库速度。

从立体货架取出的料箱会传送到每个机器人下面进行拣选，迅速把商品置入相应的包装箱内。这种灵巧迅捷的机械手是并联机器人，具备精度高、速度快、动态响应好、工作空间小等特色，保证了整个无人仓生产的高效率。

无人仓中的自动导引车（AGV）可通过定位技术进行导航，并结合系统的调度实现了整个仓库的合理安排生产。相较于传统的输送线的搬运方案，通过 AGV 实现"货到机器人"的方式具有更高的灵活性。

六轴机器人可实现拆码垛，就是堆放和移动商品。在码垛算法的指导下，每种商品都可以自动生成个性化的垛型，由机器人自动适配对每种商品自动码垛。

（3）无人仓的"大脑"——人工智能算法

除了丰富及时的数据和高效执行的机器人，核心算法更是无人仓的"软实力"所在。例如，在上架环节，算法将根据上架商品的销售情况和物理属性，自动推荐最合适的存储货位；在补货环节，补货算法的设置让商品在拣选区和仓储区的库存量分布达到平衡；在出库环节，定位算法将决定最适合被拣选的货位和库存数量，调度算法将驱动最合适的机器人进行"货到人"机器人的搬运，并匹配最合适的工作站进行生产。

理论上说，仓库内的每个业务动作都可以用机器替代人，关键是要把所有不同业务节点的设备连通，形成一套完整高效的无人仓解决方案。

1. 典型案例：日日顺大件物流智能无人仓

日日顺物流作为行业领导品牌，自成立以来始终专注于大件物流领域，并坚持在智能仓储上先行先试。2018 年，全国首个大件智能仓——日日顺物流黄岛智能仓被评为"国家智能化仓储物流示范基地"。2020 年 6 月 14 日，日日顺物流建成的大件物流首个智能无人仓在青岛正式启用，为行业树立起新的标杆。

（1）无人仓整体布局规划

该无人仓总占地 238 亩（1 亩≈666.7m²），总投资 4 亿元，仓库总面积 7.8 万 m²，主要分为大件平面仓、高架仓、智能 AGV 仓、全品类无人仓 4 个部分。其中，全品类无人仓占地 20 亩，建筑面积 1.8 万 m²。智能无人仓所处理的 SKU 数量超过 1 万个，覆盖海尔、海信、小米、统帅等绝大部分家电品牌，实现全品类大家电的存储、拣选、发货无人化。

整个无人仓主要分为四大作业区域，分别为入库扫描区、自动化立体存储区、拆零拣选区、备货（发货暂存）区。

自动化立体存储区位于整个建筑的左后侧，采用堆垛起重机实现智能存储，货架高 22m，配备 16 台高速堆垛起重机，总存储货位（托盘位）13 800 个，可以存放超过 14 万台大家电产品。

入库扫描区和拆零拣选区位于自动化立体存储区外侧，即整个建筑左前侧。其中，入库扫描区位于一楼，共有 5 条入库输送线，4 条用于普通大家电产品的入库作业，另一条为智能电视机产品专用入库线。配备有全景智能扫描站（DWS）、码垛关节机器人等智能装备。

拆零拣选区位于二楼，进一步划分为夹抱分拣区、吸盘分拣区、电视机分拣区三大作业区域。其中，夹抱分拣区配备两组夹抱龙门拣选机器人，针对冰箱等大型或较重的家电产品（100kg 以内）；吸盘分拣区配备两组吸盘龙门拣选机器人，针对中小型家电产品（80kg 以内）；电视机分拣区采用定制化解决方案，配备专用的吸盘龙门机器人及专用托盘。与各类型龙门拣选机器人配合的还有载重量为 1t 的重型 AGV。

备货区位于建筑右侧，地面设有 500 个托盘存储位，可以满足 40 辆车的发货需求。目前，备货区上部空间将根据业务发展所需进行扩展，备货区主要作业设备为 AGV。

（2）无人仓硬件建设

无人仓将全景智能扫描站、关节机器人、龙门拣选机器人等多项智能设备首次集中应用在大件物流仓储环节，还采用了视觉识别、智能控制算法等人工智能技术，实现了无人仓 24h 黑灯作业。

无人仓主要设备及相关参数见表 9-1。

表 9-1　无人仓主要设备及相关参数

名称	相关参数
总存储位	1.38 万个
总存储量	14 万台
堆垛起重机	16 台
AGV	80 台
龙门拣选机器人	6 台
关节机器人	5 台（可混合码垛）
全景扫描站	3 套
智能提升梯	5 套
出库效率	2.4 万件/天

全景智能扫描站采用线性工业相机配备高灵敏度 CMOS 图像传感器，通过五面全景扫描提供超高清晰度的图像，在保证货物信息采集匹配准确率的同时提高信息采集效率，并且为运营分析提供数据，顺利实现数据智能化。

关节机器人具备混合码垛功能，可以配合 3D 与 2D 视觉实现场景实时定位，辅助货物辨识定位，并通过多种算法的控制，保障了动作起落间的自主避障。同时，垛型计算非常精准，可以将码垛效率提高 80%。据悉，单台机器人最大可以处理 450kg 重的货物。

龙门拣选机器人借助 3D 机器视觉识别对产品在库内运动造成的位移进行视觉补偿，并通过算法解析位置反馈至控制系统，进而快速锁定目标。也就是说，机器视觉赋予了龙门机器人智慧的眼睛，帮助其"看到"现场的托盘及货物，同时进行优化的垛型算法，实现行业首例非标大件货物的智能混合码垛。龙门拣选机器人根据物流订单，运用机器视觉可以快速找到目标货物并通过夹抱或者吸取的方式精准投放到对应的托盘，作业不超过 20s，距离误差不超过 5mm。

80 台 AGV 采用激光导引技术，通过空间建模进行场地内空间定位，并在所有路线中快速选择最优路径作业，以及自动避障和路径优化更改。

（3）无人仓软件系统建设

首先，无人仓中除了大量应用领先的智能装备，还拥有一颗"智慧大脑"——场景物流生态云平台。在这颗"大脑"的指挥下，所有智能装备以三维数字孪生进行管理，八大核心系统获取所有运营数据，实现所有环节智慧运行、匹配。无人仓的启用，无疑是日日顺物流布局"新基建"的重要里程碑，同时也为大件智能仓储树立起新的典范。

其次，无人仓采用了 WMS 和 WCS。WMS 时刻协调存储、调拨货物、拣选、包装等各个业务环节，根据不同仓库节点的业务繁忙程度动态调整业务的批次和业务执行顺序，并把需要做的动作指令发送给 WCS，使得整个仓库高效运行。此外，WMS 记录着货物出入库的所有信息流、数据流,知晓货物的位置和状态,确保库存准确。

WCS 接收 WMS 的指令,调度仓库设备完成业务动作。WCS 需要支持灵活对接仓库各种类型、各种厂家的设备,并能够计算出最优执行动作,例如计算机器人最短行驶路径、均衡设备动作流量等,以此来支持仓库设备的高效运行。WCS 的另一个功能是时刻对现场设备的运行状态进行监控,出现问题立即报警提示维护人员。

(4)无人仓主要作业流程

无人仓主要服务于 C 端消费者,作业分为入库上架、拆零拣选、备货出库三部分。

1)入库上架:精准高效的全景扫描+机器人码垛。

通常来说,商家根据销售预测完成备货计划,提前送货入库。当货车到达月台后,家电商品被人工卸至可以延伸到货车车厢的入库可伸缩带式输送机上(电视机产品卸至专用入库通道),商品随即经过全景智能扫描站(两条可伸缩带式输送机共用一套 DWS 信息采集管理系统),系统快速、准确地获取商品的重量、长宽高等信息,并根据这些信息将货物分配到相应的关节机器人工作站,关节机器人根据该信息进行垛型计算并码垛。

据工作人员介绍,关节机器人具备混合码垛功能,但为了进一步提高效率,系统目前主要将同类型商品送至码垛站;当出现不同类型商品时,系统会安排其在环形输送线上进行缓存等待,当商品在系统内匹配完成后,再一起送至关节机器人进行码垛。码垛完毕,自动贴标并扫描,随后托盘经输送线进入自动化立体仓库存储。自动立体库堆垛起重机利用激光导航和条码导航完成托盘上下架作业,精准选择货物装卸,并可通过大数据对订单和库存进行预测,根据预测结果对库区进行冷热区的精细化调整,实现密集存储的同时最大限度地挖掘空间存储能力。

2)拆零拣选:龙门拣选机器人首次应用。

当消费者下单后,前端销售系统会将订单信息发送至无人仓 WMS,无人仓根据订单信息和用户预约的时间进行拣选出库及配送。当 WMS 下达出库任务后,堆垛起重机从指定存储位将托盘下架,托盘经输送线被输送至二楼拣选区的不同分拣区域(如冰箱等大型家电产品将送至夹抱分拣区,空调等中小型产品则送至吸盘分拣区,电视机产品送至专门的分拣区域),由扫描系统进行扫描复核,确认所需拣选商品正确后,龙门拣选机器人自动将带有收货地址等用户信息的条码粘贴在商品上,并将货物移至托盘。

拆零拣选历来是仓库的重点作业环节,此次龙门拣选机器人的引入,成为无人仓的亮点之一。龙门拣选机器人根据物流订单,运用机器视觉可以快速找到目标货物并通过夹抱或者吸取的方式精准投放到对应的托盘,作业时间不超过 20s,距离误差不超过 5mm。

3)备货出库:AGV 全程助力。

当龙门拣选机器人拣选完毕,会将信息反馈至系统,系统调度 AGV 前来搬运。在二楼拆零拣选区,AGV 将托盘货物送至智能提升梯,由其将货物运至一楼备货区。此时,二楼 AGV 任务完成,开始等待新的系统指令。托盘货物自智能提升梯运出后,经扫描确认后信息传回系统,系统调度一楼备货区的 AGV 将托盘货物送至指定暂存货位。AGV 采用激光导引技术,通过空间建模进行场地内空间定位,并在所有路线中快速选择最优路径作业,以及自动避障和路径优化更改。当货车到达后,系统调度 AGV 按照"先卸后装"的原则,将托盘货物运至出库月台,最后装车发运。

(5)无人仓的运营管理

从上述主要作业流程来看,尽管作业节奏不及小件仓库快,但冰箱、洗衣机、空调等家电由于较大、较重,且容易损坏、附加值高等特点,仓储作业难以实现全流程自动化、无人化。日日顺物流一直在大件仓储智能化上不断探索,在佛山、杭州等地实施了不同程度的智能化仓库,目前拥有 40 多项专利技术,此次无人仓建设实现了技术再次升级,呈现诸多亮点。

1) 存储策略。

自动化立体存储，采用堆垛起重机实现智能存储，货架高 22m，配备 16 台高速堆垛起重机，总存储货位（托盘位）13 800 个。

2) 分拣策略。

夹抱分拣区配备两组夹抱龙门拣选机器人，针对冰箱等大型或较重的家电产品（100kg 以内）；吸盘分拣区配备两组吸盘龙门拣选机器人，针对中小型家电产品（80kg 以内）；电视机分拣区采用定制化解决方案，配备专用的吸盘龙门机器人及专用托盘。与各类型龙门拣选机器人配合的还有载重量为 1t 的重型 AGV。

3) 新技术的应用。

首开行业先河，多项智能设备集中应用。

无人仓在行业内率先将全景智能扫描站、关节机器人、龙门拣选机器人等多项智能设备集中应用，并通过视觉识别、智能控制算法等人工智能技术充分展示了日日顺物流大件仓储的能力。其中，全景智能扫描站采用线性工业相机配备高灵敏度 CMOS 图像传感器，通过五面全景扫描提供超高清晰度的图像，保证货物信息采集匹配准确率的同时提高信息采集效率，并且为运营分析提供数据，顺利实现数据智能化。

关节机器人可以配合 3D 与 2D 视觉实现场景实时定位，辅助货物辨识定位，并通过多种算法的控制，保障了动作起落间的自主避障。同时，垛型计算非常精准，可以将码垛效率提高 80%。据悉，单台机器人最大可以处理 450kg 重的货物。

龙门拣选机器人借助 3D 机器视觉识别对产品在库内运动造成的位移进行视觉补偿，并通过算法解析位置反馈至控制系统，进而快速锁定目标。也就是说，机器视觉赋予了龙门机器人智慧的眼睛，帮助其"看到"现场的托盘及货物，同时进行优化的垛型算法，实现行业首例非标大件货物的智能混合码垛。

除了上述智能设备的首次引入，80 台承重 1t 的 AGV 集中调度控制也较为引人注目。AGV 地面控制系统接收指令后可以对 AGV 进行自由调度和任务分配，接收到指令的 AGV 通过算法控制和监控平台计算任务最优路径，实现路径的实时优化、变更及避障，保证运输效率与安全。值得一提的是，考虑到无人仓内偶尔会有设备维护人员进入，AGV 识别到障碍时还会温馨地进行语音提示，避免事故。

数字孪生，打破信息孤岛。

无人仓能够在黑灯环境下实现 24h 不间断的作业，除了依靠上述智能设备外，还拥有一颗"智慧大脑"——中央控制系统。该系统掌握着无人仓内所有的数据，包括设备运行的参数、电机运转等都被抽取到上位系统建模，实现数字孪生，打破了原来的"信息孤岛"，通过一套系统就可以管理整个仓库。也就是说，所有智能装备以三维数字孪生进行管理，系统获取所有运营实时数据，集监控、决策、控制于一体对全仓进行调配安排，充分发挥设备的集群效应，保障运行效率最优，实现所有环节智慧运行、匹配。除了仓内货物和独立设备的实时运行状态，该系统还运用可视化数据全程监控日日顺物流位于全国的所有智慧仓库、网点、干线班车线路、区域配送线路等环节的作业数据，全面覆盖货物的整个配送过程，通过对资源的协调优化，更好地服务客户。

效率提升，体验升级。

基于领先的设备和"智慧大脑"，无人仓作业效率和准确率均得到大幅提升。出货量达到 2.4 万件/天。据现场工作人员介绍，由于仓库刚刚投入使用，未来通过算法的优化等，效率还有进一步提升的空间；与传统仓库相比，作业人员大量节省，库存利用率大幅提高；同时，通过智能码垛、智能存储、智能分拣等全自动化作业，避免了人工作业造成的差错，保证物流作业精准高效地进行。此外，智能设备可以更好地保护商品，实现产品质量零损失。

基于以上从效率到质量和服务的全方位优化，日日顺物流正不断提升客户体验。目前，仓内作业已经全部实现无人化，在装卸环节，日日顺物流正继续探索更优的解决方案，进一步减少作业人员，降低劳动强度。

4) 新运营模式：场景物流，连接用户、日日顺和工厂。

不同于传统物流将产品送到即可，日日顺物流深度连接用户、工厂和20万"服务兵"，构建了一个全流程零距离交互的场景生态平台，可以及时获取用户反馈，推动各个环节围绕用户在不同场景下的多样需求，提供场景物流方案并不断迭代。

从送产品到送场景方案到迭代场景方案，日日顺物流为用户提供一次精准、高效率、个性化的场景体验。举例来说，了解到用户有跑步机收纳不便的痛点，日日顺物流围绕用户阳台场景健身需求，迭代出阳台健身解决方案，还与生态方共同定制了健身用水方案、健身饮食方案。

在日日顺场景物流的实践中，仓不再是产品的"过路站"，物流也不只意味着"运输线"，而是根据用户需求不断迭代的场景物流。如今，用户可以在日日顺物流享受按约送达、送装同步、成套送装等场景物流服务，完成从用户到终身用户的转变。

5) 新生态：共建场景物流"热带雨林"。

物联网时代，产品一定会被场景替代，行业一定会被生态覆盖。物流企业通过行业间的跨界融合和联合驱动打造新场景、新体验，形成生生不息的"热带雨林"，才能实现整个生态的共赢进化。

通过创造用户最佳体验，日日顺物流沉淀了大量的终身用户。在日日顺物流构建的场景物流生态圈中，吸引了宜家、林氏木业、雅迪、亿健、卡萨帝等3000多家跨行业、跨领域的优质生态方争先涌入。在生态圈中，各方围绕用户需求不断迭代体验，并获得增值分享。随着生态圈规模的不断壮大，这个良性生态系统不断做大做强，持续创造出新的场景方案，实现了用户、生态环境、日日顺物流三方的正向循环。

2. 典型案例：京东无人仓

京东无人仓可以说是一个传统劳动密集型产业融合新兴科技实现效率突破的成功尝试。京东的全球首个全流程无人仓"亚洲一号"基地三期，就已多次引发业内关注。在该无人仓中，操控全局的智能控制系统集仓库管理、控制、分拣和配送信息等于一体，且均由京东开发、集成并拥有自主知识产权。

在无人分拣区，300多个带着"京东红"涂装的分拣机器人在往来穿梭，这些"小红人"的速度惊人，每秒行进速度可达3m，而且这些"小红人"在"休息"时还能自动进行充电。这些"小红人"每次充电耗时10min，按照不同的轨道进行货物运送，遇上加急的货物，其他"小红人"会自动让道，让加急货物优先运送。

目前"亚洲一号"每日包裹量可达20万个，这种体量仅分拣场景就需要300人同时作业，而实现无人化后可以通过机器实现全自动化。

这一切的背后是一个超级"智能大脑"。这个"智能大脑"可在0.2s的时间内计算出300多个机器人运行的680亿条可行路径，并做出最佳选择。智能控制系统反应速度是0.017s，运营效率提升3倍，达到世界领先水平。

与传统的仓储不同，电商搭建的无人仓需要根据电商的性质进行规划。电商库存量单位众多、订单结构多变、包装形式多样，是电商在建设无人仓时面临的挑战。同时，无人仓还要应对电商平时与集中大促时，相差7~10倍的波峰波谷的单量。在电商企业强调高效时，无人仓已然成为电商物流的标配。但无人仓将入库、存储、包装、分拣的实效性提升后，末端配送环节的配送压力随之提升，如何将两端的压力平衡，同样是电商物流需要思考的问题。

在作业无人化方面，无人仓要具备"三极"能力——极高技术水平、极致产品能力、极强协作能力。京东无人仓内各种机器人多达上千台，智能设备使用密度极高，通过自动立体式存储、3D视觉识别、自动包装等技术，兼容并蓄，实现了各种设备、机器、系统之间的高效协同。

在运营数字化方面，无人仓需要具备自感知、自适应、自决策、自诊断、自修复的能力。最能体现无人仓智慧化的地方，不是其按照指令进行操作、执行的能力，而是其自主决策、判断、纠错及自我修复的能力。比如，"小红人"不仅能以最优线路完成商品的拣选，出现常规故障时也能在30s内自动修复。

对于决策智能化，其关键在于数据能让上游供应商和下游的配送做到更及时的响应，快速地调整决策，进而形成整个社会的、全供应链的共同协同、共同智慧化。此外，无人仓还能大幅减轻工人的劳动强度，效率是传统仓库的10倍，实现成本、效率、体验的最优。无人仓的表象是无人操作，实质是高精尖技术与智慧系统的结合体。从传统仓库到无人仓的终极形态，要经历传统仓库、智能型仓库、少人型仓库、无人型仓库、终极无人型仓库这5个层次的演变。虽然业内都在提无人仓的应用，但实质上因为发展层级的不同，无人仓和无人仓之间有着天壤之别。

当前，国人的消费能力有了较大提升，消费态度和消费习惯也有了不小的转变，而越来越火爆的电商购物节便是这个消费升级时代的缩影。消费狂欢对于京东最大的挑战并不是网上商城在访问量激增的情况下能否运行良好，而是2018年18天内下单金额高达1275亿元，各类品牌门店、商超销售额同比增长几倍到几十倍的情况下，仓储、运输、配送等物流系统的服务能否跟得上，毕竟"闪电送"一直都是京东的一枚"金字招牌"。根据京东官方公布的数据，京东在全国范围内拥有200多个大型仓库，近7000个配送点和自提点，而诸如上海"亚洲一号"的大型智能化物流中心在全国其他地方还有6个，作为物流系统中的重要一环，这些无人仓在处理爆发式订单量时起到了中流砥柱的作用。

从现实情况来看，京东无人仓在其正式运行之后日处理订单能力超过20万单，并且实际有效处理了包括"6·18""双十一"等数额庞大的巨量订单日，其高效快捷可见一斑。京东官方提供的数据显示："小红人"——分拣机器人的运行速度达3m/s，"智能大脑"在0.2s内计算出300多个机器人运行的680亿条可行路径，并做出最佳选择。智能控制系统反应速度是0.017s，无人仓的效率是传统仓库的10倍。

当"双十一""6·18"等海量购物节来临时，京东的智能仓库的员工们可以坐在计算机前监测所有机器人的运作情况和状态，在数分钟后便可将上千件货物装配成车送至千家万户。在信息化的时代，无人仓将高效体现到了极致，彰显了这个时代、这个社会的发展速度。

9.2 智慧云仓的运营管理

云仓体系的主体由区域大仓、城市中仓、中小仓及社区微仓四级结构构成，其基本结构如图9-2所示。区域大仓可以设置在目前已经建成的区域性大型物流园区内，建设大型仓库，存储供应区域的大库存产品，并且完成对初级产品的流通加工，其辐射半径大概为200km；城市中仓可以设置在目前已经建成的中小型城市物流配送中心内，存储满足城市供应的产品，其辐射半径大概为40km；中小仓根据城市大小可以灵活取舍，对于大型城市可以在行政区一级范围内设置比城市中仓更小体量的配送单元，其辐射半径大概为5km；微仓设置在居民社区，可以利用普通连锁超市，也可以独立建设连锁超市门店，还可以采用众包模式设置在加盟个体的居民住宅楼内，其辐射半径大概为1km，通过与区域中小仓的高频次、小批量流转，以确保产品品质与及时上门配送。

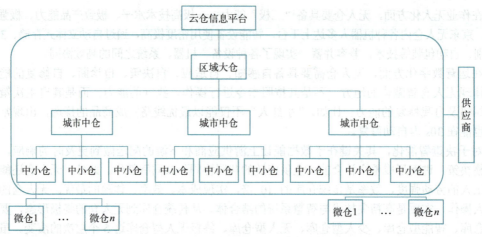

图 9-2 云仓体系基本结构

1. 典型案例：苏宁云仓

苏宁云仓作为全国性物流中心，主要负责苏宁华东地区的区域配送中心、门店、快递点及零售客户的商品配送服务，同时向全国其他中心仓进行商品调拨，商品出货形式分为整箱和拆零。苏宁云仓实现了高度自动化、无人化、数据化、智能化，日处理包裹最高达到 181 万件，拣选效率达到每人每小时 1200 件，每个订单最快可在 30min 内出库，物流作业效率大幅提高，相比行业同等规模的仓库可减少员工千人以上。苏宁云仓可以说是苏宁智慧物流中心建设的开山之作，是苏宁物流进入智慧物流时期的重要标志。

（1）苏宁云仓的整体布局规划

苏宁云仓总面积 20 多万平方米，按照商品属性的不同，分为小件商品、中件商品、异形品、贵重品和温控商品 5 个仓库，商品品类包含超市类、母婴类、3C、生活电器、服装等，约 2000 万件各种各样的商品在这里以不同形式完成存储、分拣、包装、分拨、出库等一系列作业。在如此大的面积与复杂的品类情况下，要想从容应对 SKU 海量化和订单分散化、碎片化，对苏宁云仓内部的整体布局极具挑战。

1）精心布局，缩短动线。

针对整个库区面积较大特点，从商品存储、拣选、包装、分拨到最终出库，苏宁云仓各个区域进行了精心策划，将物流动线缩到了最短，各个区域由总长 23km 的输送线贯穿，最大限度地避免了在库区作业过程中的人员走动，使得各环节作业高效衔接。

2）基于商品品种的库内分区及设备选用。

基于物流标准化思路，按照商品品种分为整托盘、整箱、中件、小件等不同的作业单元，选取不同的存储及分拣设备，包括 AS/RS 托盘式自动存取系统、Mini-load 箱式自动化立体仓库、胜斐迩旋转系统（SCS）等先进的自动化存储设备，分别用于整托盘、整箱、中件、小件等不同包装单位商品的高密度自动存取；SCS "货到人"拣选系统、阁楼货架拣选系统、A 字架自动拣选系统（A-frame）进行自动拣选；针对拆零小件的处理，设计了专门的标准料箱，每个料箱内部可分为 8 个货格，用于存放不同 SKU 的小件商品。

3）ABC 商品分类提升作业效率。

结合 A、B、C 商品分类，划分了不同的存储、分拣作业区，其处理特点如下：

A 类品：数量约占所有品类总量的 80%，全程动线最短，处理所需时间最短；B 类品：数量约占所有品类总量的 15%，动线和处理时间长于 A 类品；C 类品：数量约占所有品类总量的 5%，动线和处理时间较长。

与其他电商物流中心不同的是,苏宁云仓并未采取跨区拣选、集中打包的做法,而是将A、B类品集中,以节省等待时间,提升整体作业效率。

(2) 苏宁云仓的硬件建设

强大的存储能力与高效的分拣作业能力是一个顶尖物流中心的突出表现。苏宁云仓根据不同的商品类别采用了多种高效、适用、智能的物流装备。

1) AS/RS 托盘式自动存取系统。

该系统专为存取整托盘商品而设计,利用高架仓库的高密度存储特性,主要用于中件及小件商品的大批量存储。高 22m 的双深位货架系统,配合堆垛起重机实现了自动存取双循环 90 个托盘/h(单循环 150 托盘/h)。

2) Mini-load 箱式自动化立体库。

该系统主要用于小件料箱和硬纸箱的存储与拣选货位的补货。高 22m 的双深位货架系统实现了自动存取双循环 1400 箱/h(单循环 1800 箱/h)。

3) 胜斐迩旋转系统(SCS)。

旋转货架是一种高度自动化的存拣一体化系统,与拣选站配合使用,主要用于拆零商品的存储与拣选。该系统采用"货到人"拣选模式,作业人员不需要移动,就可以轻松实现商品自动存取、自动盘点、自动补货、自动排序缓存等一系列动作。借助这一拣选方式,拣选效率大幅提高,每个拣选工作站每小时完成 500~600 个订单(1200 件/h),是传统拣选方式的 10 倍以上。

4) A 字架自动拣选系统。

该系统主要用于特定规格的小件商品存储和拣选,具有高密度存储特性,从而获得了更高的空间利用率。整个拣货过程实现了自动化,消除了耗时的人工拣选过程,从而获得更高的效率,即使在峰值时也能确保高产量,每小时能够拣选 1600 件小件商品。

5) 自动分拨系统。

在电商行业,苏宁云仓的分拨系统总长度最长,长达 1000m,目的地道口数量最多,多达 660 多个,处理能力最大,日处理能力 180 万件,而且对小件包裹、揽件、中件、运输箱都能处理,功能更齐全。

6) 一步式装车系统。

一步式装车系统替代了原来人工在分拨口完成的理货作业,在分拨之前设立了发货商品缓存立体库,按照发车时间在库内进行集货、排序处理,当车辆到达后一次性释放商品,通过输送设备直接导入车厢。

(3) 苏宁云仓的软件系统建设

自动化物流装备只是物流中心的"肌肉",强大的管理控制系统才是智慧物流"大脑",是实现智慧的灵魂。在云仓中,员工不是一个低价值作业者,而是扮演了智慧加成的角色,让仓库在稳定运行的同时具备灵活的自控力。

苏宁云仓之所以说是电商智慧物流的标杆,也是因为它有"最强大脑"——中央控制平台,做到了入库、补货、拣选、分拨、出库全流程的智能化。这背后是大数据技术的应用,包括苏宁自主研发的物流系统乐高平台、仓储控制系统指南针、物流监测系统天眼平台,以及 RF 支持系统、GPS 定位技术,共同组成了中央控制平台。

在苏宁云仓的中央控制室内,工作人员可以对仓库内所有商品的每一个作业环节进行精准的分析、控制和监测,监控各个物流装备的运行情况,如遇到故障能够及时发现并有工程师维护。

更值得一提的是,中央控制平台可监控云仓内部每一个 SKU 的变化情况,对各类商品的库存状态、所对应的最大库存、所要满足销售的时间等一目了然,以反向支持补货策略,实现整个系统拣选作业不间断,同时给公司供应链前端的运营策略提供信息支持。

（4）苏宁云仓的作业管理

作业流程的顺畅高效是保证订单履行效率的重要一环。基于清晰合理的仓库内部布局，苏宁云仓整体作业流程十分顺畅，库内作业人员极少。主要作业流程如下：

1）补货。

系统控制下的自动补货模式，通过商品最大最小库存的合理设置，可以在拣选面库存低于最小安全库存时，自动触发从存储区到拣选区的补货作业，全流程无须人工干预，极大降低了拣选面无货可拣的风险，从而保证了拣选出库的及时性。

2）拣选。

收到订单后，系统自动下达订单拣选指令，各自动化设备自动调出订单指定货品。其中，整箱货品由自动输送线直接到达包装区。

拆零货品主要有 SCS "货到人" 拣选系统、阁楼货架拣选系统、A 字架全自动拣选系统等多种处理方式。SCS "货到人" 拣选系统中主要处理 A 类商品，装有商品的料箱经系统调度到达拣选台，在系统指令下完成人工拣选。特定品种商品如牙膏，则会由 A 字架系统完成无人化拣选。阁楼货架拣选系统则由人工完成拣货，每个工人负责固定的货位区，当料箱到达指定货位区域时，作业人员通过手持终端扫描料箱条码，获取作业指令，然后便可以根据终端系统预先排好的最佳行走路线轻松完成拣选。完成拣选的料箱，继续推到输送线上流转到下一环节。

3）包装。

拣选完成的货品周转箱经输送线到达包装区。包装人员扫描订单，对到来商品进行复核、包装好并贴上电子面单，完成包装作业。

4）分拨。

包装好的货品经输送线到达自动分拨系统，分拨系统包括包裹分拣机和发货分拣机。包裹分拣机用于快递包裹以及做好包装的小件拆零产品的自动分拣；发货分拣机用于做好运输箱装箱的商品按照路线进行整箱分拣，自动扫描运输箱条码，识别条码目的地城市，并将运输箱分配到相应的道口。

5）装车。

目前，苏宁云仓采取的装车方式有两种，一种为到达指定道口的货品经人工整理后拉至缓存区，待车辆到达之后，经叉车运送到车上；另一种为一步式装车方式，目前正在试用阶段，其流程是：分拨完成的商品到达缓存自动化立体仓库，在库内按照配送地址、车辆到达时间等自动排序，车辆到达后，经输送设备完成一步式装车。

（5）云仓的运营管理

智慧云仓通过各地各级仓储协同运作，提高资源利用效率，缩短了物流时间，提高了其客户满意度。云仓的运作模式如图 9-3 所示。

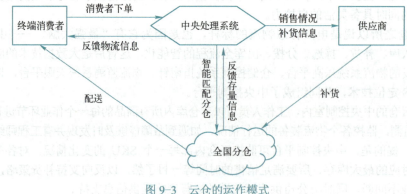

图 9-3　云仓的运作模式

智慧云仓的运作机制是基于电商平台的订单信息,通过大数据处理定位离消费者最近的微仓,从而确定距离微仓最近的中小仓,中小仓进行订单处理后直接将产品配送到微仓,微仓再进行最后一公里的配送或者由客户自提;若中小仓库存低于存货水平,则系统将信息反馈到城市中仓,由中仓对中小仓进行补货或者由距离较近的中小仓调货,同理,区域大仓负责对中仓补货。微仓完成最后一公里配送或者客户自提后,系统将信息重新反馈到电商平台,完成交易,如图9-4所示。

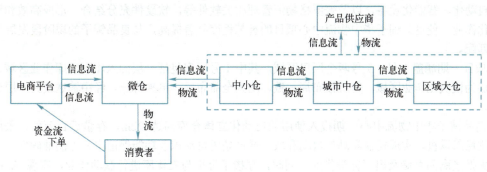

图 9-4　智慧云仓运作机制

在系统运作过程中,资金流只在消费者和电商平台(电商企业)之间产生,而信息流和物流则贯穿云仓体系的始终。信息流分为两部分,第一部分从消费者下单开始,从电商平台到微仓、中小仓、城市中仓及区域大仓,甚至到源头产品供应商;第二部分是完成订单,信息流从微仓回到电商平台。物流是信息流的一种体现,从源头产品供应商开始物流便产生了。从区域大仓、城市中仓、中小仓、微仓到消费者手中,物流贯穿整个过程。

2. 典型案例:良品铺子的智能仓储物流中心

良品铺子是一家集休闲食品研发、加工、分装、零售服务于一体的专业品牌连锁运营公司。2006年8月28日,良品铺子在湖北武汉开设第一家门店,秉承"品质·快乐·家"的企业核心价值观,坚持研发高品质产品,不断引入先进的经营管理思想。

(1)项目背景

为保持企业高速发展的良好势头,良品铺子选择普罗格共同将其华中物流中心打造成为良品铺子服务华中、辐射全国的自动化、信息化、智能化物流中心。

一方面,良品铺子正处于高速发展期,客户对质量、时效、配送周期的需求越来越高,未来良品铺子的物流服务需达到1~2天一配,48h到货。由于良品铺子的华中物流基地既要服务于华中区域,又要具备服务其他区域的能力,因此当前所使用的仓库面积和处理能力均无法突破瓶颈。

另一方面,10多年来良品铺子的物流一直是随着业务粗放式增长,需要向主动服务、超前服务、高效高质量服务转变,在高速发展的同时将服务管理精细化。良品铺子认为,随着人力成本不断上涨,集成运用自动化物流设备、信息系统、管理理念,实现人、机、物的高效协同作业,是未来物流企业降本增效的必然趋势。

为解决良品铺子成长道路上的阻碍,保持企业高速发展的良好势头,良品铺子选择由普罗格全面负责开展良品铺子华中物流中心的项目咨询、规划设计、系统集成、设备集成、工程实施顾问、现场运营与上线管理,以及良品铺子全国物流中心网点布局规划咨询等方面的工作,共同将良品铺子华中物流中心打造成为良品铺子服务华中、辐射全国的自动化、信息化、智能化物流中心。

（2）项目概况

根据良品铺子发展战略及未来业务需求，普罗格将本项目规划并建设成为包括仓储、分拣、包装、配送、顾客退货处理等功能的全方位、智能化、线上线下仓储物流中心。

良品铺子华中物流中心是一个典型的食品流通型物流中心，讲求快速进出与周转，商品拆零出库量大，整零合一存储。普罗格团队在深入调研后，将整体优化思路确定为打造货位精细化、作业简单共通化、高度信息化、作业智能化与适度自动化，引入自动化立体仓库、万向分拣机等自动化、智能化设备，以及普罗格物流管理相关软件等，软硬件充分结合，形成高效和谐的一体化作业，使良品铺子华中物流中心项目的智慧程度显著提高，与良品铺子的现阶段发展思路更为匹配。

项目一期涵盖1号、3号两个厂房区域，其中1号厂房包括一层的入库、出库作业区域，二至五层为模块化作业区域，每层楼布局一致，均为全品布局，单独拣选，经由输送线到一层分拨集货。

良品铺子华中物流中心一期投入使用的自动化立体仓库高达22m，存量近百万件，采用全自动堆垛起重机，实现托盘商品的自动存取，通过条码自动识别功能保证出入库的准确性，主要用于大批量商品存储及出库补货作业。同时，穿梭子母车与立体库进行联动作业，实现A品证件的全自动补货，密集存储，提高仓库利用率。

所有完成拣选的商品只通过输送线及各楼层螺旋升降机，输送至万向分拣机进行分拣作业，各滑道分拣商品通过电子标签指引完成按门店分拣作业，经由电子标签指引集货至对应门店的集货位，配送员根据App提示按线路顺序将各门店商品装车配送。

良品铺子华中物流中心项目凭借具备智能算法的管理系统，根据各区域的商品属性和分拣需求进行统筹规划和布局，通过操作精准高效的智能设备，针对性地解决了大、中、小件订单的不均衡、场景复杂等问题，实现了物流综合处理能力的有机匹配和全面提升。

（3）项目成果

良品铺子华中物流中心项目以统一仓储管理为基础展开低成本运营，提升了内部运营管理质量，并有效提高B2B（企业对企业）、B2C（企业对消费者）订单处理速度及客户满意度，实现了信息平台统一化、物流管理标准化、订单处理迅捷化。作业效率和能力的显著提高，也标志着良品铺子华中物流中心对华中及周边地区的业务可以提供充分有力支持，解除物流服务能力的瓶颈制约，为良品铺子的高速发展增添动力。

参 考 文 献

[1] 魏学将，王猛，张庆英. 智慧物流概论[M]. 北京：机械工业出版社，2020.
[2] 王猛，魏学将，张庆英. 智慧物流装备与应用[M]. 北京：机械工业出版社，2021.
[3] 党争奇. 智能仓储管理实战手册[M]. 北京：化学工业出版社，2020.
[4] 柳荣. 智能仓储物流、配送精细化管理实务[M]. 北京：人民邮电出版社，2020.
[5] 王先庆. 智慧物流：打造智能高效的物流生态系统[M]. 北京：电子工业出版社，2019.
[6] 韩东亚，余玉刚. 智慧物流[M]. 北京：中国财富出版社，2018.
[7] 柳荣. 新物流与供应链运营管理[M]. 北京：人民邮电出版社，2020.
[8] 刘华，胡彦平. 物流仓储与配送实务[M]. 2版. 北京：清华大学出版社，2018.
[9] 赵小柠. 仓储管理[M]. 北京：北京大学出版社，2017.
[10] 黄河. K公司智慧仓储和配送研究[D]. 南昌：南昌大学，2020.
[11] 邢普学，李强，魏巍，等. 改进A^*算法的AGV路径规划在智慧仓储中的应用[J]. 信息技术，2019, 43(5)：130-133.
[12] 高宁，杨永锋，顾亮，等. 基于条码识别及物联网的移动智慧仓储系统的构建[J]. 计算机应用，2019, 39(S1)：228-234.
[13] 任子怡. 基于物联网的A公司仓储业务流程优化研究[D]. 北京：北京交通大学，2020.
[14] 谢尊贤. 基于云模型的智慧物流仓储安全评价研究[J]. 物流科技，2020(3)：148-168.
[15] 罗庆兵，曹权林，王秋菊，等. 现代智慧仓储技术及其应用[J]. 化工自动化及仪表，2019, 46(6)：479-484.
[16] 周倩，吴利刚. 移动智慧仓储系统中条码识别及物联网技术的应用[J]. 电子技术与软件工程，2020(6)：119-120.
[17] 王松波，陈凡健. "智慧物流"背景下的智能仓储系统设计研究[J]. 现代信息科技，2019, 3(17)：160-162.
[18] 周洁，施晓敏，曹晶晶. 订单管理系统的设计与实现：以微商为例[J]. 现代营销（经营版），2020(3)：136.
[19] 张文豪. 订单管理系统的设计与实现[D]. 北京：北京交通大学，2019.
[20] 日日顺物流. 国内首个大件物流智能无人仓正式启用[J]. 起重运输机械，2019(12)：11.
[21] 许智科. 基于智慧物流的医药仓储流程标准化的管理[J]. 物流科技，2020(3)：148-168.
[22] 李卓凡. 农产品物流运输订单管理系统设计[J]. 技术应用，2020(2)：184.
[23] 任倩，汤少珍. 物流公司智慧仓储管理研究：以家具企业仓储管理为例[J]. 林工产业，2021, 58(2)：106-108.
[24] 钟亮，陈超艳，彭云俊. 烟草物流配送中心智能仓储探索[J]. 物流技术与应用，2019, 24(12)：155-156.
[25] 吴缙峰. 一种基于无源RFID的智能仓库物联网关设计[J]. 物联网技术，2019(1)：44-45.
[26] 史纪. 智慧物流背景下智能仓储的应用[J]. 智能城市，2021, 7(7)：13-14.
[27] 薛义俊. 智慧物流中的仓储及配送中相关的智能技术[J]. 通讯世界，2019, 26(3)：178-179.
[28] 赵皎云. 东杰智能 提供多样化的密集存储系统：访山西东杰智能物流装备股份有限公司电气控制CTO刘鹏、山西东杰智能物流装备股份有限公司技术总监李洪昌[J]. 物流技术与应用，2018, 23(9)：114-116.
[29] 王振. 基于物联网的智能物流存储系统的设计与实现[D]. 武汉：湖北工业大学，2016.
[30] 闫冬. 巷道堆垛式立体车库智能控制系统的设计[J]. 工业控制计算机，2019, 32(5)：56-57.
[31] 许璟倩，黄鑫皓，孙志宇. 智能物品搬运系统[J]. 科技经济导刊，2020, 28(7)：22.
[32] 刘明. 无人仓相关技术发展及牧星智能的实践[J]. 物流技术与应用，2018, 23(10)：148-151.

[33] 邢普学, 李强, 魏巍, 等. 基于大数据分析的智慧仓储运营支撑平台设计研究[J]. 科技创新与应用, 2018(28): 86-87.

[34] 任芳. 基于柔性自动化的菜鸟无人仓[J]. 物流技术与应用, 2018, 23(10): 134; 136-137.

[35] 任芳. 无人仓需求在望技术有待突破[J]. 物流技术与应用, 2017, 22(1): 58-61.

[36] 肖光伟, 陈浩, 邵世洲, 等. 基于物联网技术的智能仓储管理模型研究[J]. 物流技术与应用, 2021, 26(3): 153-156.

[37] 李芹丽. 智能仓储物流管理平台的设计与实现[J]. 电子技术与软件工程, 2021(7): 56-57.

[38] 彭琎云, 杨荣琨, 王朝兵, 等. 大数据时代智能化仓储创新技术研究[J]. 中国物流与采购, 2021(5): 52-53.

[39] 孙璨, 梁沁, 王姝婷. 京东仓储智能化体系调查研究: 以上海"亚洲一号"仓库为例[J]. 中国物流与采购, 2017(18): 70-71.

[40] 王蕊. 京东物流: 最新技术落地重庆渝北仓 提升物流人和消费者体验[J]. 中国储运, 2021(3): 58.

[41] 杜峰. 5G开启"无人"物流新时代[J]. 中国品牌, 2020(10): 84-85.

[42] 李冰漪. 从苏宁云仓到智慧零售: 专访苏宁物流副总裁张海峰[J]. 中国储运, 2017(11): 56-57.

[43] 王强科, 贾世超, 张翠霞, 等. 智能仓储管理系统设计[J]. 电子世界, 2021(4): 146-147.

[44] 杨洋, 张建敏, 刘艺林, 等. 基于改进蚁群算法的无人仓的多AGV避碰路径优化策略[J]. 数学的实践与认知, 2020, 50(16): 1-9.

[45] 李冰漪. 解锁大件物流首个智能无人仓日日顺引领智慧场景物流[J]. 中国储运, 2020(8): 74-75.

[46] 祁娟. 京东: 无人科技为路空一体交通提供核心技术支撑[J]. 交通建设与管理, 2020(3): 110-113.

[47] 孙富奇. 科捷智能 大件物流智能化无人化的探索者: 专访科捷智能装备有限公司董事长龙进军[J]. 中国储运, 2020(9): 70-71.

[48] 唐文全. 联想物流智慧云仓案例解析[M]//中国仓储与配送协会. 2020中国仓储配送行业发展报告: 蓝皮书. 北京: 中国商业出版社, 2020: 266-273.

[49] 任芳. 日日顺物流: 再树大件智能无人仓新标杆[J]. 物流技术与应用, 2020, 25(7): 92-97.

[50] 王玉, 赵皎云. 苏宁云仓: 树立电商行业智慧物流中心典范[J].物流技术与应用, 2017, 22(9): 90-94.

[51] 祁娟, 孙勇: 无人科技赋能物流新起点[J]. 交通建设与管理, 2020(4): 14-19.

[52] 温凯民. 无人仓AGV服务效率及物品与货架放置算法研究[D]. 哈尔滨: 哈尔滨工业大学, 2020.

[53] 张良仁. 无人仓AGV优化配置与两阶段路径规划算法研究[D]. 哈尔滨: 哈尔滨工业大学, 2020.

[54] 王路, 周轩, 林希佳, 等. 智能制造背景下大数据分析技术及趋势研究[J]. 科学技术创新, 2021(35): 171-175.

[55] 代宏斌. 铁路物流中心仓库功能区布局规划研究[D]. 石家庄: 石家庄铁道大学, 2018.

[56] 王杰. A自动化立体仓库空间布局规划[D]. 石家庄: 河北科技大学, 2019.

[57] 马洁, 郑彩云. 应用大数据进行供应链物流服务升级的现状和需求分析[J].中国商论, 2019(4): 12-13.

[58] 王玲. 适应双循环新发展格局的中国物流体系建设研究[J]. 吉林工商学院学报, 2021, 37(1): 49-54.

[59] 史纪. 智慧物流背景下智能仓储的应用[J]. 智能城市, 2021, 7(7): 13-14.

[60] 徐培玲, 李志刚. 基于云IoT和创新RFID的智慧仓储设计[J]. 山西电子技术, 2021(2): 38-39.

[61] 邹荣冬. D快递公司智慧仓储管理优化研究[D]. 桂林: 桂林电子科技大学, 2021.

[62] 李春晖, 翁枫, 韩卫民, 等. 新型3D智慧仓库管理系统的设计[J]. 机械制造与自动化, 2021, 50(5): 208-210.

[63] 周建浩. 用于物流中心的快件自动分拣机器人的研究[D]. 唐山: 华北理工大学, 2018.

[64] 孙小飞, 余涛, 陈锐. 基于ROS的自动分拣机器人系统设计[J]. 制造业自动化, 2021, 43(7): 141-146.

[65] 喜崇彬. 输送分拣技术与行业的新发展与新挑战[J]. 物流技术与应用, 2020, 25(8): 58-60.

[66] 杨金桥. "四向"穿梭车系统性能分析及配置优化研究[D]. 济南: 山东大学, 2021.

[67] 吴涛. 四向穿梭车系统配置与路径优化[D]. 长春: 吉林大学, 2021.

[68] 钞卫星. 智能仓储物流管理系统探讨[J]. 中国物流与采购, 2020(24): 49.